시선의 탄생

—식민지 조선의 근대관광—

시선의 탄생
식민지 조선의 근대관광

초판 1쇄 발행 2011년 5월 13일
초판 3쇄 발행 2015년 5월 30일

지은이 조성운 외
펴낸이 윤관백
펴낸곳 선인

제 작 김지학
편 집 이경남 · 김민희 · 하초롱 · 소성순 · 주명규
표 지 김현진
영 업 이주하

등록 제5-77호(1998.11.4)
주소 서울시 마포구 마포동 324-1 곳마루빌딩 1층
전화 02)718-6252 / 6257
팩스 02)718-6253
E-mail sunin72@chol.com

정가 20,000원
ISBN 978-89-5933-443-8 93900

시선의 탄생

―식민지 조선의 근대관광―

조성운 외

선인

책머리에

　한국근대사학계의 관심이 민족운동사 연구에서 일상사나 식민지 지배정책사 연구의 방향으로 흘러가고 있는 시기이다. 이는 민족운동사 편향의 한국근대사 연구의 지평과 시야를 확대하였다는 점에서 연구사적으로 의미있는 일이라 할 수 있다. 이러한 상황에서 근대관광에 대한 연구는 한편으로는 일상사의 관점에서, 다른 한편으로는 식민지 지배정책사의 관점에서 바라볼 수 있는 좋은 주제라 생각된다. 이러한 측면에서 식민지 근대관광에 대한 연구는 한국근대사 연구의 중요한 주제라 할 수 있다. 그러나 한국근대사학계에서는 아직 근대관광에 대한 연구가 미진한 형편이며, 최근 몇몇의 연구자들에 의해 연구가 시작되었을 뿐이다.

　이 책의 발간은 이와 같이 식민지 근대관광에 대한 연구가 미진한 상황에서 이에 관심을 갖고 있던 몇몇의 연구자가 기발표된 연구논문을 모아 단행본으로 발간하자는 데 의견이 일치되면서 시작되었다. 그러나 이 책의 편집책임을 맡게 된 필자는 상당히 고민하지 않을 수 없었다. 그것은 이미 그 시기에 필자는 『식민지 근대관광과 일본시찰』의 원고를 한 출판사에 넘긴 상황이었기 때문이다. 또 문학 연구자 한 분이 식민지 근대관광에 대한 연구서를 준비 중이라는 소식도 듣고 있었기 때문이다. 이러한 사정에서 굳이 이 책을 출판할 필요가 있을까 하는 생각이 당시 필자의 생각이었다.

그러나 필자가 생각을 고쳐먹고 이 책의 출판에 동의한 것은 근대관광에 대한 연구의 지평을 넓히고자 할 때에는 보다 많은 사람들의 관심을 받아야 할뿐 아니라 개별연구자의 지속적인 연구가 필요하다고 판단했기 때문이다. 그리하여 그동안 근대관광에 대한 연구업적이 있는 연구자들에게 일일이 연락하여 동의를 구하기로 하였다. 이 작업은 성주현, 김인덕 선생님의 역할이 매우 컸다. 이 자리를 빌려 두 분 선생님께 감사의 말씀을 전한다. 또 그러한 의미에서 이 책은 외형상 편집책임을 맡은 저와 두 분 선생님의 공동편집이라 할 것이다.

한편 이 책은 필자들의 공동연구의 성과물이 아니라 개별연구들을 모아놓은 것에 불과하다. 그렇기 때문에 이 책에 수록된 논문들은 연구자들의 역사적 관점에 따라 논리에 차이가 있을 수 있다. 이 점이 이 책이 지니는 장점이자 단점이라 할 수 있을 것이다. 즉 개별연구자의 시각차를 그대로 확인할 수 있다는 점에서 이 책은 현재 우리나라 근대관광 연구의 수준을 극명히 보여준다고 할 수 있다. 이를 바탕으로 향후 근대관광에 대한 연구가 보다 활성화되기를 기대한다.

다음으로 이 책의 출간에 도움을 주신 분들에 대해 인사하지 않을 수 없다. 우선 원고를 기꺼이 제공해주신 황민호·이규수·윤소영·한규무·김신재·성주현·김인덕 등 여러 선생님들께 감사의 말씀을 드린다. 그리고 시장성도 없는 이 책을 출판해주신 도서출판 선인의 윤관백 사장님과 편집진 여러분께 깊은 감사의 말씀을 드린다.

2011년 4월
필자들을 대신해서 조성운 씀

차례

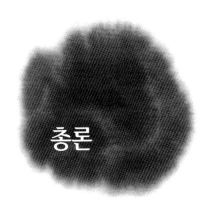

총론

근대관광과 식민지 조선

1. 머리말

관광은 이제 하나의 거대한 사회현상이 되었다. 이러한 관광에 대한 연구는 주로 관광개발이나 관광경영 등 관광사업과 관련된 영역이나 사회학 혹은 문화학, 지리학 등에서 이루어지고 있다. 그런데 이러한 연구들은 오늘날의 관광현상에 대한 연구이지 그 역사적 배경이나 전개과정에 대한 연구는 아니다. 관광에 대한 이러한 연구 경향은 그 사적 배경이나 전개과정에 대한 파악이 제대로 이루어지지 않은 상황에서 이루어진 것이어서 관광의 종적 관계를 확인하는 데 많은 어려움을 겪고 있는 것도 사실이다. 그러므로 관광에 대하여 입체적이고 종합적인 연구를 위해서는 관광사의 연구가 필수적이라 할 수 있다.

이러한 연구의 필요성에도 불구하고 관광사에 대한 연구는 이제 막 시작되었다고 해도 지나친 말이 아니다. 그런데 관광이라는 사회적 현상이 탄생한 것은 근대의 일이므로 관광사에 대한 연구도 근대관광부터 시작되어야 한다고 판단된다. 다만 근대 이전에도 여행이나 순례 등 관광과 유사한 형태의 행위가 있었으므로 '관광'에 대한 각 연구자의 개념 정리가 필요할 것으로 생각된다.[1] 따라서 본고에서 필자는 관광이라는 용어를 근대관광이라 칭하기로 한다.

이 책은 식민지 조선의 근대관광에 대해 본격적으로 서술한 것이라 기보다는 그 탄생의 배경과 전개과정을 서술한 것이라 생각된다. 그것은 이 책에 수록된 논문들이 공동연구의 산물이 아니라 개별 연구자의 연구결과이기 때문이다. 따라서 이 책은 근대관광에 대한 하나의 시선이나 관점에 입각한 것이 아님을 먼저 독자들에게 양해를 구하고자 한다.

그러함에도 불구하고 이 책을 출판하게 된 것은 편자를 비롯한 몇 명의 연구자들이 근대관광에 대한 기초적인 연구가 필요함을 인식하고 현재의 연구 수준에서 가능한 일을 해보자는 단순한 생각 때문이었다. 이 책이 한국 근대관광사 연구에 일조할 수 있기를 바란다.

참고로 이 책에 수록된 논문들의 출전은 다음과 같다.

황민호, 「개항 이후 근대여행의 시작과 여행지」, 『숭실사학』 22, 2009.
이규수, 「일본인의 조선여행기록에 비친 조선의 표상」, 『대구사학』 99, 2010.
윤소영, 「러일전쟁 전후 일본인의 조선 여행기록물에 보이는 조선인식」, 『한국
　　　　민족운동사연구』 51, 2007.
한규무, 「한말 한국인 일본관광단의 조직과 성격(1909~1910)」, 『국사관논총』
　　　　107, 2005.
김신재, 「1910년대 경주의 도시변화와 문화유적」, 『신라문화』 33, 2009.

---

[1] 필자의 관점에서 관광은 근대의 산물이라 생각된다. 그것은 전근대 이전의 여행이나 순례 등이 대중화·산업화되지 못하였기 때문이다. 즉 관광이란 대중화하고 산업적으로 조직되어야 한다고 믿기 때문이다.

조성운, 「일본여행협회의 활동을 통해 본 1910년대 조선관광」, 『한국민족운동
　　　사연구』 65, 2010.

성주현, 「철도의 부설과 근대관광의 형성」, 『옛 사람들의 관광과 여행의 문화
　　　사』, 한국역사민속학회·한국문화관광연구원 공동주최 학술회의발표
　　　문, 2007.

김인덕, 「일제시대 조선총독부박물관의 식민지적 성격에 대한 연구」, 『향토서
　　　울』 71, 2008.

2. 근대관광의 발달

　　근대관광의 탄생을 논할 때 간과할 수 없는 것이 19세기 이후의 철도
의 발달이다. 그만큼 철도가 근대관광의 발달에 결정적인 역할을 했다
는 것을 의미한다. 철도가 근대관광에서 의미를 갖는 것은 대량운송과
신속성, 그리고 안전성에 그 이유가 있다. 이로써 근대관광은 보다 안전
하고, 보다 편리하며, 보다 빠르고, 보다 저렴하게 관광객을 모을 수 있
었다. 이는 곧 근대관광이 산업화되고 대중화되는데 결정적인 역할이
되었던 것이다. 여기에 근대관광이 전근대의 그것과 구별되는 특징이
있다고 할 수 있다.

　　동시에 19세기 후반 철도여행은 여행자들의 풍경의 지각(知覺) 그 자
체를 구조적으로 변용시켰다.[2] 즉 달리는 기차 안에서 바라보는 창밖의
풍경은 마치 파노라마와 같은 것이므로 근대 이전의 여행에서는 느끼지
못한 것이었다. 다시 말하면 전근대의 여행이 갖고 있던 공간성을 상실
해가는 과정이기도 하였다. 이는 빠른 속도로 달리는 철도가 여행자와
풍경과의 관계를 변화시키는 것이기도 하였다. 따라서 이동하는 기차

---

[2] 吉見俊哉, 「觀光の誕生」, 山下晋司 編, 『觀光文化學』, 新曜社, 2007, 10쪽.

안에 있는 여행자는 차창 밖으로 보이는 풍경을 전체적으로 보지 못하고 단편적으로나 기호화해서 볼 수밖에 없게 되었던 것이다. 즉 전체를 보지 못한다는 측면에서 근대관광은 하나의 이미지를 보는 행위일 수밖에 없다.

이렇게 볼 때 철도의 발달에 따라 성립하게 된 근대관광은 하나의 시선의 탄생이라고도 할 수 있다. 이는 근대관광이 가지는 기본적인 속성이라고도 할 수 있다. 즉 전근대 여행이 '미지의 세계를 탐험'하는 성격이 강했던 것에 비해 근대관광은 여행안내서의 발간이나 패키지여행을 통해 이미 알려진 곳이나 여행사 혹은 가이드가 잘 아는 곳을 여행하는 것에서 기인한다고 할 수 있다.

그런데 근대관광은 제국주의의 발전과 매우 밀접한 관련이 있다. 영국의 금주운동가이자 독실한 기독교신자였던 토마스 쿡이 1841년 조직했던 금주대회에서 비롯되었다고 하는 근대관광이 전지구적으로 발달하였던 배경에는 자국의 식민지를 확인하고자 했던 식민지 본국인의 열정이 숨어있었기 때문이다. 즉 토마스 쿡은 1841년의 금주대회 이후 성장하고 있던 노동자계급의 성원에 힘입어 1845년 웨일즈, 1846년 스코틀랜드로 가는 관광단을 조직하였으며, 1851년 런던만국박람회에 다수의 관광단을 송출함으로써 관광사업을 확대하였다. 이러한 실적을 바탕으로 그는 토마스 쿡 앤 선이라는 여행사를 설립하였다. 또한 그는 1850년대부터 60년대에 걸쳐 유럽일주여행, 스위스여행, 아메리카여행을 기획하였으며, 1869년에는 세계 최초로 가이드가 딸린 예루살렘순례여행을 실현시켰다. 이러한 토마스 쿡의 활동에 영향을 받아 19세기말에는 미국에서 아메리칸 익스프레스사가 여행업에 뛰어들었다.[3] 이로써 관광사업은 유럽과 미국의 경쟁구도가 이루어지게 되었던 것이다. 이러한

---

3) 吉見俊哉, 「觀光の誕生」, 11쪽.

과정에서 발달한 서구의 근대관광은 제국주의적 성격을 띨 수밖에 없는 것이었다. 그것은 토마스 쿡이 관광을 하나의 산업으로 성장시키는 데 결정적 역할을 했다고 보이는 박람회가 제국주의적 성격을 띠고 있을 뿐만 아니라 식민지 관광을 통해 제국주의의 정체성을 강화하는 측면이 강했기 때문이다.

그러나 우리나라를 포함한 동아시아지역에서의 근대관광은 유럽이나 미주에서의 그것과 다르다. 왜냐하면 이 지역 근대관광의 선구자라 할 수 있는 일본은 서구에게는 '보여지는' 객체였으나 조선과 중국과 같은 아시아 제국에게는 '보는' 주체로서의 성격을 동시에 갖고 있기 때문이다. 따라서 식민지 조선의 근대관광은 제국주의 일본에 의해 '보여지는' 객체로서 시작되었다고 해도 과언이 아니라고 생각된다. 그것은 1906년 아사히신문사가 주최하였던 만한순유단에서 그 기원을 찾을 수 있다. 이후 일본에서는 청일전쟁과 러일전쟁의 전적지를 중심으로 한 만주와 조선여행이 붐을 이룰 정도였던 것이다.

다른 한편 1909년 경성일보사가 주최하였던 일본시찰단은 식민지 조선의 관광에 대한 인식을 바꾸어 놓을 정도의 반향을 불러일으켰다. 그것은 이 일본시찰단의 구성원들은 당시 조선의 '고관대작'들이었고, 일본시찰 이후 이들은 권력의 실세로 대두하였기 때문이다. 따라서 일본시찰을 다녀오는 것은 '출세'를 '보증'할 정도로 대단한 기회가 되었던 것이다. 이러한 일본시찰은 1910년 조선이 일제에 강점된 이후에도 지속되었다. 1910년 조선귀족 일본관광단이 매일신보사의 주최로 시행된 이래 동양척식주식회사, 도·부·군 등의 지방행정기관, 지방의 언론사, 축산조합, 사회사업협회, 유도진흥회 등 다양한 기관이나 단체에 의해 이루어졌으며, 1937년 중일전쟁과 1938년 총동원법의 공포 이후인 전시체제기에 접어들면서는 이른바 '성지참배'가 행하여졌다.

이러한 과정에서 조선 국내 관광도 점차 활성화되어 경성, 인천, 평양, 개성, 경주 등의 도시와 금강산, 장수산 등의 명산, 주을온천과 동래온천 등의 온천지가 관광지로 개발되기 시작하였다. 또 1920년대 중반 일본 본토 내에서 국립공원법이 논의되면서 조선에서도 금강산을 비롯한 몇 개의 지역에서 국립공원화계획을 수립하여 실천하려는 움직임이 일기도 하였다. 이렇게 식민지 조선의 관광지 개발에 적극적으로 나선 것은 사설철도회사와 지방의 행정기관이었던 것으로 보인다. 그리하여 위에서 언급한 도시에서는 관광협회가 조직되기도 하였고, 이들을 중심으로 조선관광협회를 조직하고자 하는 움직임도 있었던 것이다.

3. 본서에 수록된 논문의 내용

이 책에 수록된 논문은 모두 8편이다. 이 논문들의 내용을 소개하여 독자들의 이해를 돕도록 하겠다.

먼저 황민호는 우리나라 근대관광의 형성을 '관광'의 어원과 의미에 대해 정리한 후 개화기와 일제시기의 여행기를 중심으로 살폈다. 그에 의하면 개항 이후 외국여행은 주로 외교관 및 고관, 왕족 등을 중심으로 이루어졌으며, 국내여행은 1899년 경인선의 개통 이후 철도를 중심으로 이루어지고 있다고 하였다. 그리고 당시 조선의 지식인들은 여행을 긍정적으로 이해하고 있었던 것으로 파악하였다. 그러나 아직까지 여행이 대중화하지 못하였으며 1920년대에 접어들면서 여행이 보다 일반화되었다고 주장하였다. 그런데 그의 주장 가운데 주목되는 것은 여행이 일반화되어 가고 있었으나 일상에서 벗어나 자유로운 여가를 즐긴다는 여행의 본질적인 측면보다는 여행자들이 접하게 되는 사회적 현실에는 여행자들의 의지와는 상관없이 상당 부분 식민지의 그늘이 드리워져 있었다고 주장한 점이다.

이규수는 근대 일본의 대표적 국수주의자인 시가 시게타카(志賀重昂)가 1910년 간행한 『대역소지(大役小志)』를 분석하여 일본인의 조선여행 목적, 조선의 이미지가 성립되고 수용, 전파되어가는 과정, 그리고 조선이 식민지의 표상으로 자리잡는 과정에 대해 서술하였다. 그에 따르면 『대역소지』는 러일전쟁 관전기의 백미라 불릴 정도로 당시 대중적으로 인기가 있었던 저술이었다고 한다. 시가가 이 책을 출간할 수 있었던 것은 그가 당시 일본 내에서 불고 있던 조선열풍 속에서 조선을 3번이나 여행하였다는 경험에서 기인한 것으로 판단된다. 이 책에서 그는 조선에 대한 식민지화의 방안으로 조선의 각지에 이른바 '소일본'을 건설함으로써 조선을 완전한 식민지로 삼을 수 있다고 주장하였다. 그리고 그 근거로써 조선인의 무심과 무기력, 사대주의, 게으름, 나태 등을 조선인의 표상으로 이미지화한 점, 의병투쟁을 '폭도'라 규정함으로써 조선 독립투쟁의 의의를 무시한 점 등을 열거하였다. 이러한 조선 이미지는 당시 일본 내에서 출간되던 잡지나 신문 등에서도 자주 볼 수 있는 것이므로 당시 일본의 분위기와 크게 다르지 않지만 그가 주장한 '소일본'의 건설을 통한 조선의 식민지화는 실제로 실현되었다는 점에서 그의 주장이 어느 정도 반영된 것이라 판단된다.

윤소영은 이규수와 마찬가지로 러일전쟁 이후 발간된 일본인의 조선여행기를 통해 기록을 남긴 인물과 그 저술 동기, 조선에 대한 이미지, 조선여행의 목적 등을 파악할 것을 목적으로 연구하였다. 이 연구를 통해 그는 이 여행기록물의 저자들은 주로 일본정부의 관료나 대륙침략정책을 지지하는 지식인들이었음을 밝혔고, 이 여행기록물들 중 러일전쟁 무렵부터 출간된 것들은 조선을 처음부터 '새로운 정복지'로 인식하고 있었음을 논증하였다. 그리고 이 기록물들에는 앞의 이규수의 연구에서와 마찬가지로 조선의 미개함이 이미지로 내재되어 있다고 하였는데, 이는 조선을 부정적으로 보고자 한 '의지'에 따른 것이었다고 주장하였

다. 그리고 그는 이러한 인식이 확산됨에 따라 일제의 조선에 대한 식
민지 지배의 당위성은 확보되었다고 판단하였다. 한편 이 시기 일본의
조선여행자들은 임진왜란과 청일전쟁의 전승지, 그리고 조선왕실의 흥
망사를 알 수 있는 사적지의 탐방을 통해 '제국 일본'의 위용을 만끽할
수 있었다고 주장하였다.

한규무의 연구는 1909년부터 1910년까지 경성일보사가 주최하였던
일본관광단과 그에 상응한 일본인 한국관광단에 대한 고찰이다. 일본관
광단이 조직되는 배경을 그는 의병항쟁에 대한 무력탄압과 함께 조선인
에 대한 유화책의 필요성에서 찾았다. 그리하여 일본관광을 통해 일본
의 선진문물을 조선인에게 보여줌으로써 일제의 조선지배가 조선의 발
전에 기여할 것이라는 의식을 심어주고자 했다고 주장하였다. 그는 또
한 이러한 일본의 의도에 대해 일본관광단에 참여하였던 조선의 실력자
들은 이를 통해 자신들의 입지를 넓히고자 했던 것으로 판단하였다. 일
본관광단이 해산된 이후에도 『대한매일신보』가 이들을 '관광단원'이라
부르며 주시한 것은 이들이 관광 이후 어떠한 역할을 지속적으로 수행
하였음을 보여주는 것이라고 주장하였다. 그러나 이들에 대한 조선인의
반응은 싸늘하였다고 한다. 한편 구마모토(熊本)와 후쿠오카(福岡) 출
신의 실업가들로 조직된 한국관광단이 '답방'의 성격을 가지며 조선을
찾았다. 이들은 조선정부와 한성부민회의 환대를 받았다고 한다. 이러
한 그의 연구는 이 관광단이 1910년 이후 일제의 패망시까지 꾸준히 이
루어졌던 일본시찰단에 대한 연구와 관련을 맺으며 이루어져야 할 것
이다.

김신재의 연구는 식민지 지배 초기인 1910년대 경주의 도시변화를 문
화유적과의 관계에서 고찰한 것이다. 그에 따르면 일제의 식민지 지배
와 함께 경주의 도시변화가 이루어진다고 한다. 즉 1912년 데라우치 총
독의 경주 방문 시 총독의 차가 우회하지 않고 경주에 입성할 수 있도

록 경주읍성의 남문이 철거되었다고 한다. 그리고 1915년 성벽을 관통한 신작로가 건설되었다고 한다. 이러한 경주읍성의 변화는 경주고적진열관으로 이용된 동헌, 경주공립보통학교로 이용된 동경관 등의 사례에서 볼 수 있듯이 전통공간에 대한 파괴 및 이용이 있었고 신사, 사찰 등의 일본식 종교시설의 신축과 일본인 거주지역의 건설 등을 통해 전통적인 도시가 파괴되어 갔다고 한다. 또한 일제는 1909년부터 1912년까지 고적조사사업을 행하였고, 1910년대에 도로와 철도의 개설을 통해 경주를 관광지로 개발하기도 하였다. 이러한 사업은 조선의 고적을 보존하기 위한 것이라기보다는 고적조사를 통해 일본과 조선의 동질감을 확인하여 식민지 지배의 정당성을 확보하기 위한 것이었다는 것이다. 이렇게 볼 때 경주의 도시변화는 식민지 지배정책이 관철되는 과정에서 이루어진 것이었고, 관광사업 역시 이러한 지배정책의 결과를 관광객에게 '전시'하는 것이었다고 할 수 있을 것이다.

조성운의 연구는 일본여행협회의 활동 속에서 1910년대 식민지 조선의 관광 일반을 고찰한 것이라고 할 수 있다. 이는 일본여행협회의 조직이 일본의 근대관광의 발달과정에서 유의미하다는 것과 이의 영향 속에서 식민지 조선의 근대관광이 발달하였다는 문제의식에서 출발한 것이었다. 이 연구를 통해 그는 러일전쟁의 승리 이후 '승리의 전장'을 보기 위한 일본 내의 열풍이 육군의 후원으로 장려되고 있었음을 밝혔다. 이후 1912년 일본여행협회가 조직된 이후 일본이 국가적 사업으로서 관광을 진흥시키고자 하였다. 이를 위해 각종 여행안내서의 발간과 여행객을 알선, 모집하는 여행안내소를 일본 내외에 설치하였고, 이 과정에서 식민지 조선에도 경성과 부산에 여행안내소가 설치되었음을 밝혔다. 여행안내서 속에 보이는 관광지는 주로 일본의 근대문물을 상징하는 곳이었으므로, 1910년대 이후 지속적으로 파견된 일본시찰단의 시찰장소와 일치한다. 이는 결국 서구인에게는 일본의 문물이 서구 못지않게 발전하였다는 것을 보이고, 조선인을 비롯한 아시아인에게는 일본문물의 우수성을 각인시키고자 하였다는 것을 의미한다고 하였다. 다만 아쉬운 것은 일본여행협회가 1930년 국제관광국의 설치 이전 제국 일본의 관광사업을 총괄하는 기구였다고 한 점이다. 이에 대해서는 보다 정치한 연구가 필요하다고 할 것이다.

성주현의 연구는 근대관광과 철도의 연관성을 고찰한 것이다. 철도가 부설되면서 철도 연선 주변의 역사유적지나 풍광이 좋은 지역들을 중심으로 관광사업이 발달하기 시작했다고 주장하였다. 그리고 이러한 관광지에 대한 설명을 주로 여행안내서를 통해 설명하였다. 즉 경부선, 경인선, 마산선, 경의선, 호남선, 전라선, 경남서부선, 경원선, 함경선, 금강산전기철도주식회사 등의 연선에 산재한 관광지를 설명하였다. 이를 통해 그는 관광지를 역사유적지, 자연경승지, 근대산업 또는 문화시설, 일본 관련 유적지 등 4가지 유형으로 나누었다. 그리고 그는 이른바 '꽃관광', '달맞이관광', '석탄절관광', '피서관광', '스키관광', '탐승관광', '금강산관광' 등 '테마관광'에 대해서도 언급하였다. 이러한 테마관광을 위한 특별열차가 편성되는 것을 통해 그는 일제가 관광사업을 하나의 산업으로 육성하고자 했음을 논증하고자 하였다. 그런데 그가 "비록 일제 강점기라는 암울한 시기였으나 관광을 통해 심신의 여유로움"을 찾고, "한민족의 자긍심"을 갖고자 하였다는 관광이 '점차 보편적 현상'이 되었다고 하는 것에 대한 논증이 필요하다는 점에 유의해야 할 것이다.

김인덕의 연구는 조선총독부박물관의 식민지적 성격에 대해 고찰한 것이다. 이를 위해 그는 조선총독부박물관의 역사적 한계와 그 구성원의 성격을 살핀 후 주요 전시와 유물의 구입 경로를 통해 조선총독부의 식민지성을 밝혔다. 그는 조선총독부박물관의 설립을 문화통치와의 관련성 속에서 찾았다. 그리고 1915년 시정 5년 기념 조선물산공진회의 성과에 기초하여 조선총독부박물관이 설립되었음을 논증하였다. 또한 조선총독부박물관의 설립에 공진회 당시 조선총독이던 데라우치 마사다케가 일정한 공헌을 한 점도 밝혔다. 그리고 박물관은 조선총독부 직제상 총독관방 총무국에 소속되어 있었으며, 3·1운동 이후에는 학무국 소속이 되었다. 조선총독부박물관은 박물관협의회와 고적조사위원회를 통해 각종 문화정책과 대국민교육을 시행하였다. 조선총독부박물관의 직원은 주로 조선사편수회, 경성제국대학 등의 위원이나 교수로 있던 인물들이었다고 한다. 이들에 의하여 고적조사를 비롯한 다양한 보고서가 채택되어 역사왜곡의 중심에 있었다고 한다.

이상과 같이 이 책에 수록된 연구의 내용을 살펴보았다. 다만 앞에서도 언급했듯이 이 책에 수록된 연구들은 공동연구가 아니었으므로 체계적으로나 논리적으로 상호 충돌하는 부분도 없지 않으리라 생각된다. 독자 여러분의 양해를 바란다.

4. 맺음말: 근대관광 연구를 위한 향후 과제

이 책을 통해 우리는 식민지 조선의 근대관광의 다양한 모습을 찾아볼 수 있었다. 그러나 이러한 모습들은 아직 우리나라의 근대관광의 모습을 전반적으로 그려볼 수 있을 정도의 수준은 아니다. 식민지 근대관광에 대한 학위논문이 사실상 전무한 실정과 근대관광에 대한 보다 전문적인 연구자가 없는 현실에서 이를 소개하고자 하는 하나의 시도로 받아들여 주었으면 하는 것이 필자의 의도이다. 이는 근대관광에 대한 연구가 이제 막 시작되었기 때문이다.

다음으로 식민지 근대관광에 대한 연구에서 미진한 점, 즉 앞으로 연구가 이루어져야 하는 부분에 대해 간략히 서술하고자 한다. 이는 본서에서 미처 다루지 못한 부분에 대한 반성에서 출발하는 것이기도 하지만 향후 식민지 근대관광에 대한 연구가 보다 진전되었으면 하는 바람이기도 하다.

첫째, 우리나라 근대관광의 기원이나 그 발전과정에 대한 연구가 진전되어야 한다. 필자를 비롯한 몇 명의 연구자가 이에 대해 관심을 갖고는 있으나 뚜렷한 연구성과를 내지 못하고 있는 실정이다. 따라서 향후 근대관광에 대한 기초자료의 조사와 함께 실증적인 연구가 필요하다고 생각된다.

둘째, 관광지개발에 관한 연구가 필요하다고 할 수 있다. 지방의 행정기관이나 사설철도회사 등에 의해 이루어진 관광지개발이 조선총독부의 정책과는 어떠한 관계를 맺고 있는지에 대해 구체적으로 밝혀야 할 것이며, 더 나아가 이들에 의해 이루어진 관광지개발의 구체적인 실상도 확인해야 할 것이다.

셋째, 관광 관련 단체나 여행사 등 관광을 담당했던 주체들에 대한 연구도 필요하다. 이에 대한 연구는 일본여행협회 조선지부의 활동에 대해 서술한 필자의 연구 이외에는 전혀 제출되어 있지 않은 형편이다. 따라서 실제 여행사업을 담당했던 여행사나 관광협회 등의 활동을 보다 구체적으로 살필 필요가 있다.

넷째, 관광사업과 직간접적으로 관련있는 자동차, 여관·호텔 등의 숙박시설, 온천, 철도 등에 대한 연구도 필요하다. 이와 관련된 연구는 관광학이나 문학 등 인접학문분야에서 일정부분 연구된 것이 없지는 않으나 이 연구들이 역사적 관점을 결여하고 있으므로 역사학적 관점에서 새로이 서술할 필요가 있다.

마지막으로 이러한 식민지 조선에서의 관광사업과 일본, 만주, 대만 등 동아시아의 관광사업과의 관련성이나 연계성 등에 대한 연구도 필요하다고 판단된다. 그것은 관광사업이 일국적인 차원이 아니라 국경을 넘나드는 행위이기 때문이다. 따라서 이들 국가를 이동하였던 교통수단이나 입국절차에 따른 제반 행정행위 등에 대한 연구도 함께 진행되어야 할 것이다. 이는 곧 근대관광의 연구가 일국사적인 차원이 아니라 동아시아사적인 차원에서 이해되어야 한다는 것을 의미한다고 생각된다. 향후 보다 진전된 연구를 기대한다.

조성운 ┃ 경기대학교 전통문화콘텐츠연구소 연구원

제1장

개항 이후 근대여행의 시작과 여행자

1. 머리말

관광이란 일상적인 거주지를 벗어나서 다른 장소를 방문하여 그 지역의 자연환경과 풍광을 즐기며 유람하는 일로, 휴양이나 기분전환, 또는 자기 개발을 위한 일시적인 이동을 말하는 것이다. 오늘날과 같은 의미의 관광의 개념은 자본주의의 출현과 함께 철도나 증기선과 같은 교통수단의 발달로 이동이 자유로워지면서 소비문화의 한 형태로 생겨나게 되었다.[1]

우리나라에서도 근대 이전의 관광은 자연발생적이고 소규모적인 개별여행이 지배적이었으며, 왕이나 관료 혹은 승려들이 공무 수행과 종교적인 목적 등을 이유로 관광 혹은 여행을 하는 경우가 대부분이었다. 우리나라에서 근대적인 의미의 여행이 시작된 것은 개항 이후 근대적인 문물이 수용되면서부터인 것으로 보인다.[2] 그리고 여행이 갖는 중요성의 강조는 부강한 근대국가를 만들고자 했던 지식인들의 의지에서 출발하는 경향을 나타내고 있었다. 그러나 한일합방 이후에는 관광이나 여행이 일제의 식민지체제를 선전하기 위한 정책적 도구로 변질되어 조선

---

1) 부산근대역사관, 『근대, 관광을 시작하다』, 2007.
2) 인태정, 『관광의 사회학』, 한울, 2007, 19~20쪽.

의 식민지성이 부각되는 측면을 강하게 드러내기도 하였다.

따라서 이 글은 주로 한국 근대관광의 형성이라는 관점에서 관광 및 여행과 여가 등의 학문적 어원 및 그 의미에 대해서 살펴보는 한편, 개화기와 일제시기 국내 자료에 나타나는 여행자들의 여행기를 중심으로 그 특징을 정리하고자 하였다.3) 또한 국내의 여행과 관련해서는 주로 여행자들이 여행을 체험하면서 느끼게 되는 민족의 현실 혹은 민족적 차별문제가 여행기에 어떻게 투영되고 있는가에 대해 살펴보고자 한다. 특히 해외여행과 관련해서는 유럽이나 미국·러시아 및 일본을 여행하면서 필자들이 경험하게 되는 다양한 근대의 경험과 문화적 충격 등에 대해 정리해 보고자 하였다. 따라서 이 글은 개항 이후 근대적 여행이 우리 사회에 끼쳤던 영향의 일면을 확인하고 이를 이해하는데 기여할 수 있을 것으로 생각된다.

2. 관광의 의미와 어원

서양에서의 관광의 기원은 그리스·로마시대의 올림픽 경기 참가와 온천 요양 및 신전참배 등에서 오늘날의 체육·요양·종교 등 목적 관광의 유형을 찾아 볼 수 있다. 이 시기에는 여행하는 사람을 '신성한 사람'으로 우대하는 관습이 있었고 관광의 기원이 싹트고 있었던 것으로 보인다.

---

3) 서기재,「일본 근대여행서를 통해 본 조선과 조선관광에 관하여」,『일본어문학』 13, 2002 ; 윤소영,「일본어 잡지『조선급만주』에 나타난 1910년대의 경성」,『지방사와 지방문화』9월 1호, 2006 ; 윤소영,「러일전쟁 전후 일본인의 조선여행 기록물에 보이는 조선인식」,『한국민족운동사연구』51, 2007 ; 서영채,「최남선과 이광수의 금강산 기행문에 관하여」,『민족문학사연구』24, 2004 ; 한경수,「한국 근대전환기 관광」,『관광학연구』29권 2호, 2005 ; 한경수,「한국관광사연구의 현황과 접근방법」,『한국관광학회』제24권 3호, 2001 ; 차혜영,「1920년대 기행문을 통해 본 식민지근대의 내면형성경로」,『국어학연구』137, 2003.

중세의 관광은 십자군전쟁의 영향으로 동서 문화의 교류에 따른 이 질문화에 대한 호기심의 증대와 예루살렘 등 성지순례에 대한 열망이 보편화되면서 부활하기 시작하였다. 당시의 여행은 주로 수도원에서 숙박을 하고 기사단의 보호를 받으면서 가족 단위의 종교관광이 성행하였다.

19세기에 들어와서는 근대적 의미의 관광이 본격화되었으며, 근대관광산업의 아버지라고 불리는 영국의 여행사무 대행업자 쿡(Thomas Cook) 목사는 처음으로 철도관광을 위한 여행알선업체를 창설하여 단체유람객을 모집하기도 하였다. 또한 기선의 발명 이후 세계적으로 관광이 보편화되기 시작하였고, 제1차 세계대전 이후에는 관광산업에 대해 무형의 수출(invisible trade)라는 개념이 도입되어 그 발전을 가속화시켜 갔다. 제2차 세계대전 후에는 대량수송매체와 커뮤니케이션의 발달 및 개인의 소득증대로 여가가 늘어나면서 관광의 수요가 폭발적으로 늘어나게 되었다.[4]

서양에서의 여행 혹은 관광에 관한 어원을 살펴보면 영국에서는 정주지를 떠나 장소의 이동을 의미하는 용어로 Travling을 사용하였는데 Travel은 Travail(고행·노고)의 파생어로 일을 하다라는 일상적인 뜻을 내포하고 있었다. 그리고 이는 Trouble(걱정·고뇌), Toil(고통·힘든 일)과 같은 어원에서 파생되었다고 보기도 한다. Tour라는 단어가 사전에 등장한 것은 1652년경이며, Tourism 혹은 Tourist라는 용어가 처음으로 등장한 것은 1811년 영국에서 발행된 *Sporting Magazine*에서였다고 한다.[5]

독일에서는 Tourism과 유사한 단어로 Fremdenverkehr이라는 말을 사용하고 있는데 'Fremden'은 낯선 외국인(손님)이라는 뜻이고 'Verkehr'는 왕래, 교제, 거래라는 뜻을 포함하는 것이라고 한다. 또한 Voyage는 원래 항해를 뜻하는 말이었으나 현재는 일반 여행의 개념까지를 포함하고

4) 이웅규·김은희, 『관광과 문화』, 대왕사, 2002, 40쪽.
5) 닝왕, 이진형·최석호 옮김, 『관광과 근대성』, 일신사, 2007, 24~25쪽.

있으며, 특히 군대에서 원정의 뜻으로 사용되기 한다. 이밖에 Tour라는 말을 어원의 측면에서 보면 여러 나라를 순회 여행하는 것이라는 의미를 내포하고 있다. 결국 여행 혹은 관광이란 자기의 일상 생활권을 떠나 다시 돌아올 예정으로 타국·타지로 떠나는 이동 행위와 견문의 확대를 의미한다고 하겠다.[6]

그러나 관광에 대한 이러한 어원적 정의에도 불구하고 관광의 양상은 일반적으로 사회·역사적인 현상을 반영하면서 변화되어 갔다. 중세의 경우 관광(여행)은 득도와 신앙심을 추구하기 위한 고행으로서의 의미를 가지는 경우가 있었지만, 근대에 이르러서는 위락과 휴식, 기분전환, 새로운 경험, 교양의 확대 등을 목적으로 하는 여행이 주를 이루게 되었다고 하겠다.

관광의 인접개념인 여행과 여가(Leisure)의 개념에 대해서 정리해 보면, 우선 여행은 관광과 달리 뚜렷한 목적이나 동기가 없어도 가능한 행위 유형으로서 관광보다 훨씬 포괄적인 개념이라고 할 수 있다. 즉 여행은 이동으로서의 특성을 갖고는 있지만, 목적이나 동기를 전제하지 않는데 반해, 관광은 유흥, 오락, 재미, 문화적 요구, 역사적 탐방, 각종 이벤트행사 참여 등 목적과 동기가 여행에 비해 분명한 것이라고 할 수 있다. 그러나 오늘날에는 관광과 여행이 개념상 혼용되어 사용되는 경우가 많다고 하겠다.[7]

여가에 대해서는 크게 2가지의 형태로 개념을 분류할 수 있다. 인간의 잔여 시간 혹은 자유 시간을 여가로 보는 양적인 정의와 인간의 자유롭고 평화로우며, 한가한 내면의 느낌 자체를 여가로 보는 질적인 개념이 있을 수 있다. 그러나 이 2가지의 개념은 각각 장단점을 내포하고 있다. 전자의 경우는 객관적인 통계적 측정이 가능한 반면, 잔여 시간만

---

[6] 김종은, 『관광학원론』, 현학사, 2000, 19~20쪽.
[7] 인태정, 『관광의 사회학』, 한울, 2007, 43쪽.

을 강조한 나머지 실업자의 여가나 정신적 압박감 속에서 자유 시간을 보내는 인간의 행태가 과연 진정한 여가가 될 수 있는가라는 점에 대해 명확한 해답을 줄 수 없다는 한계를 가지고 있다.

반면에 후자는 정신적인 해방감을 강조하기 때문에 여가를 질적으로 충실하게 설명해 준다는 장점을 갖는다. 하지만 통계의 작성 등 현실사회에서 필요한 객관성의 확보에 어려움이 따른다는 문제점을 갖고 있다고 하겠다. 따라서 학술적인 목적을 위해서는 여가의 질적인 개념이, 현실적인 실무 목적을 위해서는 양적 개념인 시간적인 정의가 널리 사용되고 있다고 하겠다.[8]

한편 동양에서는 용어상에 있어서 여행보다는 관광이라는 용어가 훨씬 널리 사용된 것으로 보인다. 그 기원으로는 『주역(周易)』의 "관국지광이용빈우왕(觀國之光利用賓于王)"이라는 구절과 『상전(像傳)』의 "관국지광상빈야(觀國之光尙賓也)"라는 문구에서 확인할 수 있다. 크게 보아 이 용례는 한 나라의 사절이 다른 나라를 방문하여 왕을 알현하고 자기 나라의 훌륭한 문물을 소개하는 동시에, 그 나라의 우수한 문물을 관찰함이 왕의 빈객으로 대접받기에 적합하다는 일종의 의전적인 개념이다.

우리나라의 문헌에서는 최치원의 『계원필경집서(桂苑筆耕集序)』에 "인백이천지관광육년명승미(人百己千之觀光六年銘勝尾)"라는 글에서도 나타나고 있다. 이는 '남이 백 번하면 나는 천 번을 해서 '관광' 6년 만에 과거급제자 명단에 이름을 올리게 되었다'는 뜻이다. 여기서의 관광은 '당나라의 빛나는 선진문화를 보는 것'이라고 해석할 수 있어 『역경(易經)』의 경우와 비슷하게 풀이할 수 있을 것으로 생각된다.[9]

우리나라의 고문헌에서도 여행이나 관광에 관한 용례가 여러 곳에서 보이고 있다. 예를 들어 기행문학이라 할 수 있는 '유람기'·'유산록'·'별

---

8) 원용희, 『관광과 문화』, 학문사, 1999, 36~37쪽.
9) 김종은, 『관광학원론』, 현학사, 2000, 18쪽.

곡' 등의 자료나 '연행록(燕行錄)'·'열하일기(熱河日記)'·'일동장유가(日東壯遊歌)'·'해유록(海遊錄)' 등 중국이나 일본을 다녀온 관리들이 남긴 기록, 그리고 각 개인들이 남긴 문집류에서 그 용례를 찾아 볼 수 있다.[10]

이 경우 우리나라에서 여행자들에 의해 관광이라는 용어가 사용된 경우는 앞서 최치원의 경우에서와 같이 통일신라 이래로 꾸준히 사용되어 왔다. 고려시대에는 서긍(徐兢), 정도전(鄭道傳)의 개인적인 기록에서는 물론 고려사에서도 관광이라는 용례가 나타나고 있다. 즉 서긍은 "왕역에는 누각이 없었는데 사신이 왕래한 이래 상국을 관광하고 그 규모를 배워 만들게 되었다(王域, 昔無樓觀, 自通使以來, 觀光上國, 得基規模)"라고 하였다.[11] 또한 정도전은 "子安(李崇仁) 씨가 중국에서 돌아와 그것을 내게 보여준다면 마땅히 제목을 '관광집'이라고 하겠다(子安氏歸也, 特以示子, 則當題日觀光集云)"라고 하였다.[12]

또한 조선왕조실록에는 관광에 관한 용례가 보다 다양하게 나타나고 있다. 우선 '관광상국(觀光上國)'이라 하여 중국의 제도나 문물을 보고 배우는 것 이외에, 과거 또는 과거를 구경한다는 뜻(觀國之光)과 임금이나 중국사신의 행차를 구경한다는 의미가 있었다. 그리고 사찰 등 국내 유람을 의미하는 경우가 있으며, 왜의 사신들이 임금이 베푸는 연회에 참여하거나 사예(射藝)·방화(放火)를 참관하는 것에 관광이라는 용어를 사용하기도 하였다. 이밖에 한양의 북부지명 중에 관광방(觀光坊)이 있었으며, 사대부의 부인들이 궐내를 구경하는 것을 관광이라고 하였다.[13]

한편 한말에도 관광이라는 용어는 그대로 사용되고 있었는데 1910년

---

[10] 韓京洙, 「한국에 있어서 觀光의 역사적 의미와 用例」, 『관광학연구』 36호, 한국관광학회, 2001.

[11] 徐兢, 『國譯高麗圖經』, 민족문화추진위원회, 1987, 48쪽.

[12] 鄭道傳, 『國譯三峰集』 권 3, 국역 1, 민족문화추진위원회, 1978, 245쪽.

[13] 韓京洙, 「한국에 있어서 觀光의 역사적 의미와 用例」, 274쪽. 고문헌에 나오는 관광에 대한 용례는 주로 이 논문의 내용을 참조하였다.

4월에 『경성일보(京城日報)』가 일본에서 개최되는 공진회를 관람케 하기 위해 유길준(俞吉濬), 민영찬(閔泳瓚) 등 전·현직 관리들을 대상으로 일본 방문단을 기획하면서 이들을 관광단이라고 부르고 있었다.[14] 그런데 이 『경성일보』 관광단은 공진회 이외에 일본의 해군공창, 조폐국, 시멘트회사, 방적회사 및 역사문화유적 등을 돌아봄으로써 결과적으로 일본 근대문명의 우수성을 확인하고 조선의 식민지적 현실을 어쩔 수 없는 상황으로 받아들여야 했을 것으로 여겨진다. 이후 일본을 시찰하고 돌아오는 이른바 '내지시찰단'은 일제하에서 1930년대까지 계속되고 있었는데 이는 일본관광이라는 정책적 지원을 통해 일제가 꾸준히 식민지적 지배상황을 정당화하고자 했음을 보여주는 것이었다고 하겠다.

3. 개항 이후 여행자들의 경험

개항 이후 국내인들의 외국여행은 주로 외교관 및 고관, 왕족 등의 여행이 대분이었으며, 민영익, 박정양(朴定陽), 민영환, 유길준, 윤치호, 박영효, 영친왕 등의 경우가 대표적이었다. 우선 1887년 주미전권공사 박정양은 관원들을 이끌고 미국을 방문하여 미국과의 외교관계 수립을 위해 노력하였는데 박정양의 일행으로 미국에 갔던 이상재는 후일 회고담을 남기기도 하였다.

그의 회고에 따르면 미국인들 중 시골사람들은 公使의 일행을 여자로 대접하기도 했는데 미국 여자들이 실내에서도 帽子를 쓰고 있는 것처럼 공사 일행도 갓을 쓰고 있었고, 공사 일행의 의복도 울긋불긋한 비단옷으로 여자의 옷같이 보였기 때문이었다. 또한 일행들이 대부분 미

---

14) 朴基順, 『觀光略記』, 隆熙 4년 8월, 6~7쪽.

국의 여자들보다도 수염이 적었기 때문에 미국인들의 입장에서는 여자
로 착각할 수 있었다고 한다.15)

또한 민영환은 1896년 러시아황제 대관식에 특명전권공사로 임명되
어 세계 일주를 할 수 있는 기회를 갖기도 했는데 인천을 출발한 그는
상해, 나가사키, 동경, 캐나다, 뉴욕, 런던, 모스코바, 시베리아를 여행하
고 국내로 돌아왔다.16) 그는 여행기 『해천추범(海天秋帆)』에서 캐나다
밴쿠버호텔에서 처음 타본 엘리베이터에 대한 경험에 대해 호텔은 "5층
높이 넓게 트인 집인데 오르고 내리기가 쉽지 않은 것을 헤아려 아래층
에 한 칸의 집을 마련하여 전기로 마음대로 오르내리니 기막힌 생각이
다"라고 하였다. 그리고 바르샤바에서는 "이곳은 옛날에 가장 개화한 자
주국이었는데 백여 년 전 정치가 점차 쇠약해지고 벼슬아치들이 백성을
능멸하고 학대하여 내란이 일어나도 다스릴 수가 없었다. 결국 러시아·
오스트리아·프랑스 세 나라가 그 땅을 나누었으니 나라를 도모하는 자
는 경계해야 할 것이다"라고 하여 폴란드의 현실을 개탄하기도 하였다.17)

이밖에 1898년 영친왕이 일본과 미국을 여행하였고 1900년에는 학부
협판 민영찬이 파리박람회에 참석하였다. 이 시기에는 해외유학이 시작
되고 있었는데 1897년 일본유학생은 77명이었으며, 1902년에는 미국에
유학하는 학생이 뉴욕에 5명, 로스엔젤스 8명, 기타지역 10명, 오하요대
학에 부인 1명이라는 언론의 보도가 있다. 뿐만 아니라 당시의 신문에
서는 추업부(醜業婦)와 무뢰한(無賴漢)의 외국여행을 제한하기 위해 빙
표(憑標) 발급심사를 강화한다는 기사를 게재하기도 하였다. 따라서 이

---

15) 李商在, 「상투에 갓쓰고 米國에 公使갓든 이약이, 벙어리 外交, 그레도 評判
은 조왓다」, 『별건곤』 제2호, 1926년 12월 1일.
16) 『독립신문』 1896년 4월 7일자. 개항이후 일제시기까지의 여행자와 여행형태에
대한 서술은 한경수, 「한국의 근대 전환기 관광」, 『관광학연구』 51호, 한국관광
학회, 2005의 내용을 중심으로 정리하였다.
17) 민영환, 조재곤 편역, 『海天秋帆』, 책과함께, 2008.

러한 경향으로 볼 때 개항 이후 국내인의 외국여행은 증가하는 추세였던 것으로 보인다.

당시 여행자들의 교통편은 국제선박의 경우 묄렌도르프 부부가 1882년에 유럽→수에즈운하→싱가폴→홍콩→상해→제물포 구간을 왕래하는 선박을 이용하여 국내에 들어왔다는 기록이 있다. 1904년에는 E. Meyer&Co 소속의 Hamburg Amerika Linie의 선박명 S.S Lyeemoon호 등이 제물포에서 상해로 가는 여객을 모집하는 광고를 내기도 하였다. 또한 국제우편선은 N.D.L(Norddeutscher Lloyd Imperial German Mail Line) 2주에 한 번씩 함부르크→사우스햄프톤→나폴리→수에즈→콜롬보→페낭→싱가폴→홍콩→상하이→나가사키→고베→요코하마를 왕복하고 있었다. 이밖에 제물포에는 보스톡, 콜쓰 등의 러시아 및 독일(덧란), 일본(尾張, 筑後川, 肥後) 등의 선박이 운항하고 있었다.[18)

1905년에 부관연락선의 취항으로 일본과 국내와의 교통망이 형성되자 일본으로 내왕이 편리해지기는 했지만, 대체로 조선을 찾아오는 일본인 여행자의 수가 압도적으로 많았다. 실제로 1905년에 42,460명이었던 재조일본인의 수는 1910년 말에는 171,543명으로 증가하였으며, 연평균 2만 2,000명 정도가 조선을 방문한 것으로 나타나고 있다. 그러나 조선인 경우는 1915년 말에는 일본 거주 조선인이 약 4,100명이었으나 1916년 말에는 약 5,650명이어서 1년 사이에 1,500명 정도의 신도항자가 있었던 것으로 보인다. 대체로 조선인의 일본으로의 이주나 상대적으로 극히 미약한 수준이었다.[19) 부산에서 고베를 오가는 부관연락선으로는 잇키마루(壹岐丸, 1,600톤), 쓰시마마루(對馬丸, 1,602톤), 고라이마루(高麗丸, 3,028톤), 시라기마루(新羅丸, 3,032톤), 하쿠아이마루(博愛丸, 2,632톤) 등 5척이 교대로 운항되고 있었다.[20)

---

18) 한경수, 「한국의 근대 전환기 관광」, 448~449쪽 참조.
19) 조선총독부, 『朝鮮彙報』 1917년 8월, 34쪽.

국내 여행은 철도를 통해 이루어지는 경우가 많았다. 국내의 철도는 1899년에 제물포와 노량진을 구간으로 하는 경인선이 개통되었다. 국내에서는 최남선이 1909년 『소년(少年)』에 발표한 기행문 '교남홍과(嶠南鴻瓜)'와 '평양행(平壤行)'에서 최초로 철도여행에 관한 이야기를 소개하고 있는데 교남홍과는 남대문역을 출발 구포역에서 하차하여 동래로 들어가는 과정을 담고 있으며, 평양행은 남대문역에서 신의주행 기차를 타고 평양에 도착하기까지의 과정을 서술하고 있다. 그런데 '평양행'의 경우는 평양에 도착하기까지 기차가 거쳐 가는 역의 이름, 역의 소재지, 철교의 이름과 길 등을 자세하게 기록하여 마치 철도여행 안내서를 방불케 하는 초기 여행기로서의 특징을 나타내고 있었다.[21]

또한 외국인들의 여행기에도 한국인의 관광유형이 소개되고 있었다.[22] 일본과 한국을 여러 차례 방문한 바 있던 그리피스(William Eliot Griffis)는 그의 여행기에서 "점잖은 옷을 입은 성지순례자들은 명산대찰을 찾아 여행을 하는데 남자들은 입신양명을 빌고 여인들은 아들을 낳게 해달라고 빌었으며, 명승지에는 술 마시고 시를 짓고 경치를 구경하려는 사람인 묵객들이 모여 든다"고 하였다.[23] 비숍(Isabella Brid Bishop)의 기록에서는 "금강산을 방문하는 여행자는 명성을 얻기 때문에 서울에 사는 많은 젊은이들이 금강산여행을 선망하고 있으며, 금강산은 조선에서 너무나 유명하여 그 그림 같은 아름다움은 조선의 시인에게 많이 알려져 있다"고 하였다.[24]

한편 근대문물이 수용되는 과정에서 우리나라의 지식인들은 일반적으로 여행에 대해 긍정적인 인식을 확산시키고자 노력하고 있었던 것으

[20] 윤소영, 「러일전쟁 전후 일본인의 조선여행기록물에 보이는 조선인식」.
[21] 우미영, 「時角場의 변화와 근대적 心象 空間」, 『語文硏究』 32-4, 2004, 332~333쪽.
[22] 한경수, 「개화기 서구인의 조선여행」, 『관광학연구』 26, 한국관광학회, 2002.
[23] W.E.그리피스, 신복룡 역주, 『은자의 나라 한국』, 집문당, 1999, 369~370쪽.
[24] B.비숍, 신복룡 역주, 『조선과 그 이웃나라들』, 집문당, 2000, 139쪽.

로 보인다.

　대저 우리나라 사람들이 여행을 싫어하는 경향이 있음은 가리지 못할
事實이니 「미친놈이나 金剛山드러간다」, 「八道江山 다 돌아다니고 미친
놈일세」, 「子息을 글을 가르치고 싶어도 求景 다니는 꼴 보기싫어 그만두
겠다 하는 말은 다 이 傾向을 언명한 것이라. 대저 古代 泰東史上에 雄飛
活躍한 我大韓人이 今에 아무리 一時라도 屈蟄된 것은 전에 왕성한 旅行
誠이 今에 衰降한 까닭에 말미암음 또한 많은 것을 나는 말하려 하노이
다. 보시오 고대엔 우리민족이 興國民이 아니오니까……오늘날에 이르러
왜 이렇게 懶弱하여졌습니까 왜 이렇게 元氣 鎖沉하여졌습니까 다른 것
이 아니라 여행성이 減退하여 冒險과 經難을 싫어하는 까닭이 아니오니
까……바라노니 소년이여 울적한 일이 있을 리도 없거니와 있으면 여행
으로 풀고 歡喜할 일이 있으면 여행으로 늘리고 더욱 공부의 여가로서 旅
行에 허비하기를 마음에 두시오 이는 여러분에게 진정한 智識을 줄 뿐 아
니라 온갖 보배로운 것을 다 드리리이다」.25)

　이 글은 1908년 국내에서 발간되던 잡지 『소년(少年)』에 게재되었던
글의 일부인데 그 내용을 통해서 보면 필자는 세계의 실상을 시찰하여
지견(知見)과 안목을 넓히고자 세계일주 여행을 떠나는 최건일(崔健一)
이라는 가상의 인물을 내세워 고대에는 우리민족이 흥국민이었으나 오
늘날 '나약'하게 된 것은 여행을 싫어하기 시작한 것에 원인이 있음을
강조하는 한편, 이를 극복하기 위해서는 여행을 장려하는 '여행성(旅行
誠)'을 왕성하게 하는 것이 중요하며, 진정한 지식과 온갖 보배로운 것
을 다 주는 여행을 우리나라의 소년들에게 만이라도 권장하기를 바란다
고 하여 여행의 중요성을 강조하고 있음을 볼 수 있다고 하겠다.
　또한 『서우(西友)』에서는 동서고금의 명가와 호족의 가헌(家憲)을 참

25) 『少年』 1-1, 「快少年世界一周時報」, 新文館, 1908.

고하여 일본의 시부사와가(澁澤家)에서 제정한 가훈 가운데 '男子十三歲
以上에 至ᄒ면 學校休學中에 行狀을 正히 ᄒ야 師友와 同히 各地를 旅
行케 홈이 可홈'[26]이라는 내용을 게재하기도 하였으며, 1909년 7월에 발
행된 『대한흥학보(大韓興學報)』에서는 결혼하는 딸에게 역사서와 지리
서 및 전기 등과 함께 여행기를 읽을 것을 강조했다는 페트릭 헨리의 이
야기를 소개하기도 하였다.[27]

따라서 이상의 내용을 종합해 보면 개항 이후 외국과의 교류가 빈번해
지면서 국외여행이나 기차를 이용한 국내여행이 늘어나는 추세였으며,
금강산 등의 명산대찰을 여행하는 한국인들의 전통적인 여행유형도 계
속되고 있었던 것으로 보인다. 그리고 여행의 중요성이나 유익함을 강조
하는 지식인들의 사회적 분위기도 확산되어 갔던 것으로 나타나고 있다.

그러나 이 시기의 국외여행은 일부 관료들의 공무수행이나 유학생들
을 중심으로 한 여행이 일반적 현상이었으며, 국내여행의 경우도 활발
했다고 보기는 어려울 것으로 생각된다. 또한 한일병합 직후에도 여전
히 해외로 나가는 사람들은 있었으나 일제가 강압적인 무단통치를 강행
하고 있었던 1910년대의 경우는 활발한 국외여행이나 관광이 이루어질
수 없었을 것으로 보인다.

4. 일제시기의 여행자들의 경험

1) 여행의식의 확산

일제하에서 국내외로의 여행이 보다 일반화되기 시작한 것은 1920년

---

[26] 「日本澁澤家의 家訓」, 『서우』 제11호, 1907년 10월 1일.
[27] 틱빅山人, 「結婚ᄒ 娘子의게 與ᄒ 書(譯)」, 『대한흥학보』 제5호, 1909년 7월
20일.

대 이후였던 것으로 보이는데 이 시기에는 외국인들의 국내여행이나 내
국인들의 해외여행 및 국내여행이 과거에 비해 활성화되었던 것으로 보
이며, 여행의 중요성을 보다 적극적으로 주장하는 다양한 논설들도 보
이고 있었다. 실제로 1919년 7월 발행되었던 잡지 『청춘(靑春)』에서는
인생에서 여행의 중요성을 다음과 같이 극찬하기도 하였다.

> 여행은 너에게 見識을 淹泊케 할 것이며……관찰력을 주고 인내력을
> 주고 추진력을 줄 것이며, 立身行道도의 기회를 提示하고……세계의 광
> 대함과 인물은 繁衍함을 가르쳐 宇宙人生에 대한 착신한 이해력과 정당
> 한 판단력을 아울러 줄 것이니 여행하라 여행하라 人生修養의 一大法門
> 인 줄로……28)

또한 문일평이 『개벽(開闢)』에 기고한 '북한의 일일'에서 보면, 그는
'근일 우리 사회에 명산수를 유상하는 풍조가 유행하게 되어 금강산을
탐승하는 인사도 많으며, 백두산을 탐험하는 인사도 있음은 어찌 가희
할 현상이 아니랴'라고 하고 있었다.29) 그리고 1920년의 다른 글에서는
'쇄국양이하던 사상은 개문영양으로 변하였고 전구후배가 고호벽제하
던 행차는 쌍두마차나 자동차로 하였으며 승교과마하고 일행 백리에 인
곤마피하던 여행은 기차 기선이나 비행기로 변하였다'고 하여 보편적인
근대 여행의 모습이 바뀌어 가고 있음을 언급하기도 하였다.30)

1930년대에 들어서도 여행을 긍정적으로 인식하는 태도는 더욱 확산
되었는데 1933년 9월 간행된 『시조(時兆)』에 게재되었던 선교사 우국화

---

28) 「我觀-修養과 旅行」, 『靑春』 9, 新文館, 1919.7, 167쪽.
29) 文一平, 「北漢의 一日」, 『개벽』 제16호, 1921년 10월 18일.
30) 「諸 名士의 朝鮮 女子解放觀(原稿來到序次)」, 『개벽』 제4호, 1920년 9월 25
일. 이 글은 '朝鮮女子固有의 美德을 傷함이 無하라'라는 제목으로 朝鮮敎育
會幹事 李奎昉이 기고한 글의 일부이다.

(禹國華)의 글에서는 오늘날은 다양하고 편리한 교통수단의 발달이 사회적으로 여행을 확산시켜 돈 있는 사람들은 그것을 거절하지 못하는 여행의 시대가 되었다고 함으로써 여행에 대한 긍정적인 인식과 태도가 일반적으로 확산되어 가고 있음을 보여주고 있다고 하겠다. 그러나 선교사 우국화의 이러한 인식에도 불구하고 한국인이 외국여행을 한다는 것은 여전히 유력한 사람들만이 가능한 특수한 경험이었던 것으로 보인다.[31]

한편 1930년대에 들어서는 국내 여행기나 외국에서의 자신의 경험을 책으로 출간하는 경우가 나타나기도 했는데 우선 안재홍은 1931년 9월을 전후하여 『백두산등척기(白頭山登陟記)』를 출간하였다. 당시 이 책을 소개했던 잡지에서는 '금강산이 속화된 이래 우리나라에서 산을 찾는 사람들은 지이·묘향을 동경'하게 되었으며, '조선의 거봉인 백두에 이르러서는 개인적으로는 좀처럼 엄두를 내기 어려웠으나 근래에 국경 수비대가 연중행사로 백두산에 등척하게 되고 이때에 민간 인사들의 참가가 허용되어 백두산기행이 잦게 되었다고 언급하기도 하였다.[32]

뿐만 아니라 『백두산등척기』의 내용에 대해 '일도일기(一倒一起)의 민족의식에 관한 토구가 있으며, 혹은 토속학적으로 본 조선사의 계발이 있다'고 하거나 '정계비를 중심으로 하야 간도경계분쟁에 비분의 탄식을 불금하며, 천지의 대기 속에서 조선민족 발상의 연유를 찾아보고 있다'고 하여 그의 책이 상당히 민족적인 견지에서 쓰여진 것임을 강조하기도 하였다. 또한 '틈틈이 사진을 첨부하야 그 경치를 여실하게 하였으며, 일폭의 지도를 권두에 두었으니 뒤에 가는 이의 좋은 참고가 될듯하다'고 하여 안재홍의 여행기가 당시로서는 상당한 볼거리를 제공하고 있었음을 나타내기도 하였다.

여행기는 아니지만 외국에서 보고 체험한 경험을 토대로 국내에서

---

31) 禹國華,「旅行의 流行」,『時兆』23-9, 1933년 9월.
32) 讀書室,「白頭山 登陟記 安在鴻 著」,『동광』제26호, 1931년 10월 4일.

저서를 발간하는 경우도 있었는데 1932년 조선기독교청년회연합회에서 발간한 박인덕(朴仁德)의『정말국민고등학교(丁抹國民高等學校)』가 이러한 예에 속한다고 하겠다.[33] 이 책은 박인덕이 덴마크의 국민고등학교를 '관광여행'한 뒤 이를 조선에서도 실천해 보고자 했던 의도에서 출간했다고 하고 있었으며, 전체적으로 국내에서 덴마크에 관해 출간된 4번째의 책이라고 하고 있는 것으로 보아 당시 국내 지식인들 사이에서는 덴마크 농촌의 발전상에 대해 커다란 관심을 갖고 있었음을 알 수 있다고 하겠다. 그러나 박인덕의 저서에 대해 당시『동광(東光)』에서는 덴마크는 자주국이고 조선은 식민지인 상황에서, 그리고 자본가와 봉건세력이 거의 무제한적으로 조선의 농촌을 흡취하려고 하고 있는 상황에서 그 구상은 현실을 무시한 허수아비가 될 염려가 있다고 평가하기도 하였다.

또한 1930년대에 이르면 철도나 항공교통의 경우도 과거에 비해 팽창하고 있었는데 실제로 이 시기의 한 기록에서도 조선에 철도가 부설되기 시작한 이래 총 연장 5,000km가 넘는 철도가 보급되어 1936년에는 총 1,200만 톤의 화물과 4,200만 명의 여객을 운송하였으며, 영업 자동차의 운전망도 총 20,797km에 달하여 조선 내의 교통은 그 면목을 일신하는 한편, 산업개발과 인문의 부흥에 기여하는 바가 다대하다고 주장하기도 하였다.[34] 항공교통의 경우는 여의도 비행장에서 후쿠오카(福岡)의 간노스(雁巢)비행장을 연결하는 노선이 운항되고 있었으며, 이 노선은 다시 3시간 만에 동경의 하네다공항을 연결하는 노선이 설치되어 조선과 일본을 하루코스로 연결하도록 되어 있었다. 그런데 국내와 일본

---

[33]「讀書室」,『동광』제36호, 1932년 8월 1일. 그의 책은 3부로 구성되어 있었는데 제1부는 실지로 덴마크 엘서노에 있는 국민고등학교를 관광한 여행기이며, 제2부는 이 학교에 대한 역사적 고찰이고, 제3부가 그것을 모방하여 조선에 실험해보자 하는 '國民養成所'案을 제시하는 내용으로 되어 있었던 것으로 보인다.
[34]「躍進朝鮮의 全貌: 躍進朝鮮의 交通網」,『在滿朝鮮人通信』69, 1939. 1, 72쪽.

을 오가는 비행기는 18인승의 헬리콥터형 기종이었으며, 간단한 샌드위
치가 제공되는 소형 비행기였던 것으로 보인다.[35]

따라서 이상의 내용을 종합해 보면 일제시기에 들어서면서 일반 교
통의 발달 등을 통해 한국인들의 국내여행이나 해외여행은 과거에 비해
상대적으로 확산되고 있었던 것으로 보이며, 개인적 여행기의 출간이나
다양한 여행기의 기고 등을 통해 볼 때 여행의식이 확산되어 가고 있었
던 추세였던 것으로 보인다고 하겠다.

2) 국내여행기에 보이는 식민지의 그늘

1920년대에 들어서면서 국내여행이 늘어나기 시작했던 것으로 보이
는데 여행이나 관광의 중요성을 강조하는 사설이나 잡지의 권두언이 게
재되기도 하였다.[36] 실제로 『신민』 1927년 8월자의 권두언 '산으로 가라
바다로 가라'에서는 젊은이들에게 자연으로 여행을 권장하기도 하였으
며, 『동아일보』와 『조선일보』에서는 단체관광단을 모집하는 기사를 자
주 게재하고 있었다.

> (Ⅰ) 본보 김해지국 주최 진해, 마산, 부산 방면 관광단 조직에 대하여
> 는 벌써 모집을 발표한 후 신청자가 수십 명에 달하였다고 하며, 금반은
> 前記 본보 지국의 특별후원이 有함으로 見學團 지도 등은 큰 편의를 得하
> 였다 하며 出馬 일시를 如左히 결정하였더라. 一. 출발일시 4월 13일(토요
> 일) 오전 7시. 一. 집합장소 馬場自動車部.[37]
>
> (Ⅱ) 조선일보 목포지국 주최 본보 목포지국 후원으로 제주도 관광단을
> 모집한다는 바 신청기일은 20일까지라 하며, 회비는 20원으로 8월 21일 출

---

35) 禹永熙, 「東京記行－內地鑛業界의 動向」, 『鑛業時代』, 鑛業時代社, 2-5,
   1938년 5월, 38~38쪽.
36) 「山으로 가라 바다로 가라」, 『新民』 5, 1927. 8.
37) 『동아일보』 1929년 4월 21일, 「관광단 일정」.

발하여 28일 오후 5시에 목포에 도착하리라는데 일반인은 기회를 잃지 말
고 많이 참가하여 주시기 바란다고 한다.[38]

위의 내용을 통해서 보면 1920년대 이후 국내여행은 언론사를 중심으
로 한 단체모집 관광을 통해 이루어지고 있었으며, 제주도를 포함해 거의
전국의 명소가 관광의 대상이었던 것으로 보인다. 그리고 (Ⅱ)에서 보는
바와 같이 제주도관광을 『동아일보』와 『조선일보』가 제휴하여 관광단을
모집하는 경우도 있었으며, 평안남도 평강지국에서는 원산항에 입항한
일본군 제2함대를 구경하기 위한 관광단을 모집하기도 하였다.[39]

또한 이 시기에 국내 관광객이 크게 증가하고 있었다는 사실은 『동아
일보』의 다른 통계에서도 확인할 수 있는데 1926년에서 1933년까지 국
내여행객들은 금강산 탐승객, 내장산 관풍객 등을 비롯하여 평양 및 월
미도, 송도, 경주 등의 중요관광지를 여행했던 것으로 나타나고 있다.
이밖에 1935년 1월부터 11월까지 만주와 일본 등지에서 온 수학여행단
등을 비롯한 단체관광의 경우도 885단체에 38,500명에 이르고 있었다는
기록이 보이는 것으로 보아 국내와 일본, 만주 등지에서의 국내 단체관
광은 거의 일상적인 형태로 이루어지고 있었던 것으로 보인다.[40]

이밖에 온천여행도 중요한 관광여행의 하나였던 것으로 보이는데 아
래의 내용에서 보는 바와 같이 1935년 1월에 발행되었던 『삼천리』에는
백천, 온양, 해운대, 주을, 용강, 신천 및 금강산에 있는 온정온천에 대
한 간단한 안내서를 게재하고 있었으며, 백천온천에 대해 서울에서 가
장 가까운 '주말여행'에 적당한 곳으로 추천하기도 하였다.[41]

---

38) 『동아일보』 1935년 8월 15일, 「제주도관광단 목포에서 모집」.
39) 『동아일보』 1926년 9월 16일, 「함대 관광단모집」.
40) 韓京洙, 「한국근대 전환기 관광(1880~1940)」, 『관광학연구』 51호, 한국관광학
　　회, 2005.
41) 「溫泉場 案內」, 『삼천리』 제7권 제1호, 1935년 1월 1일.

　　기차를 통한 여행에서 사람들은 근대문명의 속도와 힘을 느끼기도 했던 것으로 보인다. 1920년대 초 서울에서 강화도로 수학여행을 가던 '보성소학교' 학생들은 기차 안에서 '기차바퀴는 종일토록 쉬지 않고 다라나도다. 십리만리 갈 길이 비록 멀으나 살과 같이 신속히 득달하누나'라는 내용의 '기차가'를 합창하였다고 하는데 이는 당시 사람들이 기차의 속도와 수송 능력에 감탄하고 있었음을 보여주는 것이라고 하겠다.[42] 또한 1940년에 친구와 함께 부전고원을 여행했던 모윤숙(毛允淑)은 많은 승객을 싣고 '잉라인(인클라인)이라는 철선을 통해' 부전고원 정상으로 올라가는 기차를 보면서 '믿어지지 않는다'고 감탄하기도 하였다.[43]

　　기차는 국가나 지역별로 문명의 발전 양상을 대변하는 일종의 척도 같은 역할을 하였다. 1932년 5월 만주사변 이후 '동란의 간도'를 다녀온 김경재(金瓊載)는 간도지역의 '경철'인 천도철도에 대해 타고 앉은 느낌이 당나귀를 타고 시골을 여행하는 것 같다고 하거나 걷는 것이 한결 빠른 것 같고 그 느린 걸음세를 생각하면 진절머리가 난다고 하였다.[44] 그러나 이보다 빠른 시기인 1922년에 독일을 여행했던 박승철(朴勝喆)은 평야지대를 이루고 있는 독일은 철도교통이 빈번하여, 일국의 '교통의 편불편은 그 국가의 흥망성쇠의 측정기'라고 하여 그 중요성을 강조하고 있었다.[45] 뿐만 아니라 1927년에 미국을 여행했던 임영빈(任英彬)은 미국의 기차에 대해 깨끗하고 넓어서 좋으며, 빠르기도 하거나와 별도의 끽연실이 있으며, 정원대로 태워 붐비지 않아 기차를 타는 맛이 조선과는 다르다고 하고 있었다.[46]

　　한편 국내관광이 확산되는 과정에서 사람들은 관광이나 여행을 통해

42) 茄子峯人, 「淸秋의 旅」, 『개벽』 제17호, 1921년 11월 1일.
43) 毛允淑, 「赴戰高原」, 『삼천리』 제12권 제8호, 1940년 9월 1일.
44) 金璟載, 「動亂의 間島에서」, 『삼천리』 제4권 제5호, 1932년 5월 15일.
45) 在伯林 朴勝喆, 「巴里와 伯林」, 『개벽』 제24호, 1922년 6월 1일.
46) 任英彬, 「美國의 汽車旅行」, 『동광』 제11호, 1927년 3월 5일.

명승지의 경관이나 철도나 군함 등의 근대적 시설만을 보고 즐기는 것
이 아니라 다양한 형태로 억압받는 민족적 현실이나 조선의 낙후성과
직면하고 있었던 것으로 보인다.

> 차가 京城驛을 떠나기 바로 전이다. 무엇인지 한아름의 짐을 안은 늙은
> 부인 한 이, 나 잇는 간으로 뛰여 드러왓다. 아마 차시간을 노칠뻔하게 와
> 서 급한 마음에 爲先 갓가운 대로 드러오노란 것이 그러케 된 모양이다.
> 그 부인은「이제는 되엿다」하는 듯키, 휘적휘적 자기의 안즐 자리를 차젓
> 다. 그러나 이 일이 엇지 무사키를 바랄 수가 잇스리요, 겻헤잇든 日本人
> 승객들은 모다 서트른 朝鮮말로「저리가 저리가」를 連해 부르는대, 무단
> 히 이 의자로 저 의자에 오락가락하던 그 다방머리 日本兒孩는, 무슨 의
> 식이 잇서 그러는지 업시 그러는지는 모르거니와, 자기 나라의 말로「요
> 보는 실쿠나, 요보는 실어ㅡ」하면서, 어름어름하고 잇는 그 부인의 뒤잔
> 등을 밀고 잇섯다. 그 모양이 맛치, 그와 가튼 돈 업고 힘 업는 朝鮮부녀
> 를 쪼차내이는 데는 자기도 한 목 참여할 權能이 잇다고 聲言하는 듯 십
> 헛다. 그런대, 이 부인은 정말로 쪼차내일 사람(給仕)은 왓다,「표 보아」
> 더니, 그는 데문보하고 그 부인의 팔댁이를 잇글고, 업처질 듯 업처질 듯
> 하는 그의 정경이야 알을 바가 잇스랴, 저 끗헤 차의 간으로 압송하는 셈
> 이엿다.[47]

위의 내용은 서울에서 중국의 안동현에 가기 위해 가차를 탔던 소춘
(小春) 김기전(金起田)이 체험한 내용의 일부인데 당시 1등 칸의 일본인
들은 객실을 잘못 찾은 조선부인에 대해 서투른 조선말로 '저리가' '저리
가'라고 하며 밀쳤으며, 심지어 어린아이도 일본말로 '요보는 실어' 하며
부인을 밀어냈다고 하고 있다. 그리고 기차의 급사는 부인의 표가 3등
칸 임을 확인하자 '팔데기'를 잡아 압송하듯 끌고 갔다고 하고 있는데

---

[47] 小春, 「그것이 第一이더라, 초신 行脚의 엿새동안」, 『개벽』 제41호, 1923년 11
월 1일.

김기전은 이 글에서 식민지의 조선부인이 당해야 했던 모멸감이나 수모를 전하고자 했던 것으로 보인다. 또한 이 글에서 평북 선천 등지의 사정을 언급하며, 어느 동리에나 촌밀정 하나 둘 없는 곳이 없으며, 심한 자는 순사에게 딸을 주고 세도하는 자도 있다고 하였다. 그리고 촌민들은 검은 옷을 입은 사람만 지나가면 순사가 아닌가 하여 놀라며, 높은 국세는 물론, 면소나 주재소를 짓거나 수리한다고 거둬들이는 부가세와 특별수렴 등으로 인해 민중들의 원성이 높아지고 있다고 전하기도 하였다.

박영희(朴英熙)는 1925년 4월에 '반월성을 떠나면서'라는 간단한 기행문을 썼는데 이 글에서 그는 간도로 떠나는 일단의 사람이 친지와 이별하는 포항 기차역의 풍경을 전하면서 이들의 눈물과 울음소리는 조선의 현실을 말해주는 것이며, '순사가 말리고 승객이 말리나 북받쳐 나오는 억울한 울음이야 그 누가 말릴 수 있으랴!' '넓은 조선의 땅이 어찌해서 굶주린 이들을 위해 한 톨의 쌀알(米粒)도 주지 못하였든가'라고 탄식하였으며, 이것이 가장 선명한 조선의 현실이라고 강조하기도 하였다.[48] 뿐만 아니라 경주에서 하루에 1인당 3~4원이나 하는 숙박비를 아끼기 위해 친구와 함께 불국사에 들려 하룻밤 재워줄 것을 청하였으나 불국사의 주지가 인근 일본 여관의 항의가 무서워 재워줄 수 없다고 했음을 안타깝게 전하기도 하였다.

1924년 8월경 평양을 방문했던 청오(靑吾) 정춘수(鄭春洙)의 경우도 '잡관잡감(雜觀雜感)'이라는 기행문에서 평양역 앞의 '살벌한 분위기'를 전하면서 불령지라 하여 『동아일보』와 『조선일보』를 강압적으로 압수해가는 일제 경찰을 보았으며, 역 앞에 일본 신문은 10종이나 되고 조선 신문은 단 두 개뿐인데 그마저 압수해가는 것을 보았다고 하였다.[49]

이밖에 1920년대 이후 총독부에서는 만주지역의 한인들을 대상으로

---

[48] 朴英熙, 「半月城을 떠나면서」, 『개벽』 제69호, 1926년 5월 1일.
[49] 靑吾, 「雜觀雜感」, 『개벽』 제51호, 1924년 9월 1일.

한 경성관광단을 조직하는 경우도 있었는데 1921년 7월 23일부터 8월 8일까지 서울을 방문한 '조선내지관광단'이 대표적인 경우라고 하겠다. 이들은 혼춘지역 한인 유지 37명이 총독부의 후원하에 서울 관광에 나서게 된 것인데 원산, 경성, 수원, 인천, 평양 등지를 관광한 이들은 도처의 대하고루(大廈高樓)의 장관은 물론 산업교통과 교육제도 상태, 경찰기관의 완비, 기타 문화시설 등이 갖추어져 소문보다 한층 발전한 문화의 광휘에 소감이 심대하였다는 여행기를 발표하기도 하였다.[50] 그리고 이 기사에서 보면 이들 관광단에 대해 함경북도 도청에서는 오찬회를 개최하였으며, 청진경찰서에서 교통편의를 위해 기정을 제공한 것으로 되어 있는데 이는 조선내지 관광단이 관 주도의 정책관광단의 일환으로 국내에 들어왔음을 알 수 있다고 하겠다.

1941년 4월에는 남경의 중앙선전학습소(中央宣傳學習所)의 직원과 생도 57명이 경성을 방문하였으며, 이들을 따라왔던 기자 심일범(沈逸凡)이 『중화일보(中華日報)』에 기행문을 게재하였는데 그는 '20세기의 문화를 집축한 근대도시 대경성의 자태를 발견하고 우리들의 상상을 끄는 위대한 건설의 힘을 알았다'라고 하였다. 또한 이 관광단 일행은 아서원에서 기생관광을 즐기기도 했는데 그 모습에 대해 다음과 같이 묘사하고 있었다.

이윽고 朝鮮의 기생이 朝鮮歌舞를 소개하므로 우리들은 半島의 예술을 알게 된 것은 실로 얻기 어려운 收穫이였다. 기생의 복장은 황홀하도록 아름다웠으며, 南京에 살고 있는 사람의 눈으로 보면 어째서 이처럼 아름다움이 표현되었을까 하고 판단하기에 괴로웠다. 그 여자들은 「阿里拉」(아리랑)이라고 하는 朝鮮의 名歌 一曲을 불렀다. 그 曲調는 凄絶하고 圓轉하고 輕步曼舞의 훌륭한 것이었는데, 그 의미를 아지 못한 것이 유감

---

50) 「間島琿春在住同胞觀光團入京」, 『儒道』 제4호, 1921. 12.

이었다. 朝鮮의 기생은 짧은 저고리에 긴 치마를 즐겨 입고, 부드러운 姿
態에 雙足을 가볍게, 마치 春野의 小川에 뜬 小船과 같었다.[51]

위의 내용에서 보면 중국인관광단 일행은 기생의 가무를 통해 '반도
의 예술'을 알게 되었으며, 조선기생이 부른 아리랑의 의미는 알 수 없
었으나 '그 곡조는 처절하고 원전(圓轉)하고 경보만무(輕步曼舞)의 훌
륭한 것이었으며, 기생의 부드러운 자태는 마치 춘야 소천에 뜬 소선과
같았다'라고 하여 일제가 조직한 관광단의 일정을 통해 많은 감동을 받
은 것으로 나타나고 있다.

따라서 이상의 내용을 종합해 보면 일제하 국내여행의 경우 일상에
서 벗어나 자유로운 여가를 즐긴다는 여행의 본질적인 측면이 반영되고
는 있었겠지만, 여행이나 관광객들이 접하게 되는 사회적 현실에는 여
행객의 의지와 상관없이 상당부분 식민지의 그늘이 드리워져 있기도 했
던 것으로 보인다.

3) 해외여행에서의 근대와 근대문명

1920년대에 들어서면서 유럽이나 미국을 중심으로 서구세계를 소개
하는 여행기와 아시아권에서는 일본이나 인도 및 예루살렘을 여행했던
필자들의 여행기가 소개되고 있었다. 우선 1920년대 초에 박승철이 김
준연(金俊淵)과 함께했던 독일 여행기에서는 '노변과 문전에 화초를 많
이 심어 자기도 향락하고 행인의 눈도 즐겁게 만든다. 도시 독일의 5월
은 어대를 가든지 즐겁고 좋은 것 뿐 이외다. 나는 조선서 부자가 몇 만
원을 들여서 주택과 정원을 잘 꾸미고 산다고들 해도 비록 흑병(黑餠)
은 먹으나 이처럼 청초히 하여 놓고 사는 사람보담 몇 배 못하리라고 생

---

51) 上海中央宣傳講習所旅行團 逸凡沈,「朝鮮視察記, 全鮮에 和氣 도는 內鮮一
體의 全貌」,『삼천리』제13권 제4호.

각한다'고 하여 그 아름다움을 강조하고 있었다.[52] 또한 1924년에 노르웨이(諾威國)를 여행한 박승철은 '그림을 보는 듯싶은 북구의 풍경'이라는 기행문에서 이곳 산악철도 연변의 아름다움을 전달하기도 하였다.[53]

또한 1925년 5월 국내를 출발하여 약 1년 동안 유럽과 아시아 등 12개 국을 둘러보았던 허헌(許憲)은 그의 여행기에서 서구제국의 공업과 경제력의 발전 및 각 지역에 살고 있는 동포들의 소식을 전하였다. 그의 여정은 우선 5월 30일에 국내를 출발하여 일본으로 가서 6월 9일에 요코하마(橫濱)항에서 일본 기선으로 하와이에 도착하였으며, 하와이에서 2주를 묵고 다시 미국 배편으로 본토에 들어가 워싱턴과 뉴욕 등의 도시를 둘러보았다. 이후 그는 영국으로 건너가 유럽여행을 시작하였는데 먼저 아일랜드(愛蘭)를 둘러보고 다시 영국의 여러 도시들을 여행하였으며, 네덜란드(和蘭)를 거쳐 벨기에(白耳義)로 가서 약소민족회의에 참석하였다. 그리고 회의 이후에는 프랑스, 스위스, 오스트리아, 독일, 폴란드를 거쳐 러시아와 중국을 경유하여 국내로 들어왔던 것으로 나타나고 있다.

허헌은 그의 여행기에서 '외국에서 경탄한 것은 다른 무엇보다도 화학공업, 기계공업 등의 발전상이었다'고 하였으며, '미국에 처음 갔을 때는 남들은 이렇게 하고 사는데 우리는……'이라는 생각이 들어 몹시 비관하기도 했다고 하여 여행하면서 느끼는 조선의 현실에 대한 비애를 서술하였다.[54] 이러한 경향은 박승철의 여행기에서도 나타나는데 폴란드, 네덜란드, 벨기에 등 유럽 각지를 여행했던 그는 '독일 국내는 물론 어떤 나라를 가보든지 조선 같이 국빈민약한 나라는 약에 쓰려고 찾아

---

52) 在伯林 朴勝喆, 「巴里와 伯林」, 『개벽』 제24호, 1922년 6월 1일.
53) 朴勝喆, 「그림을 보는 듯 십흔 北歐의 風景(承前)」, 『개벽』 제44호, 1924년 2월 1일.
54) 許憲, 「東西十二諸國을 보고와서」, 『별건곤』 제7호, 1927년 7월 1일.

도 없을 것'이라고 하고 있었다.[55]

또한 안호상은 1934년에 썼던 '베를린(伯林)에서 런던(倫敦)'까지라는 여행기에서 독일인이나 영국인의 정직이나 친절함 등에 대해 긍정적으로 평가하기도 하였다.[56] 그는 런던을 출발한 기차가 네덜란드 국경지대에 이르렀을 때 어디에서 공부했느냐는 세관원의 질문에 독일에서 한 8년 동안 공부했다고 하자, 그러면 독일인들의 충직과 점잖은 훈련을 받았을 터이므로 행구는 검사치 않고 통과시켜 주겠다고 하는 것을 보면서 독일인의 국민적 품격에 저절로 고개가 숙여진다고 하고 있었다. 뿐만 아니라 영국인들에 대해서는 길을 가다 번지를 물으면 극히 친절하게 가르쳐 주고 심지어는 그 집까지 쫓아가서 알려주려고 하고, 순사들은 키는 장승같지만 마음은 양같이 순하고 매우 친절하다고 하고 있었다. 그러면서 안호상은 현재 조선인을 생각하고 조선민족의 품격을 생각할 때 한숨을 금하기 어렵다고 덧붙이고 있었다.

한편 미국사회의 발전된 모습에 대해서는 1922년에 미국유학 중이었던 노정일(盧正一)은 미국 자동차도로의 청결함과 도시의 아름다움에 대해 델라웨이의 한적한 소읍에까지 안전하고 미려한 아스팔트 도로가 설치되어 있고 매일 수차례 펌프로 청소하여 사람의 마음을 상쾌하게 하며, 화단과 파란 잔디를 갖춘 도시의 미관에 대해 감탄하고 있음을 볼 수 있다.[57]

한편 1928년 12월에 발행된 『별건곤』에서는 '외국에서 좋게 본 것, 즉시 본 뜰 수 있는 것'에 대한 설문조사를 게재하기도 했는데,[58] 주로 서구의 좋은 제도나 사회현상을 소개하고 있었다. 우선 김법린(金法麟)은

55) 朴勝喆, 「波蘭·和蘭·白耳義를 旅行하고셔」, 『개벽』 제36호, 1923년 6월 1일.
56) 安浩相, 「伯林에서 倫敦'까지」, 『新人文學』 3호, 靑鳥社, 1934년 12월.
57) 盧正一, 「世界一周 山 넘고 물 건너(4)」, 『개벽』 제22호, 1922년 4월 1일.
58) 「外國에 가서 第一 조케 본 것, 우리도 즉시 본 뜰 수 잇는 것」, 『별건곤』 제16·17호 1928년 12월 1일.

프랑스는 대도시는 물론 두메산골 같은 곳에도 도서관이 있어서 말하자면 조선의 막걸리 집보다도 도서관이 많은 것이 제일 부럽다고 하면서 우리 조선은 독서력이 박약한데 종교단체나 청년단체 등이 간이한 시설이라도 갖출 수 있도록 노력해 주었으면 한다고 주장하기도 하였다. 또한 신흥우(申興雨)는 교회일로 자신이 구미 각국을 여러 번 다녀보았지만, 특히 덴마크(丁抹國)에서 가장 감탄한 것은 그 나라의 농업이 발달한 것이었다고 하였으며, 독일에 체류한 바 있었던 이성용(李星鎔)은 독일인들의 청결함과 규칙적인 행동과 어린 아이에 대해 타이르거나 꾸지람을 할지언정 조선사람 같이 주먹이나 막대기로 매질하는 것이 전혀 없다는 점이라고 하였다. 그리고 김우평(金佑枰)은 미국인의 융성한 도시, 시가의 정연하고 화려한 품, 방초 동산 위에 우뚝 솟은 대학이라는 던지, 어마어마한 대공장제도 등이 부럽지만, 특히 부부간의 검소한 생활과 저축하는 습관 및 자녀에 대한 절제 있는 교육 등이 부럽다고 하였다.

다른 한편 아시아지역에 대한 여행기에서도 필자들은 유럽의 경우와 마찬가지로 여행과정이나 지역별로 대해 다양한 감상을 서술하고 있었는데 1934년 10월 '인도양을 넘어 예루살렘에'라는 기행문을 남겼던 김활란은 배를 타고 목적지에 가는 과정에의 감상을 비교적 담백하게 서술하고 있었다.[59] 경성을 출발한 김활란은 일본의 모지(門司)에서 배를 타고 상해에 도착 후 프랑스 배 '쎈홍소'로 갈아탔으며, 홍콩(香港), 싱가폴항을 거쳐 인도양을 건너 콜롬보에 도착하였으며, 아덴, 치부친 등을 지나 홍해로 들어가 포트사이드에서 내렸다. 그리고 이후에는 이집트 카이로에서 피라미드를 구경하였으며, 기차 편으로 예루살렘에 도착했던 여정이었던 것으로 보인다. 김활란은 여행기에서 프랑스 배에 대

---

59) 金活蘭, 「인도양을 넘어 예루살렘에」, 『新人文學』 2호, 靑鳥社, 1934년 10월.

해 크고 화려하며 모든 것이 정돈되어 있어서 배를 탄 것 같지 않ㄱ 어
느 호텔에 온 것 같은 느낌이었으며, 점심 전에는 오케스트라가, 저녁
후에는 댄스회가 있어서 심심치 않았다고 하였다.

아시아지역에서는 조선과 같은 처지의 식민지로서 인도와 필리핀에
대한 여행기가 소개되기도 하였는데 우선 인도와 관련해서는 '인도유기
(印度遊記)'를 썼던 김추관(金秋觀)의 여행기에서 인도에서 유행하고
있는 간디모자에 대해 국민운동에 다소라도 관심이 있는 사람들은 모두
이 모자를 쓰고 다니는데 이는 국기를 가지지 못하는 대신에 인민공통
의 모자를 통해 자기 집단의 특징을 표현하고자 애쓰는 것이라고 하여
인도에 대해 우리와 같은 식민지라는 관점에서 접근이 이루어지고 있음
을 보여주고 있었다.[60] 또한 안창호(安昌浩)의 '필리핀시찰기(比律賓視
察記)'[61]에서는 약 3개월 동안 필리핀을 둘러 본 안창호가 필리핀은 교
육의 보급에 있어서 문맹률이 해마다 급격히 감소하는 경향을 보이고
있으며, 관청의 대부분이 필리핀 사람들을 채용하고 있고 공원 등지에
서 필리핀인들이 미국에 대해 자유롭게 규탄하는 연설을 하는 등 언론
이 극히 자유로웠다는 점에서 놀랄만하다고 하였다.

그러나 전시통제기인 1930년대 말의 일본에 대한 기행문은 일본에 대
해 대단히 긍정적으로 서술하고 있다. 이는 당시 전시동원체제하의 분
위기를 반영하고 있었던 것으로 보인다. '동경은 동방의 「런던」이오 신
아시아 문화의 총본산이라는 의미에서 여는 애착을 가진다. 나는 동경

---

[60] 金秋觀, 「印度遊記」, 『삼천리』 제17호, 1931년 7월 1일. 실제로 김추관은 약
   200명의 인원이 수용되어 있다고 하는 켈커타시의 '과부수용소'를 직접 찾아갔
   으나 이들이 近郊로 遠足을 나가 만나지는 못했다고 하고 있다.
[61] 安昌浩, 「比律賓視察記」, 『삼천리』 제5권 제3호, 1933년 3월 1일. 이 여행기는
   1929년 당시 미국에 거주하고 있던 안창호가 한인 의학박사 金世昌의 권유로
   1929년 4월 8일부터 약 3개월 동안 필리핀을 방문하고 돌아온 感想을 수록한
   것이었다.

역에만 도착하면 가슴이 넓어짐을 느끼며 어쩐지 기운이 용솟음침을 느끼곤 한다'라든가 '조금도 전시분위기 없이 평온한 상태를 유지하고 있는 동경이 이상할 정도이다'라고 강조하는 것 등은 오히려 당시의 시대적 분위를 반영하는 필자 나름의 표현이었던 것으로 생각되기도 한다.[62]

이상의 내용을 통해서 볼 때 아시아지역 여행기의 경우는 유럽이나 미주의 경우와 달린 식민지조선의 상황을 반영하는 보다 직접적인 여행 기들이 소개되는 경우가 하나의 특징적인 요소로 반영되고 있음을 볼 수 있다고 하겠다.

5. 맺음말

지금까지 본고에서는 근대 자본주의의 발달과 함께 본격화된 여행이라는 사회현상에 대해 여행이라는 용어의 의미와 그것이 개항 이후 조선사회에서 본격적으로 나타나는 상황에 대해서 정리해 보았다. 그리고 이 과정에서 특히 근대적 여행을 통해서 국내의 관료나 지식인들이 경험하게 된 근대문명의 이해와 조선의 식민지적 현실이 반영되는 내용의 특징들을 확인해 보았다. 이를 정리하면 다음과 같다.

첫째, 개항 이후 외국과의 교류가 빈번해 지면서 외국여행이나 기차를 이용한 국내여행이 늘어나는 추세였다. 국내인들의 해외여행은 주로 외교관 및 고관 왕족의 여행이 대부분이었으며, 외국인들의 경우도 그리피스나 비숍, 캠프 등이 국내를 여행하면서 조선에 대한 느낌이나 여행의 감상을 글로 남겼던 것으로 보인다. 또한 근대의 문물을 수용하는 과정에서 국내의 지식인들도 여행에 대해 긍정적인 인식을 확산해 가고

---

[62] 朱雲成,「東京遊記」,『삼천리』 제10권 제12호, 1938년 12월 1일.

있었던 것으로 보인다.

둘째, 개항 이후 여행의식의 확산은 지속적으로 이루어지고 있었는데 대체로 『소년(少年)』, 『청춘(靑春)』이나 『시조(時兆)』, 『동광』 등의 잡지에서 그 일면을 확인할 수 있으며, 이 외에도 최남선이나 안재홍의 여행기에는 일부 민족의식을 고취하는 측면이 나타나고 있었다고 하겠다.

셋째, 국내여행기에서는 여행 과정에서 보고 느끼는 일본제국주의에 의해 억압받고 있는 식민지조선의 그늘에 대한 다양한 기록들이 보이고 있는데, 이는 여행기에 나타나는 근대문명에 대한 동경이나 경외 등과 함께 당시 조선사회 지식인들이 느껴야 했던 사회현실의 모습을 구체적으로 보여주는 것의 하나라고 하겠다.

따라서 일제시기의 근대문명은 국내의 지식인들이나 일반인들에게 문명의 발달 이면에 보이는 사회적 불평등이나 식민지의 그늘을 바라보는 하나의 매체로 기능했던 것으로 보인다. 또한 당시의 지식인들은 해외유학이나 여행을 통해 서구의 근대문명을 체험했으며, 필리핀이나 인도와 같은 식민지국가를 여행했던 것으로 보이는데 이들은 여행기를 통해 대부분 근대문명의 우수성을 이야기 하지만, 그것과 비교하여 나타나는 조선의 현실이나 후진성, 혹은 상대적으로 억압적인 조선의 식민지적 상황에 대해 비판적인 시각을 나타내고 있었다고 하겠다.

황민호 ▎숭실대학교 사학과 교수

제2장

일본인의 조선여행기록에 비친 조선의 표상
─『대역소지(大役小志)』를 중심으로─

1. 머리말

일본인의 근대 여행은 제국주의 정책의 산물로 탄생되었다.[1] 식민지 본국인에게 식민지로의 여행 혹은 관광은 제국주의 국가의 정체성과 자긍심을 강화시켰고, 피식민인에게 식민지 본국의 근대 문물을 일방적으로 소개함으로써 굴절된 열등의식을 심어주는 역할을 했다. 일본인의 근대 여행은 여행주체의 식민지 체험과 밀접히 관련되었고, 미지의 세

---

[1] 전근대의 여행이 미지세계의 발견을 위해 수고나 고통을 동반하는 여정이었다면, 관광은 선박 운항·철도망의 확대와 숙박시설의 충실이라는 조건 속에서 여행과정의 안락함을 추구하는 한편, 여행지에 대한 사전정보를 지침으로 삼아 '잘 알고 있는 것'을 실지에서 확인해 보는 여정으로 이루어진다. 20세기에 접어들어 관광은 자본주의의 꽃으로 주목을 받게 되었다. 세계 각국은 관광을 통한 이윤창출사업에 주목하였는데, 실제로 여행지의 그림엽서나 사진, 가이드북, 여행홍보 등, 여행자의 호기심을 유발하는 매체를 통해 사람들을 여행에 나서도록 자극했다. 20세기 초, 열강의 식민지가 전 지구로 확대되는 가운데 근대 관광은 '식민지 관광'의 성격을 띠고 전개되었다. 근대는 '투어리즘'이라는 새로운 여행문화의 시대였다고 말할 수 있다. 이에 대해서는 石森秀三 編, 『觀光の20世紀』, 東京: ドメス出版, 1996 등을 참조.

계에 대한 지적 탐구심이 아닌 '식민주의'의 표출이었다. 한말 일제하 조선의 근대 여행 역시 이러한 의미를 지닌다. 1906년 일본 최초의 단체 해외여행인 만한순유단과 1909년 경성일보시찰단 이후 간헐적으로 이루어진 일본시찰단이 그 대표 사례이다.

일본인의 해외여행은 구체적으로 어떻게 전개되었을까? 일본인의 여행에 대한 관심은 근대국가 성립 이전부터 사할린 등 북방지역에 대한 탐험만이 아니라, 해외이민 추진을 위한 남방 여행에서 볼 수 있듯이 다양한 목적과 시선이 교차되어 있었다.[2] 일본인의 '해외 웅비'를 장려하려는 논의는 '남진론'으로 활성화되었다. 대표적인 남진론자인 다케코시 요사부로(竹越與三郎)는 동남아시아를 여행한 견문록『남국기』를 출판하여 '남쪽으로! 남쪽으로!'라는 표어 아래, 앞으로 일본이 관여하게 될 지역인 남양을 낭만적으로 묘사했다.[3] 그의 견문록에서는 '문명개화'의 길을 내딛던 일본인에게 남방에 거주하는 타자는 '야만인'으로 비추어졌을 뿐이다.

남양에 대한 관심과 더불어 조선과 중국, 만주, 시베리아의 여행도 활발히 이루어졌다. 일본인의 조선과 만주 여행은 식민지 획득을 위한 국가정책과 밀접히 관련되었다. 여행은 식민지 시장의 확보와 경제주의적인 '동화' 그리고 미개지 '개발'의 관점에서 이루어졌고, 동아시아 침략을 정당화하는 이데올로기를 내포하고 있었다. 러일전쟁 전후에는 식민지나 다름없는 조선에 대한 각종 정보제공을 목적으로 한 산업시찰여행이 광범위하게 이루어져, 이 시기는 '조사의 시대'라고 불릴 정도였다.[4]

---

2) 山路勝彦 編,『植民地主義と人類學』, 大阪: 關西學院大學出版會, 2002 ; 山路勝彦,『近代日本の海外學術調査』東京: 山川出版社, 2006.

3) 竹越與三郎,『南國記』, 東京: 二酉社, 1910.

4) 일본의 산업시찰조사는 청일전쟁 시기부터 영사관으로 대표되는 관청과 상업회의소 등의 민간기관, 일본중앙정부와 지방의 현 등 다양한 주체에 의해 본격적으로 이루어졌다. 이에 대해서는 木村健二,「戰前期朝鮮における日本人商

또 한편 단체여행은 청일전쟁과 러일전쟁 등 조선을 식민화하는 과 정에서 그 족적을 향유하는 방식으로 이루어졌다. 여행은 조선에 대한 차별과 멸시의식이 왕성하게 표출되는 가운데서 '문명제국'의 일원이 되 었다는 자부심을 확인하는 장이었다. 여행의 대중화와 더불어 일본에서 는 1912년 일본여행협회가 조직되었고, 만주·조선·대만·뉴욕 등지에 지부가 설립되면서 본격적인 '여행의 시대'가 개막되었다. 철도와 증기 선과 같은 교통수단이 발달하고, 공간 이동이 자유로워지면서 근대자본 주의는 '관광'이라는 새로운 소비문화를 탄생시켰다.

최근 일본인의 조선 여행에 대한 인문학적인 관심이 높아지고 있다. '역사와 여행'을 둘러싼 논의는 타국의 자연경관과 풍속, 습관, 사회제 도, 그리고 타자의 심성 등을 다각적으로 조망할 수 있는 소재이고, 근 대-식민지-소비대중문화라는 틀 속에서 여행주체들의 인식을 통해 형성되는 역사적 지리공간의 존립양상을 고찰함으로써 여행이 지니는 제국주의적 성격과 대중문화의 상호관련성을 파악할 수 있기 때문이다.

기존의 연구는 여행을 위한 교통망의 정비과정과 일본여행협회의 활 동, 조선총독부의 관광정책, 관광잡지, 일제강점기 경주와 부여의 '관광 명소화' 과정 등 다양한 주제를 다루고 있다.[5] 식민지 지배정책의 일환

工會議所の刊行圖書」,『商經論集』42, 1982 ; 鶴園裕, 「調査の時代-明治 期·日本における朝鮮研究の一点描」,『千葉史學』7, 1985 ; 角山榮 編著,『日 本領事報告の研究』, 東京: 同文館, 1986 ; 기무라 겐지, 「메이지 시대 일본의 조사보고서에 나타난 조선 인식」,『근대교류사와 상호인식 I (한일공동연구총 서 2)』, 아연출판부, 2002 등을 참조.

5) 예를 들어 千田剛道, 「植民地朝鮮の博物館-慶州古蹟保存會陳列館を中心 に」,『朝鮮史硏究會論文集』35, 1997 ; 윤소영, 「일본어잡지『조선급만주』에 나타난 1910년대 경성」,『지방사와 지방문화』9-1, 2006 ; 윤소영, 「러일전쟁 전후 일본인의 조선여행기록물에 보이는 조선인식」,『한국민족운동사연구』51, 2007 ; 최석영, 「식민지시대 고적보존회와 지방의 관광화-부여고적보존회를 중심으로-」,『아시아문화연구』18, 2002 ; 최석영, 「식민지 상황에서의 부여 고적에 대한 재해석과 '관광명소'화」,『비교문화연구』9-1, 2003 ; 조성운, 「1910 년대 식민지 조선 근대관광의 탄생」,『한국민족운동사연구』56, 2008 ; 조성운,

으로 전개된 일본인이 조선 어행은 당시 다른 제국주의 국가가 '야만적'
인 식민지의 문화유산을 발굴, 분석, 재구성하여 '문명국가'의 '선진학문'
을 과시했던 모습을 모방함으로써 일본의 위용을 과시하려는 수단이었
고, 일본의 '선정'을 선전하기 위한 방편으로 활용되었다는 사실 등이 밝
혀졌다.

　조선 여행을 문학적인 관점에서 다룬 연구도 활발하게 이루어졌다.[6]
이 연구를 거칠게 정리하자면, 역사적 사실에 대한 실증적인 접근보다
문학작품이나 여행기 분석을 중심으로 조선의 '근대(성)'의 탄생과 그
성격에 주목하면서 일본인들이 여행지를 어떻게 타자화해서 인식했는
가에 대한 논의이다. 예를 들어 고도(古都) 여행이란 일본의 고고학적
문화 전략의 자기장 안에 놓인 민족적 전통성의 환기라는 점에서 이중
적인 면을 지니고 있고, 조선에 정착한 소비문화의 영향으로 인해 여행
주체는 여행이 표면적으로 내세우는 조선의 역사와 국토를 시각적으로
소비하는 대중 혹은 소비자로 존재한다는 것이다.

　이런 기존의 논의를 바탕으로 하면서, 이 글에서는 『대역소지』의 조
선여행기록을 소재로 여행이라는 관점에서 형성된 조선의 표상을 고찰
하고자 한다. 1910년 10월에 간행된 『대역소지』는 '러일전쟁 관전기의

「일제하 조선총독부의 관광정책」, 『동아시아문화연구』 46, 2009 ; 윤소영, 「식
민통치 표상 공간 경주와 투어리즘－1910~20년대 일본인의 여행기를 중심으로」,
『東洋學』 45, 2009 등을 참조.
6) 예를 들어 최재철, 「일본근대문학자가 본 한국」, 『일어일문학연구』 13 · 14,
1988 · 1989 ; 최재철, 「일본근대문학자가 본 한국」, 『일본연구』 4, 1989 ; 서기
재, 「일본근대 『여행안내서』를 통해본 조선과 조선관광」, 『일본어문학』 13,
2002 ; 서기재, 「高浜虛子의 『조선』연구」, 『일본어문학』 16, 2003 ; 中根隆行,
『「朝鮮」表象の文化誌』, 東京: 新曜社, 2004 ; 李良姫, 「日本植民地下の觀光
開發に關する硏究－金剛山觀光開發を中心に」, 『日本語文學』 24, 2004 ; 우
미영, 「古都 여행, 과거의 발견과 영토의 소비－식민지 시대 경주 기행문을 중
심으로」, 『동아시아문화연구』 46, 2009 ; 나카네 다카유키, 「제국 일본의 '만선
(滿鮮)' 관광지와 고도 경주의 표상」, 『한국문학연구』 36, 2009 등을 참조.

백미'로 일컬어지는 대표적 여행기록으로, 러시아의 삼국간섭 이후 일본의 러시아에 대한 응징과 조선의 식민지화 열풍을 반영한 자료로 평가된다.[7]

이하에서는 『대역소지』를 대상으로 다음 세 가지 점에 주목하고자 한다. 첫째, 러일전쟁 직후 조선을 여행한 일본인의 목적은 무엇이며, 일본인들은 여행을 통해 조선의 무엇에 주목했는가. 둘째, 여행을 통해 나타난 조선의 표상은 무엇이며, 그것이 어떻게 주변으로 수용 · 전파되었는가. 셋째, 조선은 어떤 방식에 의해 식민지 표상공간이 되었는가 였다. 이런 요소를 검토함으로써 여행이 지닌 제국주의적 심성을 밝혀 보겠다.

2. 일본의 풍경, 일본의 국수(國粹)

『대역소지』의 저자 시가 시게타카(志賀重昴)는 근대 일본의 대표적인 국수주의자이다. 시게타카는 1863년 현재의 아이치 현(愛知縣) 오카자키(岡崎)에서 출생했다. 그는 1880년 9월 윌리엄 클락(William Smith Clark)이 창설한 삿뽀로농학교(札幌農學校)에 입학했다. 삿뽀로농학교는 미국의 서부개척을 모델로 삼아 홋카이도(北海道) 개척을 추진하려는 메이지정부의 의지로 개설된 학교인데, 미국인 교사가 중심이 되어 실제로 홋카이도 개척에 활용 가능한 실제 교육이 이루어졌다. 삿뽀로농학교는 일본 최초로 식민정책학으로서 '식민학' 강좌를 개설하여 홋카

---

7) 시가 시게타카의 경력과 러일전쟁을 전후한 한국인식에 대해서는 이규수, 「일본 국수주의자 시가 시게타카(志賀重昴)의 한국인식」, 『민족문화연구』 45, 2006 참조. 아울러 이 논문의 인용문은 여행이라는 시각에서 시게타카의 기록을 재해석하기 위해 상기 논문에서 일부 재인용했음을 밝혀둔다.

이도 개처은 물론 타이완, 사할린, 만몽, 조선, 남양으로의 농업식민지 확대를 주창한 것으로도 알려져 있다.[8]

샷뽀로농학교에서의 배움은 시게타카의 이후 활동과 대외인식에 지대한 영향을 미쳤다. 1885년 3월 영국의 동양함대가 거문도를 불법점거하자, 시게타카는 곧바로 급변하는 정황을 시찰하기 위해 은밀히 쓰시마(對馬)를 방문했다. 당시 그가 조선해협을 실제로 건너갔는지는 확인되지 않으나, 군부에 쓰시마경비대와 군항의 설치를 주장했다.[9]

시게타카는 샷뽀로농학교 졸업 후 1886년 해군병학교의 군함 '츠쿠바(筑波)'에 동승 허가를 받아 남양군도를 항해하기에 이른다. 그는 10개월에 걸쳐 호주, 뉴질랜드, 피지, 사모아, 하와이 등지를 여행하고 1887년 『남양시사』를 간행함으로써 소장지리학자로서 명성을 얻기에 이르렀다. 시게타카는 『남양시사』를 통해 일본의 '남방정책'의 중요성을 강조하고 소위 '남양'이라는 어휘를 처음으로 정착시켰다.[10]

시게타카가 남양 여행에서 목격한 것은 구미열강 백인들의 지배영역 확대에 따른 현지 원주민들이 직면한 민족 존망의 위기적 상황이었다. 시게타카는 남양이 직면한 현실을 구미열강의 군사력과 경제적인 힘의

---

8) 이에 대해서는 井上勝生, 「札幌農學校と植民學の誕生」, 『「帝國」日本の學知』, 東京: 岩波書店, 2006 참조.

9) 土方定一, 『志賀重昂 知られざる國々』, 東京: 日本評論社, 1943, 22~23쪽.

10) 『남양시사』는 순항일정을 기행문 형식으로 서술한 것으로, 각국의 역사와 지리는 물론, 경제현황에 대해서도 상세히 서술했다. 시게타카는 여기에서 일본인의 해외발전에 대해 "아국인(我國人)의 해외이주를 장려하는 것은 비단 하와이에만 한정할 필요가 없다"(志賀重昂, 『南洋時事(增補訂正4版)』, 東京: 丸善商社書店, 1891, 201쪽)며 적극적인 이민정책을 펼쳤다. 시게타카의 남양군도 조사여행에 대해서는 淸水元, 「明治中期の『南進論』と『環太平洋』構想の原型－志賀重昂『南洋時事』をめぐって」 1~2, 『アジア經濟』 32-9·10, 1991 ; 林原純生, 「『南洋時事』から『日本風景論』へ－初期志賀重昂における〈文學〉」, 『日本文學』 44-1, 1995 ; 水野守, 「志賀重昂『南洋』巡航と『南洋時事』のあいだ－世紀轉換期日本の『帝國意識』」, 『大阪大學日本學報』 20, 2001 등을 참조.

격차에 따른 현상으로서만이 아니라, 인종의 문제로 받아들였다. 시게타카에 따르면 백인종은 우량인종이고 황인종, 흑인종, 동색인종, 말레이인종은 열등인종이었다. 열등인종이 우량인종인 백인종과 교류 경쟁하면 정신적 · 육체적으로 소모되어 인종이 감소될 우려가 있고, 나아가 민족소멸이라는 위기상황에 직면할 수밖에 없다는 것이다.11)

시게타카는 구미 선진제국의 제국주의적인 침략을 실감하고 구미문화를 그대로 받아들이는 것에 위기의식을 품는다. 남양군도 여행을 마치고 귀국한 시게타카는 1888년 미야케 세츠레이(三宅雪嶺), 스기우라 쥬고(杉浦重剛), 이노우에 엔료(井上円了) 등과 정교사(政敎社)를 결성하여 '국수보존지의(國粹保存旨義)'를 주창한다. 당대의 시대적 위기의식은 그로 하여금 국수주의를 지향하도록 만든 직접적 계기였다. 정교사의 주요 비판대상은 국수가 결여된 서구화 정책을 추진하던 메이지정부의 지도자와 구화주의(歐化主義)를 제창하던 도쿠토미 소호(德富蘇峰)의 민우사(民友社)였다.

하지만 정교사가 주장하는 국수란 내셔널리티(nationality)를 의미하는 것으로 서구문화를 근저로부터 배제하겠다는 배외주의(排外主義)와는 근본적으로 달랐다. 그들은 모두 서구식 교육을 받았고, 일본이 구미처럼 발전하기 위해서는 구미 선진국의 학문과 문화를 어쩔 수 없이 받아들여한다는 입장에 섰다. 그들이 우려하는 것은 일본이 구미문화를 무차별적으로 받아들임으로써 초래될지도 모르는 국가 기반의 약체화였고, 발달한 서구문화를 받아들일 수 있는 토양이 정비되지 못한 일본의 현실이었다.12)

---

11) 志賀重昂全集刊行會 編,『志賀重昂全集 第3卷』, 東京: 志賀重昂全集刊行會, 1927, 3~4쪽.

12) 정교사의 활동과 그 의의에 대해서는 中野目徹,『政敎社の硏究』, 京都: 思文閣出版, 1993 ; 佐藤能丸,『明治ナショナリズムの硏究－政敎社の成立とその周邊』, 東京: 芙蓉書房出版, 1998 ; 함동주,「근대일본의 서양담론과 정교사

이러한 국수주의의 기조는 시게타카가 정교사의 기관지인 『일본인』
에 기고한 일련의 논문에도 명백히 드러난다. 그는 남양 여행을 통해
느낀 대외적 위기감으로부터의 탈피 방법을 강조하기 위해 서구열강의
아시아 진출에 대해 '일본지의(日本旨義)'를 내세우고, 궁극적으로 국수
주의에 자본주의를 접목하여 일본의 개화와 의식개혁을 도모해야 한다
고 주장한다.[13]

특히 시게타카는 세계의 역사를 살펴보더라도 어떤 국가가 외국의
문화를 받아들인다는 것은 국수라는 위관(胃官)을 통해 다른 나라로부
터 수입한 개화를 소화시켜 동화시키는 것이라며 그러한 사례로 그리스
문화와 로마 문화를 언급한다. 즉 그에 따르면 그리스 문화는 그리스인
이 페르시아로부터 수입한 문명을 자기의 고유한 국수를 통해 소화, 동
화함으로써 형성된 것이고, 로마의 개화 또한 라틴민족이 그 국수를 기
반으로 그리스 문화를 소화, 동화한 것이라고 주장한다.

요컨대 시게타카의 국수주의는 메이지정부의 서구화주의에 대항하여
일본 고유의 문화적 전통의 보존과 발양을 주장한 것으로 일본의 근대
화 방향은 서양으로의 일방적 동화가 아니라, 선택적 섭취를 통해 서양
문물을 일본으로 동화시켜야 한다는 것이다.

한편 시게타카는 민족과 그 지리적 특징, 그리고 고유의 문화는 상호
유기적으로 관련되는 것이라고 주장하면서, 각자의 고유한 자연환경 속
에서 오랜 역사적 과정을 거쳐 생물이 진화 발전한다고 말한다. 이런
과정에서 시게타카는 일본의 풍경에 착목하여 일본의 풍경 속에서 일본
국수의 기반을 찾는다. 그에 따르면 일본의 풍토, 지리, 환경의 영향 밑

(政敎社)」, 『일본역사연구』 15, 2002 등을 참조.
13) 시게타카는 1888년 4월 『일본인』의 창간과 더불어 「『日本人』の上途を餞す」,
「『日本人』が懷抱する処の旨義を告白す」, 「日本前途に國是は『國粹保存旨
義』に選定せざるべからず」라는 일련의 논고를 연이어 게재한다.

에서 고유한 동식물이 자라나고, 오랜 역사를 통해 이들의 과학적 반응이 이루어져 일본민족에 일종의 특별한 '국수(nationality)'가 형성되었다는 것이다. 따라서 그에게는 일본의 풍경이야말로 일본인의 최대 자랑거리였다.

이러한 그의 인식은 1894년 청일전쟁이 발발하자 『일본풍경론』으로 출판되어 커다란 사회적 반향을 불러일으켰다.[14] 시게타카는 고전문학으로부터의 풍부한 인용과 지리학적 술어를 구사하여 일본의 풍토를 '다변 다양한 기후와 해류', '다량의 수증기', '많은 화산암', '침식이 격렬한 유수' 등으로 표현하면서 일본 풍광의 아름다움을 칭송했다. 하지만 『일본풍경론』은 일본의 아름다움만을 칭송한 나머지 조선이나 중국의 풍경은 아주 보잘 것 없는 것으로 폄하되었다. 『일본풍경론』은 당시 최대의 베스트셀러로 자리 잡았고, 그의 일본 풍토에 대한 애착, 특히 후지산(富士山)에 대한 애착은 국가에 의한 국민 교화의 수단으로 활용되었다.

시게타카는 이처럼 여행을 통해 내셔널리즘에 눈뜬다. 그는 남양군도를 둘러싼 서구열강의 식민지 쟁탈 양상을 직접 눈으로 확인하고, 일본 역시 메이지정부의 일방적인 서구화정책으로 인해 구미제국의 식민지로 전락할지도 모른다는 두려움을 느꼈다. 『남양시사』에서는 일본의 남방에 대한 관심을 환기시켰고, 『일본풍경론』에서는 일본의 풍경을 칭송함으로써 청일전쟁에서의 승리를 계기로 고양되던 일본 내셔널리즘을 반영하여 일본인으로서의 자신감과 긍지를 주창하면서 일본 내셔널리즘을 자극했다.

---

14) 『일본풍경론』은 발매와 함께 15판이 판매될 정도로 당대의 베스트셀러로 자리 잡았다. 『일본풍경론』은 일본인의 풍경관, 등산관을 전환시켰을 뿐만 아니라, 의식세계에도 커다란 영향을 가져왔다고 평가받는다. 이에 대해서는 黒岩健,『登山の黎明－「日本風景論」の謎を追って』, 東京: ぺりかん社, 1979 ; 山本教彦・上田誉志美,『風景の成立－志賀重昂と「日本風景論」』, 東京: 海風社, 1997 ; 大室幹雄,『志賀重昂「日本風景論」精読(岩波現代文庫)』, 東京: 岩波書店, 2003 등을 참조.

3. 나약한 조선, 강건한 일본

러일전쟁을 계기로 일본의 여론은 조선에 집중된다. 일본의 지식인
들은 당시 상황을 대외팽창주의＝제국주의시대로 규정하고, 조선의 식
민지에 대한 논의를 활발히 전개했다. 조선 거주 일본인은 전쟁에 적극
적으로 협력하고, 많은 상인들은 전쟁특수를 얻기 위해 조선에 이주하
기 시작했다.[15] 바야흐로 식민지 조선의 열풍으로 일본이 들끓었다. 일
본은 러일전쟁의 승리를 통한 조선의 식민지화를 주장했고, 시게타카
역시 이러한 시대적인 분위기에 편승하여 조선에 대한 관심을 적극적으
로 표명한다. 그의 세 번에 걸친 조선 여행은 한국강점과 더불어 『대역
소지』로 출판되었는데, 총 1,370쪽 가운데 약 300쪽을 차지하는 조선여
행기록은 국수주의를 내세운 그의 조선인식과 조선표상을 파악할 수 있
는 자료이다.

시게타카는 전쟁 발발 직후 1904년 6월 12일부터 40일간 첫 번째 조
선 여행에 나선다. 종군기자 자격으로 해군 어용선 '만슈마루(滿洲丸)'
에 승선하여 해군기지를 순항하고, 육군성의 특별허가를 받아 여순구공
위단(旅順口攻圍團)에 2주간 종군했다.

그의 여행 경로는 다음과 같다. 시게타카는 6월 21일 조선을 향해 사
세보(佐世保) 항을 출항한다. 조선해협을 거쳐 거문도, 제주도, 진도를
경유하고, 도중 선상에서는 청일전쟁에 참전한 장교로부터 청일전쟁 당

---

15) 예를 들어 쪼지야(丁子屋) 사장 고바야시 겐로쿠(小林源六)는 러일전쟁이 시
작되자 "좋은 기회가 왔다며 곧바로 조선 도항을 준비했다. 다수의 상품과 점
원 재봉직공 20여 명을 인솔하여 용감하게 장도에 올랐다"고 말한다. 그는 1904
년 4월에는 부산에 양복점을 개점하고, 9월에는 한성에 일본옷 가게를 열었다.
또 그는 개점과 동시에 소위 '쪼지야 총묘(總墓)'를 건설하여 한성에 뼈를 묻겠
다는 의지를 보였다고 한다. 和田八千穂・藤原喜蔵共 編, 『朝鮮の回顧』, 東
京: 近澤書店, 1945, 371~374쪽.

시의 전황을 설명받기도 했다. 22일에는 인천에 도착해 일본인 거류지에 머물렀다. 다음 날 23일에는 한성을 향해 출발하여 한강, 북한산, 창덕궁, 경복궁, 수원 등을 여행한 다음, 북상하여 진남포, 대동강, 평양, 우이도, 용암포 등지를 순방했다. 그의 첫 번째 조선 여행은 7월 19일까지 이어졌다.[16)]

시게타카는 먼저 러일전쟁의 승리에 '무한의 감격'을 느끼고 개항장 인천에 입항한다. 당시 인천은 전승국 일본의 후방기지로서 활황을 맞았다. 인천의 해상교통 안전이 확보되자 경성과 인천의 물자부족 소식을 접한 일본 모험상인들이 물자를 싣고 건너왔다. 이 중에는 전쟁을 부의 축적 기회로 삼으려는 사람도 적지 않았다.[17)]

『대역소지』에서 표상하는 개항장 인천은 지방 관리의 가렴주구를 피하기 위해 몰려든 조선인의 '피난처'였다. 이에 반해 일본인의 표상은 '식민적 국민'이었다. 시게타카는 6월 23일 인천의 정황에 대해 "인천의 큰 도로에는 거의 일본인 상점들이 즐비하다. 일본의 작은 지방 도읍을 유람하고 있는 느낌이다.……정말로 일본적이라고 말해야 할 것이다. 일본인은 이처럼 팽창력이 있다. 일본인은 식민적 국민이 아니라고 누가 말할 수 있겠는가"[18)]라며 일본인의 조선 이주는 '일본인의 실력'이라고 자부한다.

주지하는 바와 같이 러일전쟁을 전후하여 일본인의 조선 이주는 급

---

16) '만주환'에 승선하여 러일전쟁을 참관한 여행자는 일본인과 외국인으로 구성되었다. 일본인은 귀족원과 중의원 의원, 외국공사관 무관, 유력한 내외 신문기자였고, 외국인은 영국, 스코틀랜드, 네덜란드, 이탈리아, 미국, 독일, 프랑스 등의 군인으로 구성되었다.
17) 이에 관해서는 梶村秀樹, 『朝鮮史と日本人(梶村秀樹著作集 1)』, 東京: 明石書店, 1992 ; 高崎宗司, 『植民地朝鮮の日本人(岩波新書790)』, 東京: 岩波書店, 2002 ; 이규수, 「개항장 인천(1883~1910) – 재조일본인과 도시의 식민지화」, 『인천학연구』 6, 2007 등을 참조.
18) 『大役小志』, 62쪽.

격히 증가되었는데, 그들 가운데는 '신천지' 조선에서 일확천금을 꿈꾸는 부리 또한 많았다. 그들은 개항장을 무대로 상업 활동을 벌였을 뿐만 아니라, 일부는 내륙으로까지 진출하여 토지를 매입하는 등 불법행위를 일삼았다.[19] 시게타카에게 이러한 일본인의 모습은 침략자로서의 모습이 아니라 '팽창력 있는 식민적 국민'으로 표상되었다.

시게타카는 인천을 거쳐 한성에 3일간 체류하면서 창덕궁, 경복궁 등을 관람하고 각종 환영회와 강연회에 참석했다. 먼저 그는 한성의 풍경에 대해서는 "중앙에 대하(大河)인 한강이 흐른다. 연안에는 토지가 평탄하고 비옥한 대야(大野)가 펼쳐져 있다. 항운이 편리하고 실로 조선반도의 중원을 이루고 있다. 그 중원 중에서도 중원인 한강의 주변에는 화강암 산들이 이어져 고대의 건도(建都)에 가장 적합한 곳이다"[20]며 산지가 협소한 도쿄와는 다른 한성의 풍경을 묘사하고 있다.

『대역소지』에서는 한성의 아름다운 풍경과는 달리 인천에서 묘사한 것과 마찬가지로 '가렴주구에 시달리는 조선'이라는 표상은 변함없었다. 시게타카에게 조선의 정치현실은 단지 '사대주의'와 '가렴주구'라는 표상으로 집약될 뿐이었다.

시게타카는 창덕궁에서 고종 황제를 알현하고 향후 정국의 운영방침에 대해 "한국의 개량은 쉽지 않다. 중요한 것은 국민 스스로 강해지는

[19] 러일전쟁 전후로 일본인의 조선 진출이 급증했다. 1904년 3월 말까지 인천에는 6,000~7,000명의 일본인이 상륙했다. 1904년 말 인천의 일본인은 9,403명에 달했고 현지 조선인 수를 넘어섰다. '전쟁특수'에 편승하여 부를 축적한 상업자본가의 농업분야로의 진출도 두드러졌다. 1904년 '한일의정서' 체결부터 1907년 '제3차 한일협약' 체결까지의 시기에 일본인 지주의 조선 진출은 급증하여 109명의 일본인 지주가 조선에 왔다. 이 시기 전쟁과 더불어 인천에 진출하여 황해도 방면의 미곡, 잡곡, 우피의 반출, 전쟁수행에 필요한 잡화 용달 업무를 수행하다가 식민지 지주로 변신한 대표적 인물로는 후지이 간타로(藤井寬太郎)가 있다. 그의 조선 진출과정에 대해서는 이규수, 「후지이 간타로(藤井寬太郎)의 한국진출과 농장경영」, 『대동문화연구』 49, 2005를 참조.
[20] 『大役小志』, 35쪽.

것이다. 국민이 스스로 강해지기 위해 첫째로 해야 할 일은 관리의 가렴주구를 일소하는 일이다. 가렴주구의 근원은 지방 관리에 있다. 따라서 일본인 경관을 각 지방관청에 고용시켜 가렴주구를 제재해야만 한다[21]고 발언했다. 또 평양에서는 "수백 년 동안 사대주의를 지녀온 한인을 독립자주의 백성으로 만드는 일은 쉽지 않다. 한인이 부강한 백성이 되기 위해서는 주로 지방 관리의 가렴주구를 제재해야 한다"[22]고 반복 강조했다. 『대역소지』에 표상된 조선의 모습은 '사대주의'와 '가렴주구'에 고통 받는 나약한 조선인뿐이었다. 역동적인 조선인의 모습은 눈에 들어올 리 만무했다.

『대역소지』의 이러한 표상은 조선의 쇄신을 위해 '일본인 경찰'로 대표되는 일본의 도움이 필요하다는 주장으로 이어진다. 지방 관리의 부패문제는 일본의 개입에 의해서만 해결이 가능하다는 주장이다. 시게타카는 6월 14일 용암포에서 "아무튼 한국은 일본의 자본과 정력을 기다려 개척되고 개발되어야 한다. 한국인의 힘만으로는 도저히 이룰 수 없는 일이 많다"[23]고 발언했다. 요컨대 『대역소지』는 조선의 개혁을 위해 일본의 적극적 개입이 필요하며, 무력을 통해 군대와 경찰을 폐지하고 일본이 치안을 장악해야 한다는 것이다. 이러한 시게타카의 주장은 러일전쟁 이후 팽배한 일본의 식민지 지배를 정당화하는 논리로 작용했고, 이후의 상황 또한 그의 예견대로 군대 해산과 강제합병으로 이어졌다.

'사대주의'와 '가렴주구'에 신음하는 나약한 존재로서의 조선인은 용모를 비유한 대목에서도 잘 드러난다. 『대역소지』는 "조선 남자의 용모는 모두 여성을 닮았다. 동행한 외국인에게 '일본인과 조선인의 외관을 식별할 수 있는가'라고 물으면, 그들은 곧바로 '구별할 수 없다. 조선 남

---

21) 『大役小志』, 36쪽.
22) 『大役小志』, 38쪽.
23) 『大役小志』, 44~45쪽.

자 얼굴과 모습은 여성적이다'고 대답한다"[24]고 말하면서, "조선 남자는 여성적이기 때문에 성품 또한 나약하다. 조선인은 모름지기 스스로 분발하여 그 여성적인 점을 일소해야 한다"[25]며 일본인의 식민지 '팽창'을 남성으로, 이를 '허용'한 조선을 여성으로 표상했다.

이처럼 『대역소지』에서는 남성적인 일본, 여성적인 조선이라는 인종적인 문제를 거론하면서 조선인의 성품을 의도적으로 왜곡했다. 나아가 시게타카는 조선인의 여성성을 일소해야 한다는 충고까지 빠뜨리지 않았다. 일본=남성이 조선=여성을 지배한다는 것을 정당화하는 논리이다. 조선인을 여성으로 비유한 것은 일본의 조선침략을 당연시한 것에서 비롯된 왜곡된 편견에 불과하다.

더욱이 조선에 대한 표상은 나약한 여성에 국한되지 않고, 도저히 '독립'이 불가능한 보잘것없는 모습이었다. 『대역소지』는 독립문에 대해 '독립'이라는 용어가 조선인에게 걸맞지 않는다고 비아냥거린다. 시게타카는 독립문에 대해 "독립문 주변에는 아무 것도 볼 것이 없다. 칠칠치 못한 백의(白衣)를 입고 무심코 문을 바라본 자가 있다. 왜소한 조랑말을 타고 부채를 부치는 자가 있다. 문아래 그늘에 앉아 곰방대를 물고 연기를 내뿜는 자가 있다. 자세가 단정치 못한 병사가 있다. 선 채로 앵두를 먹는 작은 아이가 있다. 머리에 빨간 천을 여민 여자아이가 있다. 문기둥에 낙서하는 자가 있다. 낙서는 이루 말할 수 없을 정도로 많다. ……독립문! 독립문! 이전의 영은문과 무엇이 다른가!"[26]라는 소감을 피력한다.

『대역소지』에서 조선인은 독립이 불가능한 민족으로 표상될 뿐, 민족 자주성의 상징인 독립문을 건립한 시대적 상황을 이해하려는 태도는 전

---

24) 『大役小志』, 62쪽.
25) 『大役小志』, 63쪽.
26) 『大役小志』, 63~64쪽.

혀 찾아볼 수 없다. 이처럼 『대역소지』의 조선표상은 사대주의에 물든 조선, 가렴주구에 시달리는 조선, 독립이 불가능한 조선, 그리고 조선은 나약한 여성으로 일본은 강건한 남성으로 비유될 뿐이었다. 이러한 조선표상은 후술하는 바와 같이 러일전쟁에서의 일본군의 승리를 찬미하고, 일본의 조선 지배를 정당화하는 논리로 작용했다.

4. '도항 매뉴얼'로서의 여행기록

일본은 러일전쟁에서의 승리를 기반으로 조선을 실질적으로 지배하기 시작했다. 1905년 9월 러일강화조약이 체결되어 러일전쟁이 종결되었다. 11월에는 일본이 한국에 대해 제2차 한일협약(한국보호조약)을 강요하여 한국을 사실상 일본의 식민지로 삼았다. 1906년 2월에는 한국에 통감부와 이사청을 설치했다. 이토 히로부미(伊藤博文)를 통감으로 부임시키고 외교권을 비롯하여 한국의 모든 권리를 통감 손에 넣었다. 또 일본정부는 보다 확실한 한국지배를 위해 이민을 장려했다. 현 차원에서도 정부의 조치에 호응하는 움직임이 일어났고, 민간 차원에서도 이민론이 계속 주창되었다.

『대역소지』는 조선 도항을 준비하는 사람들에게 사전에 '준비된 도항'을 통해 식민지 조선을 확고히 지배해야 한다고 강조한다. '준비된 도항'이 이루어진다면 조선 경영 이익을 극대화할 수 있다는 것이다. 시게타카의 조선 여행과 표상은 '성공의 신천지'로서의 조선 진출을 가늠하던 일본인들을 자극하기에 충분했다. 『대역소지』는 이에 부응하기 위해 1904년 7월 「한국의 사업에 대해 향우에게 답하는 글(韓國の事業に付き鄕友に答ふる書)」을 통해 한국사업의 어려움, 도항비, 물가, 생활비, 한국인의 성질, 임금, 농업, 식림업, 수산업, 내지 행상, 내지 상업이라는 항목으로 정리했다.

『대역소지』는 먼저 러일전쟁의 승리와 더불어 조선 경영을 용이하게 받아들이려는 시대적 풍조에 경계심을 환기시킨다. 시게타카는 "한국에서의 사업이 매우 용이하여 손에 만금(萬金)을 거둘 수 있다고 생각하는 자가 있는데, 이는 근본적으로 잘못되었다"[27]며 사전에 조선의 실정을 파악할 것을 권유한다. 『대역소지』는 이어 조선에서 성공하기 어려운 사업으로 교육, 목축, 원예, 미작, 식림을 열거하고 몇몇 실패사례를 소개하면서 "한국의 경영은 원래 이익이 크지만, 여러 사정으로 인해 결코 쉽지 않다. 일거에 만금을 얻으려는 것은 망상일 뿐이다. 러일전쟁 개전 이래 한국에 가면 구미가 당길 만큼의 큰 이익을 얻으리라는 생각으로 도항하는 자들이 줄을 잇고 있다.……한국에는 경영할 사업이 많아 도항하는 자가 많은 것은 당연하다. 하지만 당초 확고한 계획과 어려움을 극복하겠다는 결심이 없는 자는 결코 도항해서는 안 된다"[28]라고 충고한다.

『대역소지』는 조선에 도항하는 자를 위해 도항 비용과 물가, 생활비 등을 구체적으로 제시하고 회사별 기선요금, 철도요금, 임대료 등을 구체적으로 소개한다. 특히 조선에서의 생활비에 대해 "단순히 일본보다 미개하다고 생활비가 저렴할 것이라는 생각은 잘못이다"[29]고 소개하면서 조선에서의 생활비는 도쿄의 2배, 아이치 현의 4배라고 강조한다. 『대역소지』의 조선여행기록은 일본인의 '도항 매뉴얼'로서의 역할을 유감없이 발휘했다고 말할 수 있다.

『대역소지』는 이어서 조선사업의 성패는 사전정보 입수나 도항 준비도 중요하지만, 조선인의 품성을 파악하는 것이 더욱 중요하다고 말한

---

[27] 『大役小志』, 85쪽.
[28] 『大役小志』, 87~88쪽.
[29] 『大役小志』, 96쪽.

다. 이와 관련하여 『대역소지』는 중국인과 비교한 조선인의 특성에 대해 "한국인의 성질에 여러 단점이 있다는 사실은 누구든 알고 있다. 중요한 것은 한국인들은 게으르고 돈에 탐욕스럽다는 점이다. 지나인은 돈에 탐욕을 부리지만 게으르지 않다. 돈을 지불하면 분명 그에 상당하는 노력을 하는데, 한국인은 전혀 그렇지 않다. 어떤 사람에게 일정한 금품을 받았으므로 그만큼 일해야 한다는 관념이 애당초 없다. 돈을 받는 순간에만 노력할 뿐이다"[30]며 조선인의 표상을 '게으름'과 '탐욕스러움'으로 규정짓는다.

이러한 표상은 조선인에 대한 왜곡된 경제관에도 그대로 드러난다. 『대역소지』는 조선인의 저임금과 관련하여 "한인의 임금이 분명 일본인보다 저렴하므로 한인을 고용하는 게 편리하다고 생각할 것이다. 하지만 한인은 도적 근성이 강하여 처음부터 끝까지 그들의 동작에 주의해야 한다. 도적 근성이 적은 사람일지라도 그들은 노동을 좋아하지 않고, 우천 시에는 일하려 들지 않는다. 그들은 곁눈질 잘하고 요령이 뛰어나며 일본인처럼 지식이 없다. 따라서 아주 단순한 일 외에 한인을 고용하면 오히려 임금이 더 많이 드는 경우도 있다. 또 그들은 대체로 많이 먹는다. 평생 배불리 먹기를 좋아해 배고픈 것을 참지 못한다.……그들의 식료와 급료를 합산하면, 오히려 일본인보다 비싸게 드는 경우도 있다. 단지 임금이 저렴하다는 이유로 한인을 고용하는 게 좋다고 생각한다면 피상적인 생각이다"[31]며 조선인을 '도적 근성'을 지닌 게으른 민족으로 규정짓는다.

『대역소지』는 일본인의 토지 획득에 대해서도 구체적으로 언급했다. 『대역소지』는 토지매입의 교묘한 방식을 소개하면서 "한인 명의인 토지의 수확물과 사용권을 매수해두면 토지소유권을 소유한 것과 동일하여

---

30) 『大役小志』, 97쪽.
31) 『大役小志』, 100~101쪽.

위험이 없다. 하지만 더욱 안전을 도모하려면 매수와 더불어 질권(質權)을 병용하는 것이 좋다. 즉 우리는 한인으로부터 소유 토지를 전당 잡아 그 질권을 소유하면 아무리 한국 관리가 이를 빼앗으려 해도 뺏을 수 없다"[32]며 당시의 토지매매 상황을 기록함으로써 일본인의 불법적인 토지수탈을 조장하고 있는 것이다.

또『대역소지』는 일본인 지주의 토지수탈과 관련하여 주요 농경지대의 지가와 지조, 소작관계 등을 소개하면서 "일본인이 한국에 이주하여 농업을 경영하면 일본보다 사업이 용이하고 이익 또한 일본보다 많다"[33]며 일본인의 농장경영을 적극 권유하고 있다. 이는 일본인 대지주가 러일전쟁 직후 조선에 대거 진출한 사실과도 결코 무관하지 않을 것이다.[34] 조선을 여행한 시게타카는 특히 농업 분야로의 진출이 무엇보다 많은 이익을 창출할 것으로 판단했을 것이기 때문이다.

『대역소지』는 이밖에도 소자본으로 조선에서 곧바로 이익을 창출할 수 있는 방법으로 내지 행상과 상업을 소개하는 등 실업가의 임무를 강조했다. 이는 러일전쟁 이후 군인의 철수와 더불어 실제로 조선 경영의 담당자로 실업가의 임무를 중시한 당시 시대 상황을 반영한 것이었다.[35]

시게타카는 첫 번째 여행을 마치고『도쿄신문(東京新聞)』에 자신의 의견을 투고한다. 그의 첫 번째 조선 여행을 총괄하는 정책적 제시였다.

---

32)『大役小志』, 103쪽.

33)『大役小志』, 104쪽.

34) 일본인의 토지매입과정에 대해서는 李圭洙,『近代朝鮮における植民地地主制と農民運動』, 東京: 信山社, 1996 ; 李圭洙,「日本人地主の土地集積過程と群山農事組合」,『一橋論叢』116-2, 1996 등을 참조.

35) 예를 들어 러일전쟁 직후 시게타카와 거의 동시에 인천을 여행한 후지이 간타로는 조선조사여행을 마친 다음, "우리 실업가의 임무는 군대보다 오히려 중요하다"는 인식을 갖고 후지모토합자회사의 조선 진출 방침을 굳히기에 이른다. 이에 대해서는 이규수,「후지이 간타로(藤井寬太郎)의 한국진출과 농장경영」, 281~285쪽 참조.

시게타카는 "일본이 한국을 경영하고자 한다면 먼저 첫째로 큰 인물을 파견해야 한다.……한국의 경영 정도는 누구라도 할 수 있다는 생각을 근본적으로 배제하고, 일본의 큰 인물을 주재시키는 것이 첫째이다. 다음으로는 지방의 소관청에 이르기까지 일본의 경부 순사를 고빙(雇聘)하면, 한국경영은 마음먹은 대로 이루어질 것이다. 이상이 경영의 대근본이다. 다음으로 실시해야 할 일은 시위병(侍衛兵)을 제외한 한국의 군비와 경찰을 폐지하고, 그 비용으로 제방, 관개, 측량, 도로, 조림, 기타 내륙개발사업에 사용해야 한다"[36]고 주장했다.

이처럼 시게타카는 첫 번째 조선 여행을 통해 조선의 완전한 식민지화를 염두에 두면서 무엇보다도 식민정책을 총괄할 수 있는 '큰 인물' 파견의 필요성을 주장한다. 여기에서 그가 염두에 둔 '큰 인물'은 다름 아닌 이토 히로부미였다. 이러한 그의 정치적 주장은 러일전쟁의 종결과 더불어 통감부의 설치와 초대 통감 이토 히로부미의 취임으로 현실화되었다. 또 그가 주장한 조선의 군비와 경찰의 폐지는 군대의 완전해산 등으로 표면화되었다. 『대역소지』의 조선여행기록은 러일전쟁 이후 조선 진출을 모색하는 일본인에게 '도항 매뉴얼'로서의 역할을 수행했다고 말할 수 있다.

5. 여행지 조선의 변화

시게타카는 러일전쟁이 종결된 이후, 1907년 6월 14일부터 7월 7일까지 두 번째로 조선을 여행한다. 두 번째 여행 경로 역시 첫 번째와 비슷했다. 두 번째 여행 목적은 『조선일일신문사(朝鮮日日新聞)』의 주간 이

---

36) 『大役小志』, 1203쪽.

마이 다다오(今井忠雄)의 초청을 받아 조선 내륙을 시찰하며 일본인을
대상으로 강연하기 위해서였다. 그러나 두 번째 여행의 실질적인 목적
은 러일전쟁 당시 여행했던 조선과 그 이후의 변화양상을 스스로 확인
하고 싶어서였다. 그가 『대역소지』의 서문에서 강조했듯이 '조선에 대
한 일본의 종주권'이 어느 정도 확립되었는지 확인하는 일이 러일전쟁
의 궁극적 목적이었기 때문이다.

러일전쟁 이후 조선에는 그의 예상대로 일본인이 급증하고, 따라서
일본인 사회도 많은 변화가 일기 시작했다. 두 번째 여행에서 시게타카
또한 일본인 사회의 변화양상을 느꼈을 것이다. 먼저 그는 일본인의 생
활수준에 놀라움을 표시한다. 6월 27일 강경을 여행한 시게타카는 "강
경은 내륙의 마을로 일본인 125호에 불과하다.……그런데 대부분의 사
람들이 전화로 연락하고 있다. 일본 내지에서 125호 정도익 작은 마을
에서 전화가 있는 곳이 과연 어디에 있는가"[37]라며 일본인 사회의 경제
력을 확인했다. 첫 번째 여행에서 강조한 '준비된 도항'의 결과로 일본
인의 경제력이 향상되었고, 『대역소지』가 '도항안내서'로서 충분한 역할
을 수행했다는 자부심을 갖기에 충분했다.

두 번째 여행을 통해 시게타카가 관찰한 일본인의 모습은 '희열'을 불
러일으키기에 충분했지만, 다른 한편에서는 불안감도 표출되었다. 국내
적으로는 의병투쟁으로 대표되는 무력항쟁으로 치안이 악화일로에 있
었고, 국제적으로는 의병에 대한 무자비한 탄압과 헤이그밀사사건 때문
에 일본에 대한 서방 제국의 여론이 악화될 수도 있다는 불안감이 작용
했기 때문이었다. 이와 관련하여 『대역소지』는 프랑스의 튀니지 식민지

---

[37] 『大役小志』, 1193쪽. 평양 및 대구와 더불어 '조선 3대 시장'의 하나인 강경은
개항 이전부터 야쿠시테라 시로(藥師寺知朧)가 일본어학교인 한남학당을 개설
하여 '일본촌' 형성에 노력했다. 1902년 당시의 거류민은 약 70명 있었고, 주로
미곡 매출에 종사하고 있었다. 中井錦城, 『朝鮮回顧錄』, 東京: 製糖研究會出
版部, 1915, 59쪽.

배를 예로 들면서 "정치를 떠나 학문상의 사물로 외국에 대한 품격을 높여야한다"[38]는 새로운 통치방침을 제안하고, 기존의 개항장 이외에 최신식 도시설계법을 활용한 내륙의 소도시 개발을 주장한다.

그리고 일본의 식민정책에 대해 "앵글로색슨 민족이 세계로 팽창한 것은 정치만능에 의하지 않고, 완전히 독립적이고 자치적인 소영국을 세계 도처에 만들었기 때문이다. 프랑스의 식민정책이 삐걱거리는 이유는 정치만능, 호족의 플랜테이션 매수 때문이다. 일본의 한국식민 방침은 영국을 배워야 할 것인가, 아니면 프랑스를 배워야 할 것인가. 실제로 일본 내지인은 정치만능인 경성의 동정에만 주목하고 한반도 내륙에서의 일본인의 팽창에 대해서는 귀 기울이지 않는다. 그렇다면 프랑스 식민정책을 답습하지 않을지 걱정된다. 지금 한국식민정책의 첫걸음을 맞이하여 일본 내지인의 근안(近眼)을 하루빨리 고쳐야 한다"[39]며 확고한 인적 물적 지배의 강화책이 궁극적으로 조선의 저항을 차단할 수 있다고 주장한다.

이러한『대역소지』의 주장은 그의 여행 경로에서도 잘 나타난다. 시게타카는 한성만이 아니라 지방 각 지역의 일본인 현황에 많은 관심을 표명했다. 확고한 조선지배의 견인차로서의 일본인은 다름 아닌 각 지역에 정주한 일본인이었기 때문이다. 두 번째 여행의 기록은「한국에서의 일본인」으로 정리되었다. 이는 부산, 대구, 대전, 인천, 군산, 강경 등지를 여행하면서 현지 거주 일본인의 현황을 상세히 조사한 것이었다. 물론 그의 관심은 '일본인의 발전상'에만 집중되었다. 조선인에 대해서는 여전히 편견과 오만함이 엿보였다. 군산을 여행한 시게타카는 "일본인이 새로 개간한 큰 도로를 지났다. 한인 장정 한 명은 도로 옆에서 대자(大字)로 누워 낮잠을 자고 있다. 나는 그 모습을 가리키며 가소로이

---

38) 『大役小志』, 1204쪽.
39) 『大役小志』, 1208쪽.

웃었다. 이사관은 나에게 한인이 이렇게 낮잠을 자고 있는 사이에 일본 세력이 차츰차츰 진입했다고 전해 주었다"[40]는 일화를 소개하고 있다. 첫 번째 여행처럼 조선인을 비하하고 얕잡아보는 데에는 전혀 변함이 없음을 잘 보여주는 대목이다.

「한국에서의 일본인」은 각지의 일본인과 무역현황, 일본인 농장, 일본인회의 세입출 등을 상세히 소개하고 있다. 부산에서는 마치 일본의 항구에 도착한 것과 같은 '한반도 상륙의 유쾌감'[41]을 피력했고, 강경에서는 "모국에 의존하지 않고, 통감부의 지원금 혜택도 바라지 않는다. 일본 이사청도, 한국 관아도 없다. 바다는 멀고, 개항장도 멀다. 철도역으로부터도 떨어진 일개 소읍이 어떻게 반도의 내륙에 자치 자립할 수 있었을까.……강경이 자치 자립할 수 있는 요인을 깨달아야 한다. 더욱이 어떻게 건전히고 건고하게 자치 자립할 수 있고, 일본인의 소사회가 한반도의 내륙 깊이 자치 자립하여 소일본을 만들 것인지 깨달아야 한다"[42]며 효과적인 식민지 지배를 위해 중앙에만 집중하지 않는 '자치 자립한 소일본' 건설의 필요성을 강조했다. 서구 식민지 통치를 거울삼아 '소일본'의 건설을 통한 조선의 완전 식민지화를 주장한 것이다.

시게타카는 일본에 귀국하면서 헤이그밀사사건 소식을 듣는다. 조선 여행을 통해 '소일본' 확립이 시급하다고 파악한 그는 밀사사건의 대응책으로서 '소일본'의 확대를 다시 한 번 강조했다. '소일본' 건설의 방책으로 어업과 농업이민의 정주 문제를 거론하면서 "일본인은 소작인에 이르기까지 한인보다 우등 인종이다.……중요한 것은 단체 이주를 도모하여 가능한 한 빨리 일본인의 이주를 증진시켜 일본 마을을 만드는 일이다. 이 문제를 깊이 생각하면 한국에 대한 영구적 성질의 문제와 관

---

40) 『大役小志』, 1221쪽.
41) 『大役小志』, 1212쪽.
42) 『大役小志』, 1225~1226쪽.

련된다. 우리 현대 일본인이 심원하게 사고할 문제이다. 목전의 헤이그 밀사문제와 같은 것은 오히려 지엽적인 문제일 뿐이다"[43]고 끝맺었다.

시게타카는 두 번째 여행에서 러일전쟁 이후 급격히 변화된 조선 정황을 직접 확인했다. 그의 관심은 오로지 완전 식민지화의 방책으로 '자치 자립한 소일본'의 건설에만 놓여있었으므로, 그의 여행기에는 각지의 일본인 현황을 상세히 조사하여 '일본인의 발전상'을 부각시키고, 조선인에 대해서는 변함없는 편견이 드러나 있었다.

6. 여행과 식민통치의 영구화

시게타카는 1908년 4월 18일부터 6월 17일까지 약 두 달간 세 번째 조선 여행에 나섰다. 이전의 여행과 비교하여 여행이 장기에 걸쳐 이루어졌고, 각지의 현황 파악이 이전에 비해 구체적이었다. 의병의 습격이 잦다는 이유로 세 번째 여행은 삼엄한 호위 속에 이루어졌다. 5월 1일 경주로 출발하였을 때 일본인 순사 1명과 조선인 순사 1명이 무장 호위했다. 도중 일본인 순사가 의병 8명을 호송하고 있는 현장을 목격했다고 한다. 경주에 도착해서는 경찰서로부터 경주 남방에 30여 명의 의병이 출몰했다는 보고를 받기도 했다.[44] 5월 20일 공주 부근에서는 일본인

---

[43] 『大役小志』, 1230쪽.

[44] 『大役小志』, 1248~1249쪽. 1907년부터 1908년에 걸쳐 의병의 반격으로 인한 군대, 경찰, 헌병의 사상자는 450명, 피해가옥 6,800여 호, 의병 측 사상자는 12,500명에 달했다. 熊平源藏 編, 『朝鮮同胞の光』, 東京: 熊平商店, 1934, 375쪽. 의병투쟁은 이후에도 지속되었는데, 1912년 봄 조선 왕실로부터 함경북도 정평군의 금광을 불하받은 히로세 히로시(廣瀬博)는 원산을 경유하며 현지 시찰에 나섰다. 그는 당시의 절박한 상황에 대해 "경원가도 일대에 폭도 출몰이 빈번하여 아주 위험한 상태였다. 총독부에서도 염려하여 호위를 위해 헌병을 붙여주었다.……온돌에 머물 때는 피스톨은 물론 다이너마이트에 짧은 뇌

순사 2명과 조선인 순사 2명이 무상 호위하여 일행은 10명으로 늘어났다. 의병의 습격이라는 풍설이 끊이지 않았고, 체포된 의병 5명 가운데 3명은 전 진위대 병사라는 사실도 확인했다.[45] 시게타카의 조선 여행은 말 그대로 생명을 걸고 이루어졌다. 시게타카는 여행 경로를 그림으로 자세히 표기하면서 이전처럼 날짜별로 기록하고 있다. 그리고 각지에서의 강연기록을 정리하여 독립된 항목으로 서술했다.

시게타카 여행에 최대의 복병은 의병이었다. 일행의 호위를 위해 무장 순사 4명, 일본 안내인 2명, 사진사 1명, 환송 일본인 2명, 환영 일본인 2명, 조선인 마부 8명, 총 20명이 동원되었다. 『대역소지』는 당시 의병이 금강 주변 일본인에게 미친 영향에 대해 "보통 사람들은 안심하고 여행할 수 없다. 종전처럼 일본인이 내륙에 들어가 미곡과 대두를 매입하는 것이 불가능해져 각지에는 불경기가 이어졌다. 그뿐 아니라 생명과 재산에 대한 불안 때문에 내륙으로부터 빠져나오는 자가 속출했다. 또 매일 누군가가 살해당했다거나 습격당했다는 이야기가 들려왔다"[46]고 서술하고 있다. 시게타카는 각지를 다니면서 의병의 소지품을 확보했다. 의병의 도검류, 화승총을 비롯하여 의병이 소지한 작전지도, 의병장의 사령서 등을 마치 노획품처럼 수집했다. 시게타카는 첫 번째 여행 당시 수차례 강조하던 군대 해산이 결국 의병의 화력 증강으로 나타나리라고는 예상하지 못했을 것이다.

『대역소지』는 의병의 악영향에 대해 첫째, 조선 내륙과 각 개항장과의 거래가 거의 두절되기 때문에 일본인의 상업 거래에 큰 손해를 준다는 점, 둘째, 조선인이 일본 통감정치의 경중을 묻기에 이르렀다는 점,

관을 달아 베개 머리맡에 놓고 잤다"고 한다. 和田八千穗·藤原喜藏共 編,『朝鮮の回顧』, 353~354쪽.
[45] 『大役小志』, 1258쪽.
[46] 『大役小志』, 1300~1301쪽.

셋째, 제3국에 대해서는 일본의 조선정치가 졸렬하다는 것을 보여준다는 점을 들고 있다.[47] 그러나 『대역소지』는 지금은 의병 때문에 제기되는 악영향을 거론할 시기가 아니라고 주장한다. 군대를 동원하면 의병을 확실히 진압할 수 있지만, 문제는 군대를 철수한 이후의 상황이라는 것이다. 조선인의 저항 정도는 탄압으로 일축할 수 있다는 자신감의 발로이다. 이에 대해 시게타카는 "첫째, 예나 지금이나 먹을 것이 부족할 때 화적과 초적이 발생하는 일은 변함이 없다. 하지만 오늘날 우승열패의 경쟁은 더 극심해졌다. 물가가 뛰어 생활이 더 어려워졌다. 더구나 한인은 새로 수입된 사치품을 좋아하기 때문에 생활은 더욱 곤란해지고 있다. 신정치의 실행과 더불어 양반은 사실상 폐지되어 생활의 어려움을 호소하는 자가 날로 증가되고 있다. 둘째, 2천 년의 국토가 소국인 일본의 노예가 되었다고 생각한 구식 유생이 있다. 국권과 조국 등을 호소하는 신식 학생도 있다. 따라서 소위 폭도는 진압해야 하지만, 앞으로 유의해야 할 점은 지금의 폭도에만 그치지 않는다는 것이다.……요컨대 지금 소위 폭도에 대해서는 가장 맹렬한 위압수단을 가해 그 뿌리를 뽑고, 더불어 양민에게는 가능한 한 직업을 주어야 한다. 한국 각 학교의 윤리교육은 '노동은 신성하다'는 취지를 첫째로 삼아야한다. 더욱이 유생에게는 당우삼대(唐虞三代)를 내세워 위안시키면 한국을 영원히 통치할 수 있을 것이다"[48]고 강조한다.

『대역소지』는 의병투쟁을 화적이나 초적 정도의 '폭도'로 폄하하고, 그 배경에 대해서도 사치품을 선호하는 조선인의 잘못된 생활양식 때문인 것으로 오도하고 있다. 그러나 의병장 출신의 유생만이 아니라, 새로운 사회계층을 형성한 '신식 학생'의 존재에 대해서는 우려를 표명했다. 당시 애국계몽운동 시기에 형성되던 청년계층의 움직임이 일본의 식민

---

47) 『大役小志』, 1301쪽.
48) 『大役小志』, 1302~1304쪽.

지 지배에 커다란 걸림돌로 작용할 것이라는 예감이 들었을 것이다. 『내
역소지』는 위압수단과 더불어 일본에 저항하지 않는 계층에게는 '직업
을 주어야 한다'는 회유책을 내세웠다. 이후 문화통치 시기의 통치방침
을 미리 보는 듯하다. 조선총독부는 주지하는 바와 같이 저항세력에 대
한 철저한 탄압과 분리를 정책의 기본방침으로 삼았기 때문이다.

동양척식주식회사와 관련하여 『대역소지』는 "일본인이 개척한 황무
지를 순람(巡覽)할 때마다 주의 깊게 여러 방면을 살펴보았다. 그 결과
소위 황무지 개간을 위해 일본의 소작인을 한꺼번에 다수를 불러들이는
것은 이익이 없다고 확신하기에 이르렀다"[49]며 기간지를 매수하여 경영
할 것을 권유했다. 또 『대역소지』는 각지의 상업회의소나 일본인회 등
지에서 연설회를 가졌다. 부산에서는 일본인의 조선인식의 전환을 촉구
했다. 시게타카는 부산상업회의소 연설을 통해 "오늘날 사람들은 경성
즉 정치상의 중심을 소개하는 일에만 힘을 기울이고 있다. 반도의 내륙
에서 독립 자영하는 많은 소일본이 존재한다는 점을 소개하지 않는다.
일본 내지인이 한국정치상의 중심에만 주의하는 것은 영구히 일본의 한
국정치를 발전시키지 못하고 있는 이유이다"[50]며 조선 내륙에 존재하는
'소일본'의 중요성을 강조했다.

그리고 『대역소지』는 조선의 관문인 부산의 중요성과 관련해 "일본인
은 지금 한국에 도항하는 것을 먼 나라에 가는 것처럼 생각하기 때문에
조선을 다른 곳처럼 바라본다. 하지만 시모노세키와 부산 사이에는 대
형 연락기선과 고속 기선이 왕래하고 있으므로 일본인은 계속 도항해야
한다. 요컨대 내지인이 조선해협을 다리를 건너는 기분으로 왕래해야
일본의 한국정치는 성공할 것이다. 부산의 인사들은 조선해협에 다리를
가설할 것과 이를 통해 시모노세키와 모지(門司)를 부산으로 이전시키

---

[49] 『大役小志』, 1305쪽.
[50] 『大役小志』, 1313쪽.

는 것을 이상으로 삼아야한다. 나는 일본 국가를 위해 관민 모두가 발분하여 이러한 이상이 실현되기를 바라마지 않는다"[51]며 부산을 '동양제일의 개항장'으로 만들어야한다고 역설했다.

시게타카는 이어서 진주, 삼천포, 장생포, 울산, 경주, 대구 등지의 일본인 환영회에서의 기록을 통해 당지의 현황과 미래에 관한 연설을 계속했다. 일본에 귀국해서는 이바라키 현(茨城縣)의 교육총회에서 이바라키 출신자들의 조선에서의 활약상을 소개했다. 또 도쿄고등상업학교(東京高等商業學校)에서는 '현재의 한국'이라는 주제로 강연을 실시했다. 『대역소지』는 앞에서도 지적했듯이 조선 여행의 결과를 일본 내지에 전파한 '도항 매뉴얼'로서의 역할을 수행한 것이다.

7. 맺음말

시게타카의 세 번에 걸친 조선 여행은 당시 일본의 '조선 열풍'과도 밀접한 관련이 있다. 러일전쟁의 승리와 더불어 조선의 식민지화는 현실로 다가왔다. 당시 일본에서는 조선의 완전한 지배를 위해 다양한 주체에 의한 조사보고서가 간행되었다. 『대역소지』 또한 이러한 시대적 분위기에 편승하여 출판된 것이다.

일본의 조선여행기록은 외무성이나 농상무성 등 중앙정부만이 아니라, 각 지방자치단체와 경제단체 등에 의해서도 발행되었다. 그 내용의 대부분은 무궁무진한 경제적 가치를 지닌 조선으로의 진출을 선동한 것이었다. 조사항목은 거의 공통적으로 조선의 농업과 상업 등 산업일반 조사를 중심으로 조선인의 의식주 생활까지 포함되었다. 조선의 미개와

---

51) 『大役小志』, 1314쪽.

후진성을 강조하는 내용으로 채워졌고, 이것은 일본이 직접 조선의 지
도와 개발에 나서야 한다는 인식으로 이어졌다.

시게타카는 여행을 통해 조선의 실상을 상세히 조사한다. 여행기간
중 매일 기록한 일지를 보아도 그의 치밀함을 엿볼 수 있다. 특히 세 번
째 여행기록은 의병으로 인한 불안한 치안상황에도 불구하고, 『대역소
지』에 의병의 유품을 사진으로 담아 소개하는 등 '조선에 대한 일본의
종주권'을 확보하기 위한 그의 여행은 치밀한 계획하에 이루어졌다.

한편 『대역소지』는 조선에 대한 다양한 정보가 마련되지 못하면 조
선 진출은 결국 실패할 것이라는 주장을 펼치면서 중앙에 집중되던 시대
적 분위기에 일침을 가했다. 그리고 각 지방에 '소일본'을 형성하는 것
이 완전한 식민지화의 지름길임을 강조한다. 당시 발행되던 다른 조선여
행기록과는 색다른 면이다. 시게타카의 표현을 빌리자면 일본의 식민정
책은 각 지역의 일본인을 유기적으로 하나로 묶어야 한다는 것이다.

『대역소지』는 여행일지에서 "한인이라는 자는 무심(無心)한 것인가,
무기력한 것인가, 오히려 무아(無我)인가"(7월 8일)라고 말하는가 하면,
"한인은 어릴 적부터 이렇게 사대주의에 고취되어 두뇌 속에 독립심이
없다"(7월 9일)고 평가했다. 또 「여성적 국민」에서는 "한국 남자는 여성
적이어서 품성이 나약하다. 조선인은 모름지기 스스로 분기하여 그 여
성적인 부분을 없애야 한다"고 비꼬았다. 더욱이 「한국사업의 어려움」
에서는 "한국 인민은 유치하다", 「한인의 성질」에서는 "그들은 게으르고
심지어 돈에 탐욕스럽다"고 비하하기도 했다. 나아가 조선인을 고용하
는 일에 대해서는 "한인은 도둑 근성이 있으니 시종 그의 행적에 주의해
야 한다"는 등 왜곡된 조선표상을 전파했다.

『대역소지』의 마지막 여행기록은 「전후 한국」과 「현재 한국」이다.
전자는 1907년 6월부터 7월까지, 후자는 1908년 4월부터 2개월간의 조선
강연여행 중의 견문기록이다. 그는 여기에서 조선 각지의 급격한 일본

인 진출을 일본 국력의 신장으로 받아들이고, 의병투쟁을 '폭도'라 규정하면서 조선인의 침략에 반대한 독립투쟁의 의의를 무시했다.

일본의 조선침략은 군사적 침략을 주체로 사회경제적인 수탈이 동반된 형태였다. 여기서 우리가 유념할 점은 침략의 배후에는 이 글에서 살펴본 바와 같이 조선 여행을 통한 면밀한 조사가 사전에 실시되었다는 점이다. 일본은 식민지화 과정에서 여행을 통한 철저한 조사와 침략 방안을 수립했고, 이는『대역소지』에서 주장하는 '소일본'의 형성이 구체적으로 실현되었다.『대역소지』의 조선여행기록은 지적 탐구심을 넘은 제국 일본의 '식민주의'의 표출이었다.

이규수 ▌ 경원대학교 아시아문화연구소 연구교수

제3장

러일전쟁 전후 일본인의
조선여행기록물에 보이는 조선인식

1. 머리말

일제강점기 조선은 한국인만의 시공간이 아닌 다양한 계층의 일본인들이 왕래하거나 조선에서 생활을 영위하기도 한 독특한 시대였다. 특히 러일전쟁기부터 많은 일본인들이 조선에 관심을 가졌으며 경부선과 부관연락선의 개통에 힘입어 일본인 여행자는 비약적으로 증가했다. 이러한 사정을 반영하듯이 이 시기에는 일본인을 주 대상으로 일본어로 기술된 조선 여행 관련 기록물이 다양하게 출간되었다.

이러한 기록은 일본인의 시선을 통해 근대조선이 어떻게 포착되고 묘사되었는지를 관찰할 수 있게 하는 자료라는 점에서 주목할 만하다.

그동안 일제강점기 일본인의 조선에서의 활동을 주목한 연구 성과로는 재조일본인의 존재형태와 활동을 연구한 박찬승, 이규수, 홍순권, 최혜주 등의 연구가 있다.[1] 한편 일본인의 조선여행기에 대한 연구는 그

---

1) 박찬승, 「러일전쟁 이후 서울의 일본인 거류지 확장과정」, 『지방사와 지방문화』 5권 2호, 2002 ; 이규수, 「20세기 초 일본인 농업이민의 한국이주」, 『대동문화

동안 주로 텍스트 분석의 관점에서 일본문학연구자에 의해 다뤄지다가[2] 최근에 역사학분야에서도 박양신, 윤소영, 이규수 등의 연구가 이루어졌다.[3] 그러나 일본인의 조선여행기록물은 일제강점기를 통해 방대하게 존재하고 있기 때문에 앞으로 더욱 연구 성과가 기대되는 분야이다.

본 연구는 일본으로부터의 도항자가 증가하는 러일전쟁 전후부터 1910년경까지 일본인에 의해 기술되고 발간된 조선 여행관련 기록물을 대상으로 하여 이러한 기록물의 저자는 어떠한 사람들이었으며 저술 동기는 무엇이었고 조선을 어떻게 여행하고 무엇을 주목했는지, 나아가서 그들의 여행기 속에서 식민지 조선이 어떻게 재구성되어 나갔는지를 살펴보고자 한다.

연구』43, 성균관대학교 대동문화연구원, 2003 ; 동, 「후지이 간타로(藤井寬太郎)의 한국진출과 농장경영」, 『대동문화연구』49, 성균관대학교 대동문화연구원, 2005 ; 홍순권, 「일제시기 부산지역 일본인 사회의 인구와 사회계층구조」, 『역사와 경계』51, 2004 ; 최혜주, 「한말 일제하 샤쿠오(釋尾旭邦)의 내한활동과 조선인식」, 『한국민족운동사연구』45, 2005.

[2] 최재철, 「일본근대문학자가 본 한국」, 『일어일문학연구』13・14집, 1988・1989 ; 최재철, 「일본근대문학자가 본 한국」, 『일본연구』4, 1989 ; 노영희, 「요시노 사쿠조와 나츠메 소세키의 한국관 비교연구」, 『일어일문학연구』43-2, 2002 ; 서기재, 「일본근대 〈여행안내서〉를 통해본 조선과 조선관광」, 『일본어문학』13, 2002 ; 서기재, 「「高浜虛子」의『조선』연구」, 『일본어문학』16, 2003 ; 李良姬, 「日本植民地下の觀光開発に関する研究ー金剛山観光開発を中心に」, 『日本語文学』24, 2004 등.

[3] 박양신, 「19세기 말 일본인의 조선여행기에 나타난 조선상」, 『역사학보』177, 2003 ; 윤소영, 「일본어잡지『조선급만주』에 나타난 1910년대 경성」, 『지방사와 지방문화』9권 1호, 2006.5 ; 이규수, 「일본 국수주의자 시가 시게다카(志賀重昻)의 한국인식」, 『민족문화연구』45, 2006. 12.

2. 여행기록물의 저자, 목적, 여행일정

조선에서 철도는 1899년 인천－영등포 간 32km가 개통된 데 이어 1900년에 남대문－인천 간이 개통되었다. 1901년 경성－부산 간 철도공사가 착공되어 1905년 1월 경부선이 완전 개통하였으며 1905년 말에는 경의선과 마산선이 각각 개통하였다. 이어 1905년 9월에는 부관연락선이 취항함으로써 일본과 조선은 일거에 공간적으로 연결된다. 1905년 말에 42,460명이었던 재조일본인은 1910년 말에는 171,543명으로 증가하였고 연평균 2만 2,000명이 조선을 찾았다.[4] 1906년에 조선을 방문한 히사야마(久山龍峯)의 「만한기행」에는 이러한 정황이 묘사되었는데,

> 2월 25일 오후 5시 16분, 철로 아래 관문을 나와 부관연락선 부두에 가면 조선으로 가려는 사람이 많고 배에 늦지 않으려고 서로 밀고 당기며 혼잡하기 그지없다. 나도 배에 뛰어올라서 마침내 멀리 앞바다에서 기다리고 있는 연락선인 잇키마루(壹岐丸)에 도착했다. 그런데 그 많은 사람들은 초봄부터 가슴을 두근거리며 한탕 벌어보려는 것인지……일청, 일한협약으로 이익을 향유하려는 것인지 모두 한국과 만주를 목적으로 쏟아져 나온 것이다. 그런데 연락선 마다 전부 탈 수 없다고 한다. 이날도 백여 명은 남겨졌다.[5]

고 한 것처럼 러일전쟁 후 일확천금을 꿈꾸며 조선으로 도항하려는 일본인들이 줄을 잇고 있었다. 이러한 정황을 반영하듯이 이 시기 조선여행과 이주를 돕는 안내서나 조선여행기의 출간이 잇달았다. 러일전쟁 전후부터 1910년경까지 간행된 조선여행관련 기록물(단행본)에는 다음

4) 高崎宗司, 『植民地朝鮮の日本人』(岩波新書 790), 2002, 97쪽.
5) 久山龍峯, 「만한기행」, 『太陽』 1906년 4월 1일, 203~204쪽.

과 같은 것들이 있다.

〈조선 강점 전후 일본에서 발행된 조선 여행 관련 단행본〉

서명	저자	발행처, 출판사	발행년도	내용 특징
韓半島	信夫淳平	東京: 堂書店	1901	조선의 정치, 행정, 교육, 풍속과 함께 부산, 인천, 경성, 개성부, 평양 진남포 등 개항장 소개, 국제관계 연혁 소개. 서양인의 견문기록 다수 인용
韓國地理	矢津昌永	東京: 丸善주식회사	1904	조선의 의식주문화에 대한 스케치자료 수록
朝鮮渡航案內	天野誠齊	東京: 新橋堂	1904	인천에 상륙하여 경성 등을 여행
最新朝鮮移住案內	山本庫太郎	東京: 民友社	1904	도쿄에서 부산까지의 선편, 요금, 경인선 요금표, 여행비용, 여행준비물, 여행에 필요한 한국어요약
韓國及九州談	伊藤長次郎	비매품	1905	러일전쟁 전 조선을 다녀온 저자가 전쟁 후 조선에 대해 묻는 이들이 많아서 그들에게 조선을 알리기 위해 저술함
韓国旅行報告書	神戸高等商業學校,	神戸高等商業學校	1906	고베고등상업학교와 고베실업협회가 기획한 단체여행보고서
最新の韓半島	鹽崎誓月	東京: 高山堂	1906	러일전쟁, 부산항과 목포, 러일전쟁후의 인천, 경성과 용산, 군산의 발전 등
清韓遊踪	上村賣劍	東京: 東京堂	1906	러일전쟁 발발 전에 조선과 중국을 여행한 여행기. 현해탄을 지나 부산에 도착, 목포 가박, 인천 상륙, 경성행. 수감 수록(한인의 폭행사건, 경성의 위치, 중국으로 가는 여정)
最近調査滿韓の富源	西村駿次, 山崎寛猛	合資會社內外興業社出版	1906	경부철도 기점 부산, 조선해협의 요지 마산, 어업상 요지 통영, 조선의 첫째가는 개화지

				인천, 한국 제일의 소비지 경성, 북한 최대의 시부 평양, 동해 최대 항구 원산 등
韓國鐵道 路線案內	통감부 철도관리국	통감부	1908	철도연선의 관광지와 산업, 도시 소개
ヨボ記	薄田斬雲	日韓書房	1908	조선 풍속과 조선인에 대한 1년간의 관찰기, 말미에 경험에 입각한 도항안내 수록
渡韓の すすめ	佐村八郎	東京: 樂世社	1909 (10, 11년)	일본청년들에게 조선이주와 개척을 권유하는 소개서
平壤要覽	中山助治	평양: 실업신보사	1909	경성이 정치의 중심지라면 평양은 실업의 중심지인데 이를 소개한 충분한 안내기, 풍토기가 없어서 이를 보완하고자 함
滿韓觀光 團誌	시모노신문 주최 도치기현 실업가	下野新聞社	1910	도치기현(栃木縣) 실업가들의 단체여행 보고서
朝鮮之硏 究	山口豊正	東京: 巖松堂書店	1911	한국정부 재정고문부 재무관으로 5년 동안 재임한 저자가 조선에서 접촉한 경험을 토대로 작성한 도항자를 위한 조선안내서

우선 시노부 준페(信夫淳平)가 1901년에 출판한 『한반도』 서문에서 일본의 경제학자 다구치 우키치(田口卯吉, 1855~1905)는 지난날 자신이 한국을 여행했을 때 이 책이 있었더라면 많은 도움이 되었을 것이라고 하면서 이 책이 일본인의 조선 여행 안내서 역할을 하게 될 것이라 기대하는 글을 싣고 있다.[6] 그런데 내용에 있어서는 조선을 역사적, 문화적, 지리적, 산업적으로 소개하는 데에 중점을 두었고 교통편이나 숙박 등 여행의 실제적인 정보는 미흡하다. 이러한 목적이 어느 정도 달성되는 기록물은 1904년에 출간된 아마노 세사이(天野誠齊)[7)]의 『조선도항

---

6) 信夫淳平, 『韓半島』(한국지리풍속지총서 217권), 東京: 堂店, 1901, 서문.

안내(朝鮮渡航案內)』와 야마모토 고타로(山本庫太郎)의 『최신조선이주
안내(最新朝鮮移住案內)』를 들 수 있다. 특히 후자의 경우, 조선 도항
방법과 선박 운임, 기차의 구간별 운임, 조선 내륙을 여행하기 위한 준
비물, 숙박 시설과 비용, 여행경비 외에 조선에서 인기가 있는 일본상
품, 조선에서의 생활비, 조선에서 유용한 한국어 소개 등이 담겨져 있어
서 조선 여행에 관한 유용한 정보를 망라했다. 러일전쟁 직후에는 일본
민간인의 조선 단체여행이 기획되고 실현되었는데 대표적인 사례가
1905년 러일전쟁 후 고베고등상업학교와 고베실업협회 조선여행단과
1906년 6월 22일, 일본 아사히신문사가 주최한 만주와 조선을 여행하는
'만한순유단(滿韓巡遊團)'이다. 후자의 경우 일본 전국에서 총 389명이
참가하는 성황을 보이면서 일반인으로 구성된 단체해외여행의 효시로
기록되었다.[8]

이러한 흐름 속에서 1908년에는 통감부 철도관리국에서 『한국철도노
선안내』가 발간되어 본격적인 일본인 여행의 길잡이 역할을 담당하게
된다. 다음해인 1909년에 간행된 사무라 하치로(佐村八郎, 1865~1914)가
저술한 『도한의 권유(渡韓のすすめ)』[9]는 3년 동안 3판을 거듭할 정도

---

[7] 본명은 아마노 가오루(馨), 寒英居士로도 칭함. 생몰연대는 미상이나 저작물에
『대일청전쟁』(1894), 『대만사정』(1895) 등이 있는 것으로 보아 일본의 대륙팽
창정책을 지지하는 입장에 있던 인물로 생각된다.
[8] 有山輝雄, 『海外観光旅行の誕生』, 吉川弘文館, 2002, 18~41쪽.
철도를 이용한 단체여행 자체가 일본에서 시작된 것은 1904년 7월이었다. 이
아이디어는 시가(滋賀)현에 사는 당시 20세인 미나미 신스케(南新助)라는 사
람이 고안해내서 400여 명의 단체여행단을 조직하고자 광고를 내었는데 900인
이 모이는 성황을 보였다고 한다(下川耿史 編, 『明治・大正家庭史年表』, 河
出書房新社, 2000, 313쪽 참조). 따라서 1906년 당시 해외로 간주된 조선 단체
여행은 일본인에게 새로운 문화생활의 첨단으로 의식되었을 것으로 보인다.
[9] 佐村八郎, 『渡韓のすすめ』, 東京: 樂世社, 1909, 1910년 재판, 1911년 삼판.
이 책은 경인문화사 영인본, 한국지리풍속지 총서 299권에 수록되어 있다. 단,
이 총서 299권의 표제는 『渡韓のめもり』로 잘못 표기되어 있으니 참고 요망.

의 반향을 불러일으켰다.

이와 같이 러일전쟁기부터 1910년경까지 일본인의 조선 여행이 급격한 붐을 이루었고 조선 여행관련 기록물의 출판도 활발하게 이루어졌는데 이러한 기록물에서 보이는 저술 동기나 여행 목적은 무엇이었을까?

먼저 시노부 준페(信夫淳平)가 1901년에 출판한『한반도』는 저자가 영사관보 재임 4년간, 한국의 지리, 역사, 제도, 문물, 인정, 풍속, 산업, 재정 등을 조사, 관찰하여 쓴 것이다. 서문에서 일본의 경제학자 다구치 우키치, 외교관 아키즈키 사츠오(秋月左都夫),[10] 정치가이자 실업가 나카지마 구마키치(中島久萬吉),[11] 재야사학자 기쿠치 켄조(菊池謙讓) 등이 추천의 글을 싣고 있어서 당시 일본 각 분야의 실력자들로부터 주목받은 저작으로 보인다. 시노부는 저술동기에 대하여 서양인이 쓴 조선 견문록이 수십 권에 달하는 데 비해 일본인의 저작은 기쿠치 겐조의『조선왕국』[12]과 쓰네야 세이후쿠의『조선개화사』[13] 정도인 것에 자극을

---

[10] 1858~1945. 미야자키(宮崎)현 출신. 명륜당에서 수학했으며 스웨덴, 벨기에 일본대사, 주오스트리아특명대사를 역임했다. 1908년에 보이스카우트를 일본에 소개했다.

[11] 1873~1960. 고치(高知)현 출신. 정치가, 실업가, 남작. 고가(古河)재벌, 고가전기공업, 요코하마 고무 등 설립.

[12] 菊池謙讓(1870~1953). 구마모토현 출신·신문기자출신으로 명성왕후 시해사건에 가담한 대륙팽창주의자이다. 일제시대 조선에 거주하면서 조선의 역사와 풍속 등을 연구했다.『조선왕국』은 1896년 동경 민우사에서 간행되었다. 조선의 각 지역을 하천을 중심으로 분류하여 서술하고 있으며 왕실과 귀족, 조선의 역사를 고대부터 근세까지 서술하고 있다.

[13] 恒屋盛服(1855~1909). 일찍이 1890년에『해외식민론』을 저술하여 일본의 대륙팽창을 역설한 바 있다. 그는 1875년부터 조선에 도항하여 여행한 바 있으며 1894년 박영효와 함께 조선에 와서 갑오개혁 당시 내각 보좌관을 지냈는데 아관파천 이후 귀국하지 않고 경성에 4년간 체류하면서『조선개화사』를 저술했다. 조선역사와 함께 각 지방에 대한 상세한 소개를 담고 있으나 일본인 일반 여행자를 고려한 여행안내서라기보다는 대륙팽창의 필요성을 역설하는 관점에서 조선에 대한 각종 정보를 제공하고자 한 저술이라고 할 수 있다. 恒屋盛服,『조선개화사』, 동아동문회, 1904, 자서 참조.

받아서 저술하게 되었다고[14) 밝히고 있다. 이 책은 당시 서양인의 조선 소개서와 유사한 방식으로 '이국(異國)'으로서의 조선 문화를 소개하는 한편, 일본과 통상교역국으로서 중요한 조선 산업에 대한 정보를 제공하는 형식을 취하고 있다. 한편『청한유종』은 1903년에 조선과 중국을 여행한 여행기인데 중국의 친구들과 교류하고 대륙의 자연풍물을 견문하기 위해서라고 하여 정치적인 목적이 있었던 것은 아니었다.

1904년에『조선도항안내』를 출판한 아마노 세사이는 무작정 조선에 도항하는 것은 위험천만한 일이며 충분한 조사탐구를 거쳐야 전승의 효과를 거두고 실업적 대외발전의 기회를 포착할 수 있다고 하며 자신의 저술을 통하여 도항자에게 조선에 관한 사전정보를 알리기 위함이라고 밝혔다.[15) 야마모토 고타로의『최신조선이주안내』는 "뜻을 품고 성공을 원하는 사람은 일본 내지의 생활난과 직업난에 허덕이지 말고 하루빨리 조선에 이주하여 이 좋은 기회를 이용하라"[16)고 한 것처럼 일본인의 조선이주를 장려하기 위한 목적에서 씌었다. 1905년 러일전쟁 직후 고베고등상업학교와 고베실업협회 조선여행단이 밝힌 여행의 목적은 "한국이 일본의 보호국이 된 다음 한일 관계가 더욱 긴밀해짐에 따라 한국은 일본 내지의 연장으로 생각되어 왕성히 한국에 식민하고 개척을 행하고 교육하고 지도할 책임이 있으나 일본이 한국에 대해 피상적으로 밖에 알지 못하므로 50일간의 방학을 이용하여 한국 내지를 여행하여 그 현상을 일반에게 알리기 위함"이라고 하였다.[17)

1906년 아사히신문사의 '만한순유단' 모집 광고는 '만한순유'가 "(러일전쟁의) 전승국 국민에 어울리는 호쾌한 행동이며, 신흥국의 국민에게

---

14) 信夫淳平,『韓半島』, 저자 서문.

15) 天野誠齊,『朝鮮渡航案內』, 新橋堂, 1904, 自序.

16) 山本庫太郎,『最新朝鮮移住案內』, 東京: 民友社, 1904, 부산시립도서관 소장본, 12~13쪽.

17) 神戸高等商業學校,『韓国旅行報告書』(한국지리풍속지총서 236권), 1906, 1쪽.

어울리는 씩씩하고 굳센 여름의 더위를 잊을 방책"[18]이라고 선전했다. 한편 1909년에 발간된 사무라 하치로의 『도한의 권유』에서는 "한국병합 은 2천 년 이래의 문제를 해결하는 천고의 통쾌한 일"이라고 감개무량 한 심정을 토로하는 데서부터 시작하며 중판 서문에는 "그 국토를 개척 하고 산업을 일으키고 민중을 도와 동화의 열매를 거두게 하는 것, 이것 이 앞으로 일본의 급무이다. 성실 근면한 청년의 이주는 점점 요청되므 로 청년발전의 편의를 도모하기 위해, 통감정치의 도움이 되기 위해 한 국개명에 공헌하기 위해" 중판하였다고 적고 있다.[19] 그리고 시모노 신 문사가 주최한 도치기현 실업가 시찰단은 "명승구적을 돌아보는 한가한 사업이 아니고 장래에 세계시장이 될 만한 미개의 땅을 탐험하여 그 실 황을 시찰하고자 함"[20]이라고 목적을 밝혔으며 대한제국 재무관을 지낸 야마구치 도요마사(山口豊正)는 자신의 실지에서의 경험을 토대로 하 여 도항자에게 나침반을 제공하기 위해 저술했다고 한다.[21]

위의 여행기록물 중 『한반도』나 『청한유종』이 조선에 대한 노골적인 지배욕의 시선이 드러나지 않은 데 대해, 러일전쟁기 무렵부터 출간된 여행기록물에는 조선이 처음부터 '새로운 정복지'로서 자리매김 되면서 조선은 제국 일본의 발전상을 확인하는 장소임과 동시에 장래 일본인의 이주와 왕성한 생업활동이 필요한 지역이라는 점을 부각시키고 있다.

그렇다면 이러한 여행기록물의 저자는 어떤 이들이었을까? 먼저 관 료출신 일본인을 들 수 있다. 『한반도』를 저술한 시노부 준페는 국제법 과 외교사를 전공한 국제정치학자로 1897년 외교관 및 영사관 시험에

---

18) 有山輝雄, 『海外観光旅行の誕生』, 18쪽에서 재인용.

19) 佐村八郎, 『渡韓のすすめ』, 東京: 楽世社, 중판에 부쳐.

20) 『(시모노신문주최 도치기현 실업가) 滿韓觀光團誌』(한국지리풍속지총서 240 권), 1910년, 서문.

21) 山口豊正, 『朝鮮之研究』(한국지리풍속지총서 5권, 東京: 巖松堂書店, 1911). 1914년에 개정2판을 발행했다.

합격하여 영사관보로서 한국에 부임하였고 1906년에는 인천 이사청 이 사관을 역임, 1917년부터 와세다 대학 교수를 지냈다. 그리고 1911년에 간행되어 1914년에 재판 간행한『조선의 연구(朝鮮之硏究)』를 쓴 야마 구치 도요마사는 통감부의 재무관을 역임한 인물이다.

두 번째는 통감부와 일정한 관계를 갖고 일본의 대륙팽창정책에 협 조하는 민간의 지식인들이다. 1909년에 간행되어 3판을 거듭하여 가히 베스트셀러였다고 할 수 있는『도한의 권유』의 서문을 보면 "사무라 하 치로 씨는 일찍이 고 이토 통감의 지도하에 한국 내지를 두 달 동안 여 행하고 조선의 사정을 자세히 시찰하여 젊은 인사들이 각자의 적소를 향해서 도한할 것을 유도 동화할 방책을 기술"[22]한 것으로 당시 통감부 와 협조하에 이 안내서가 기술되었음을 알 수 있다. 사무라 하치로는 당시 일본에서 중국유학생을 가르치던 굉문학원(宏文學院)의 교수를 역 임했으며 1906년에는 중국유학생에게 일본어를 교수하기 위한 사전『일 어신사림』(1906)을 저술한 바 있다. 현재의 도요(東洋)대학의 전신인 동 경 철학관에서 수학하였다. 이 학교 출신으로 조선에서 활동한 일본인 들로는 대한제국 시기 조선에 세워진 일본어학교 을미의숙의 교사로 부 임했던 요사노 뎃칸(與謝野鉄幹)[23]과 조선에서 발행한 일본어 잡지『조 선급만주』의 사장이자 편집인이었던 샤쿠오 이쿠오(釋尾旭邦)가 있다. 이외에 이들과 친분이 있었던 이는 명성왕후 시해사건에 관여하였으며 1900년대부터 조선에서 민속연구자로 활동한 아유카이 후사노신[24]과의

---

[22] 佐村八郎,『渡韓のすすめ』, 序.

[23] 본명은 與謝野寬. 가인, 시인이나 신문 니로크신보의 기자가 되고 메이지 28년 아유카이 후사노신(을미의숙 교장)의 초청으로 경성 일본어학교 을미의숙의 교 사로 부임, 10월 민비살해사건으로 송환되었으나 직접 연좌되지는 않았다. 그 후 곧 다시 도한하였다. 稻葉継雄,「鮎貝房之進・与謝野鉄幹と乙未義塾」,『 韓』109호, 1988, 148~151쪽.

[24] 鮎貝房之進(1864~1946). 동양협회 식민학교 강사 훈6등, 원적은 미야기현(宮 城) 本吉郡 松岩村, 현주소 경성부 아사히초(旭町) 3-8 전화 135번. 그는 경응

접점도 확인된다. 아유카이 후사노신는 명성왕후 시해사건에 가담한 전력이 있고 후일 조선에서 조선의 역사와 문화를 연구했던 기쿠치 켄조와 친분이 있었고, 기쿠치 켄조는 시노부 준페와 막역한 사이였다[25]고 하니 이들의 인맥관계가 상호 밀접히 연결되어 있었던 것은 거의 확실하다.

한편 1908년에 출간된 『요보기(ヨボ記)』의 저자 우스다 잔운(薄田斬雲, 1877~1956)은 아오모리(青森)현 출신으로 소설가, 전기 작가, 저널리스트로 활동했다. 1899년 동경전문학교 문학과 선과에서 수학했고, 『경성일보』 기자, 와세다 대학 출판부 편집원을 역임했는데 대륙팽창주의자 도야마 미츠루(頭山滿)의 전기를 저술하였고 일본어잡지 『조선급만주』에도 다수의 글을 기고했다. 이외에 1906년에 출간된 『청한유종』의 저자 우에무라 바이켄(上村売賣劍, 1866~1946)은 한시인(漢詩人)이고 『모리오카공보(盛岡公報)』, 『이와테신문(岩手新聞)』을 창간한 언론인이자 정치가였다.[26]

이상 몇몇 저자들의 약력을 보면 일본정부에서 파견된 관료들이거나 대륙팽창정책을 지지하는 입장의 지식인들과 재조일본인으로 언론계에 종사한 인물이 많고 그밖에 산업의 측면에서 조선에 관심을 갖던 실업가들[27]도 있었다.

3년에 태어나 명치 37년에 도한하여 동양협회 식민전문학교 경성분교 강사가 되어 현재에 이름. 가족은 부인 다키(44). 1878년 미야기 현립 사범학교 입학, 1884년 동경외국어학교(현 동경외국어대학)에 조선어과가 신설되자 입학. 1890년 졸업. 동경에서 落合直文이 세운 淺香社에 가입. 1894년 조선에 도한. 아유카이는 와카 및 국문학의 혁신운동에 종사하여 『일본대문전』편찬. 1900년대부터 조선에서 고대조선문화에 관심을 갖고 연구. 「京城人事興信錄」, 『일본인물정보대계』 조선편 3, 皓星社, 1922, 185쪽.

25) 信夫淳平, 『韓半島』, 長風生의 서문.

26) 일본근대문학관 편, 『일본근대문학대사전』 1권, 195쪽.

27) 1905년 고베(神戸)고등상업학교와 고베실업협회 시찰단과 1909년 시모노 신문사 주최로 실시된 일본 도치기현 실업가 시찰단.

이와 같은 일본인의 조선 여행에 대한 관심은 1910년대에 이르면 일
본 유명 지식인의 조선여행기 저술로 이어져 1911년에는 조선여행경험을
소재로 한 다카하마 쿄시(高浜虛子)의 기행소설『조선』이『도쿄니치니
치신문(東京日日新聞)』과『오사카마이니치신문(大阪每日新聞)』에 연재
되기도 했으며[28] 일본의 국민신보사 사장이자 조선의『경성일보』발행에
관여한 도쿠토미 소호(德富蘇峰)가 조선에 왕래한 경험을 담은『양경거
류지(兩京去留誌)』(1915)도 출판되었다. 이외에 짧은 여행기는 1908년 3월
부터 조선에서 발행된 일본어잡지『조선』(1912년 1월부터『조선급만주』
로 개칭)에서도 자주 발견된다.

　다음으로 이들의 여행경로를 살펴보면 경부선 개통 전과 후가 다르
게 나타난다. 경부선 개통 전에는 기선을 이용하여 조선의 연안을 경유하
며 인천에 도착한 다음, 이곳에서 기차를 이용하여 경성으로 향하는 여
정이었다. 당시 조선에 왕래하던 해상 운수기관은 일본우선(日本郵船)회
사, 오사카상선(大阪商船), 오에기선(大家汽船) 등이 운행하고 있었다.[29]

---

[28]　윤소영,「일본어잡지『조선급만주』에 나타난 1910년대 경성」; 高崎宗司,「다
　　카하마 쿄시의 조선기행」,『일본근대문학』5호, 2007.4 참조.
[29]　일본우선(日本郵船) 항로
　　(1) 神戶韓国北清線(고베 - 모지 - 나가사키 - 부산 - 인천 - 지부(芝罘) - 태고(太
　　　沽) - 우장(牛莊)
　　(2) 同名線(고베 - 모지 - 나가사키 - 부산 - 인천 - 대련 - 여순 - 태고 - 지부)
　　(3) 神戶浦港線(고베 - 모지 - 부산 - 원산 - 성진 - 浦港)
　　(4) 神戶仁川線(고베 - 모지 - 부산 - 인천)
　　大阪商船 항로
　　(1) 大阪新義州線(왕복 모두 부산, 인천에 기항한다)
　　(2) 大阪郡山線(왕복 모두 부산 - 마산 - 목포에 기항)
　　(3) 大阪城津線(왕복 모두 부산, 원산에 기항)
　　大家汽船 항로
　　(1) 甲線(浦港 - 성진 - 원산 - 부산항 - 시모노세키)
　　(2) 乙線(시모노세키 - 부산 - 원산 - 성진 - 浦鹽 - 북해도) *이 선은 이번에 오
　　　사카 상선에 매수되었다.
　　　그 외 기선은 山唐津 사이를 연락하는 大川운수 기선, 부산 마산을 오가는

〈표 2〉 고베(神戸) - 한국 - 북청선 요금표

출발지/ 고베(神戸)	1등	2등	3등
門司	12.00	7.00	2.00
長崎	20.00	12.00	4.00
釜山	28.00	20.00	6.00
仁川	45.00	30.00	10.00
芝罘	55.00	40.00	15.00
牛莊/太沽/天津	65.00	45.00	18.00

*음식: 1, 2등 양식/3등 일본식
*할인: 일본 육해군2할/외교관과 가족 1할 5분/왕복
표: 1, 2등 승객에 한해서 2할 할인(유효기간 90일)

동경에서 부산을 가기 위해서는 오사카나 고베에서 승선하는 경우와 바칸(馬關, 나중의 시모노세키)과 나가사키(長崎)에서 승선할 수 있는데 그중 고베에서 타는 것이 가장 편리하다고 한다. 장시간의 항해가 불편한 사람은 바칸까지 기차로 가서 승선하는 것도 가능했다. 부산은 일본에서 가장 가까운 곳으로 바칸에서 해상 120리인데 12, 13시간이면 부산에 도착하였다. 고베에서 기선을 타는 경우, 기선의 탑승권은 회조점(回漕店)[30]에서 구입하는데 회조점의 점원이 고베의 세관 수속, 승선 안내까지 해주었다고 한다. 고베(神戸) - 한국 - 북청선의 경우, 요금은 〈표 2〉와 같다.[31]

1904년에 발행된 『조선도항안내』는 인천에 상륙하여 경성에 이르는 여정을 다음과 같이 소개하고 있다.

八頭司組 기선, 堀久回漕店 기선, 藤野 기선, 尼崎汽船, 東津貿易 기선, 宮崎 기선, 宇田 기선 외 山陽경부양철도연락 기선이 있다.
西村駿次·山崎寬猛 공저, 『最近調査滿韓の富源』(한국지리풍속지총서 246권), 합자회사내외흥업사 출판, 1906, 166~67쪽.
30) 대형선박이 항구에 입항할 수 없으므로 항구에서 선박까지 뗏목을 이용하여 여객과 짐을 수송하는 직업을 회조업(回漕業)이라고 하고 이러한 일을 하는 점포를 회조점이라고 한다.
31) 山本庫太郎, 『最新朝鮮移住案内』, 263쪽.

〈표 3〉 경인선의 각 역간 거리와 운임

출발지	거리(리)	1등(전)	2등(전)	3등(전)
인천				
유현	1	20	10	5
우각동	2	20	10	5
부평	7	45	24	12
소사	10	64	34	17
오류동	15	90	48	24
영등포	19	1.13	60	30
노량진	21	1.24	66	33
용산	23	1.35	72	36
남대문	25	1.50	80	40
경성 착	26	1.50	80	40

山本庫太郎, 『最新朝鮮移住案內』, 東京: 民友社, 1904, 254~255쪽.

우선 인천 부두에 기선이 도착하여 상륙하면……지게꾼에게 짐을 맡기고 일본거류지에 가면 일본 여관이 있으니 거기에 투숙하면 실로 안심인 것이다. 자신의 목적을 말하면 목적지의 상황을 들려주고 수속 등의 조사를 하는 데에도 불편을 느끼지 않는다……인천정거장에 도착하면 먼저 눈에 띠는 것은 역원이 모두 일본인인 것이다. 얼마나 기분이 좋은지, 조선에 있는 것 같은 느낌이 안들 것이다. 여기서부터 아침 7시 반경에 기차에 타면 경성에는 9시 15분경에 도착해버린다.[32]

우에무라가 밝힌 여행일정을 보면

1일째 오후 4시 30분 신바시 출발/2일째 오전 7시경 교토 착, 고베로 가서 투숙/3일째 낮 12시경 고베항에서 평양환(平壤丸) 출발/4일째 오전 9시 馬關 착, 赤馬關 구경, 오후 3시 승선/5일째 아침 부산포 착. 부산 구경, 오후 2시 부산포 출발/6일째 오전 8시경 목포 착, 오후 4시 목포 출발/7일

---

[32] 天野誠齊, 『朝鮮渡航案內』, 110~113쪽.

째 오전 9시 인천항 도착/8일째 오후 6시 인천에서 기차로 경성으로. 약 2시
간 만에 경성 남대문 도착.[33]

으로 도쿄에서 경성까지 도착하는 데에 총 8일이 소요되었다. 1905년
여름에 조선을 여행한 고베고등상업학교 일행은 총 35일간의 조선 여행
을 하고 있는데 그 일정을 소개하면 〈표 4〉와 같다.

〈표 4〉 1906년 고베고등상업학교의 조선 여행 일정

여행기간 1905.7.23~8.26(35일간)					
체재일	여행일정	사항	체재일	여행일정	사항
1	7월 23일	고베 출발. 기선으로 원산행	18	8월 9일	진남포로 간 호리우치(堀內)와 만나 개성 시찰함. 동일 경성행
2	24일	해상	19	10일	진남포로 간 호리우치(堀內)와 만나 개성 시찰함. 동일 경성행
3	25일	부산 도착	20	11일	경성 출발, 인천시찰 다시 경성으로
4	26일	부산 발, 원산행	21	12일	경성 시찰. 이시바시(石橋) 교수와 회합
5	27일	원산 도착	22	13일	경성 시찰. 이시바시(石橋) 교수와 회합
6	28일	원산 시찰	23	14일	경성 출발, 천안 수원 시찰, 대전(竹中) 및 조치원(堀內)에 나눠 숙박
7	29일	원산 시찰	24	15일	각각 출발. 대구(竹中) 및 영동(堀內)에 나눠 숙박
8	30일	원산 출발 평양행	25	16일	각각 출발, 부산(竹中), 대구(堀內)에 나눠 숙박
9	31일	사타독 마을 숙박	26	17일	위와 같음
10	8월 1일	양덕채촌 숙박	27	18일	위와 같음

33) 上村賣劍, 『淸韓遊踪』(한국지리풍속지총서 246권), 1906, 13~25쪽.

11	2일	지수촌 숙박	28	19일	다케나카(竹中)는 대구에서 출발하여 부산에 도착, 호리우치(堀內)와 합류
12	3일	마항리촌 숙박	29	20일	부산 시찰
13	4일	강동 숙박	30	21일	부산 시찰
14	5일	평양 도착	31	22일	부산 출발, 다케나카는 동래로 갔고 호리우치는 부산에서 기다림. 23일 범어사에 감
15	6일	평양시찰	32	23일	부산 출발, 다케나카는 동래에 갔고 호리우치는 부산에서 기다림. 23일 범어사에 감
16	7일	일행은 둘로 나뉘어 1대는 진남포로 향함	33	24일	동래출발, 부산으로 와서 기선에 승선
17	8일	평양 출발 개성 도착 (경의철도에 편승)	34	25일	모지(門司)도착. 바로 고베로 향함. 호리우치는 상륙
			35	26일	고베 도착

〈표 4〉에서 볼 수 있듯이 고베에서 부산까지의 경우는 3일이 소요되었고 부산에서 기선으로 다시 원산으로 향했다. 원산부터 평양까지는 육로로 조선 각 마을을 둘러보고, 평양에서는 철도를 이용하여 개성, 경성, 대전, 대구, 부산을 여행하고 다시 배편으로 고베로 돌아가는 여정이었다.

1905년 1월 경부선 완공 개통 후 조선 여행은 부산에서 철도를 이용하면서 본격화된다. 부관연락선의 경우는 잇키마루(壹岐丸, 1,600톤), 쓰시마마루(對馬丸, 1,602톤), 고라이마루(高麗丸, 3,028톤), 시라기마루(新羅丸, 3,032톤), 하쿠아이마루(博愛丸, 2,632톤)의 5척이 교대로 운행했으며 보통 오전 8시부터 10시까지 1회와, 오후 7, 8시에 1회 왕복했으며 11시간 정도가 소요되었다. 1908년 현재 동경에서 경성까지 환승기차표가 판매되어 도쿄역에서는 오후 3시(급행 직통 열차)와 8시 55분에 두 번 경성행 기차가 출발하기도 했다.[34)

당시 조선 여행의 비용은 어느 정도 소요되었을까? 도쿄에서 부산까지 여비는 도쿄－고베 간 기차 운임과 도시락, 일용잡비를 포함하여 5원이며, 고베 숙박료와 잡비 등이 4원, 고베－부산 삼등선 운임이 6원으로 편도 여비만 총 15원의 경비가 소요되었다.[35] 조선에서의 여행사정과 경비에 대해서는

> 조선 여행은 구미의 문명적 여행에 비교하면 매우 용이하여 비용도 백분의 1이다. 여관은 주막이라고 하여 1.2리 사이에 한 곳 이상은 반드시 있다. 만약 여관이 없을 때는 그 마을의 장로에게 숙박할 곳을 청하면 된다. 조선에서는 일반 백성도 대체로 흔쾌히 잠자리를 빌려준다. 숙박료는 50문에서 100문 정도로 일본의 7, 8전에서 12, 13전 정도이다. 이것은 1식의 비용 정도로 특히 숙박료라는 것은 받지 않는다……여행에 수행하는 종을 고용하기 위해서는 하루에 30전 정도이며 말은 1리에 15, 16전 정도이다.[36]

고 하였고 백동화와 적동화 등 신식화폐가 발행되었으나 대부분 조선에서 유통하는 것은 엽전이어서 여행에 앞서 거류지에서 조선통화로 바꾸는 것이 좋다고 지적한다. 같은 책에서 당시 경성에서의 재조일본인 목수 노동자의 한 달 수입이 35원 정도에 2인 가족 생활비가 18원 정도이고 상층부 재조일본인 3인 가족의 경우 1개월 생활비가 57원 정도라고 하는 것과 비교하면[37] 그 가치를 추산할 수 있는데 재조일본인 목수 월

34) 薄田斬雲, 『ヨボ記』, 일한서방, 일본국회도서관 소장본, 1908, 186~190쪽.
35) 山本庫太郎, 『最新朝鮮移住案內』, 19쪽.
36) 山本庫太郎, 『最新朝鮮移住案內』, 65쪽. 이 책에 의하면, 러일전쟁 시기의 화폐는 갑오개혁기에 마련된 신식화폐발행장정에 의해 화폐의 최저단위는 '분'으로 10분을 1전이라고 하고 10전은 1냥에 해당하고 조선의 1냥은 일본의 20전에, 5냥은 일본의 1원에 상당하나 민간에서는 종래의 엽전이 일반적으로 사용된다고 한다.
37) 山本庫太郎, 『最新朝鮮移住案內』, 210~213쪽.

급을 기준으로 했을 때 대략 1~2개월분의 월급이 소요되었던 것 같다.
여행 시의 휴대품으로는

> 필기도구와 종이, 비누, 타올, 치약, 빗, 거울, 금속제 컵, 약품은 키니
> 네, 보단(寶丹)38)류, 살충제, 그 외에 나이프, 양산, 플란넬 셔츠, 모포, 표
> 백 무명……피스톨.39)

등을 들고 있다. 흥미로운 점은 이러한 준비물은 그 품목에서 볼 때 유
럽의 소위 '문명국민'의 여행휴대품 종류와 유사하다는 점이다. 그런데
이러한 점은 1906년 아사히신문사 주최 단체여행단의 경우에도 여행복
장에서는 특히 양복 착용을 권장한 사실과 함께 그들이 서유럽적인 '문
명국민'의 감각으로 조선을 여행하고자 했던 의도를 엿보게 한다. 그렇
다면 이들 여행자들은 구체적으로 조선에서 무엇을 보고 무엇을 말하고
있는가? 다음에서 그들의 조선인식을 살펴보고자 한다.

3. 일본인 여행자의 흔들리는 '제국 기분'

근대시기의 여행은 이전의 여행과는 질적으로 다른, 투어리즘(tourism)
의 탄생기라고 할 수 있다. 'travel'의 어원이 고통, 수고를 말하는 'travail'
인 것처럼 여행이 원래 '잘 알려지지 않은 것을 발견하는 것'이라면 근
대시기의 여행은 '관광(觀光, tourism)' 즉, '잘 알고 있는 것을 발견하는
것'으로 변화한다.40) 여행자는 일반적으로 여행지에 대한 정보를 미리

---

38) 기사회생을 도모하고 전염병인 콜레라 환자가 먹는 약.
39) 山本庫太郎, 『最新朝鮮移住案內』, 66쪽.
40) 관광(觀光)의 어원은 원래 『역경』의 "나라의 빛을 보다"는 구절에서 유래하여

입수하고 현지에서 이를 추인(追認)하는 체험을 한다. 이러한 과정을 통해 여행지에 대해 이미 만들어진 이미지가 재생산되고 다시 보강되는 과정이 동반되면서 여행지에 대한 독특한 시각이 굳혀지는 과정이 나타난다. 여행자의 조선에 대한 인상은 히사야마(久山龍峯)의 「만한기행」을 보면

> 집을 보면 마치 축사(畜舍)이며 제비집 같고 처마는 기울어지고 담장은 무너지고 그 사람을 보면 검은 갓을 쓰고 흰옷을 입고 당혜를 신고 긴 담뱃대를 놓지 않고 꿈틀댄다. 만약 이를 예스럽고 아담하다고 평하면 그 뿐이다. 아아, 국토와 국민 무엇보다 생기가 완전히 없어진 모습이다. 어찌 자주독립을 지킬 수 있겠는가? 이를 돕고자 하는 자, 그 책임이 가볍지 않다.[41]

고 하여 조선의 주택과 흰옷을 입은 사람들의 느긋한 모습은 조선이 망국이 될 수밖에 없는 이유로 해석되고 이를 도울 일본의 책임이 크다고 평가한다. 경부선의 기차 안에서는 "긴 담뱃대로 담배를 피우고 침을 뱉고 손으로 코를 풀고, 불결하기 짝이 없는 한인(韓人)과 섞여서 종일 열차 안에 있는 것은 너무나 고통스러웠"다며 조선인의 불결한 생활태도를 비판하고[42] '한국인의 나태함이 망국의 원인'이라고 지적하기도 한다.[43]

왕이 보이는 위광을 받든다고 해석되었는데 근대시기에 일본에서 투어리즘을 관광이라고 번역하여 사용했다. 관광이라는 일본어에 가장 적합한 영어는 'sightseeing'으로 시각에 들어온 광경을 의미한다. 'tour'는 원래 원을 그리는 도구라는 의미였으며 주유(周遊)하는 여행을 말한다. 즉 관광지의 정해진 여러 지역을 안내에 따라 돌아보며 다시 출발점으로 돌아오는 여행을 말한다. 有山輝雄, 『海外観光旅行の誕生』, 6~9쪽.

[41] 久山龍峯, 「만한기행」, 『太陽』 1906년 4월 1일, 206쪽.
[42] 久山龍峯, 「만한기행」, 『太陽』 1906년 4월 1일, 205쪽.
[43] 上村賣劍, 『淸韓遊踪』, 25쪽.

조선의 불결함에 대해서는 가옥의 경우 지붕이 낮고 좁고 더럽다는 점에서 일본인은 조선의 가옥을 보면 모두 '돼지우리'로 여길 것이라고 한다. 또한 가옥의 벽에는 흙과 말똥을 섞어 이겨 바른다고 하여 이는 조선인이 얼마나 불결한지를 보여주는 예증이라고 한다.[44] 불결함의 사례는 소변항아리인 요강을 집안에 두는 것, 그 요강을 입 가까이에 대고 침을 뱉고 그 오줌으로 얼굴을 씻기까지 하는 것 등을 들어 불결함의 극치로 묘사한다. 그리하여 조선의 가옥에서는 지독한 냄새가 날 수밖에 없고 이를 일본인은 도저히 참을 수 없음을 지적하는 것이다.[45] 그 외에 "조선 부인의 옷은 매우 야만적으로 생겼다"고 하여 저고리가 짧아서 유방이 드러나는 옷차림에 눈살이 찌푸려짐을 지적하기도 한다.[46]

이러한 지적은 조선의 미개함을 증명하는 사례로 지적되며 미개국 조선이 러일전쟁에서 승리한 문명국 일본에 의해 식빈화되는 것은 필연적이라는 식으로 매듭지어지는 것이다. 이러한 인식은 이 시기의 다른 여행기에도 공통적으로 보인다.[47]

그런데 이와 같이 정형화된 이미지는 조선의 실제를 얼마나 반영한 것일까? 흥미로운 점은 이 중 외국인이 본 '흰옷'의 이미지는 당시 반드시 부정적인 것만은 아니었다는 것이다. 1904년 출간된 『가련하고 정다운 나라, 조선』에서 조르주 뒤크로는 흰옷을 "순한 한민족에게 가장 잘 어울리는 색"이고 "만약에 이들이 흰옷을 입지 않게 된다면 이들의 쾌활함은 절반으로 줄 것"이며 조선인은 "이 색이 시각에 미치는 즐거움을 아낀다"고 보았다.[48] 지리학자 야즈 쇼에이(矢津昌永)[49]도 1904년 출간

44) 天野誠齊, 『朝鮮渡航案內』, 28~29쪽.
45) 天野誠齊, 『朝鮮渡航案內』, 30~32쪽.
46) 北村愚堂, 「子の見たる朝鮮」, 『朝鮮』43호, 1911년 9월 1일.
47) 天野誠齊, 『朝鮮渡航案內』, 23쪽 ; 伊藤長次郎, 『韓國及九州談』(한국지리풍속지총서 223권), 1905, 59~63쪽 ; 神戶高等商業學校, 『韓国旅行報告書』, 15~28쪽.

한 책에서 "의복은 상민 이하는 사계를 통하여 목면으로 만든 백의를 입는데 세탁을 잘하여 매우 청결하다"고 하였다.[50] 또한 1904년 조선을 여행한 아손 그렙스트는 노동자계급의 옷차림은 불결했으나 그렇지 않은 이들의 옷차림은 "흠잡을 데 없이 청결했다"고 보기도 한다.[51] 말할 것도 없이 "흰옷"에 담긴 부정적 이미지는 조선을 부정적으로 보고자 하는 '의지'에 보태진 하나의 표상일 뿐이었다고 하지 않을 수 없다.[52] 한편 유방을 내놓은 여인의 옷차림도 천민의 경우에 한정된 것임에도 불구하고 유독 이 점이 강조되고 재생산되었다.

사실 이와 같은 시선의 유래는 메이지 시기 서구인이 본 일본인의 이미지로 소급될 수 있다. 서구인들은 일본인 용모를 추악하다고 보아서, 서구화를 추종하여 양복 입은 모습을 원숭이의 흉내 내기로 간주했다. 남자가 훈도시만 입은 채 거리를 활보하는 것, 여성이 아무데서나 유방을 노출하고 아이에게 젖을 먹이는 풍경, 혼욕 습관, 분뇨수레의 악취 등을 일본의 미개한 증거로 보고 이를 풍자했다.[53]

이러한 시선은 말할 것도 없이 유럽인의 인종주의에 비롯한다. 유럽인은 중세에 '야만인'이라는 범주를 만들어 나체생활, 얼굴이나 발 외에

---

48) 조르주 뒤크로 저, 최미경 옮김, 『가련하고 정다운 나라 조선』, 눈빛, 2001, 77~79쪽.

49) 지리학자. 동경전문학교에서 지리학 강사 역임. 근대지리학 형성에 기여. 1894년에 저술한 『朝鮮西伯利紀行』이 있다. 박양신, 「19세기 말 일본인의 조선여행기에 나타난 조선상」, 115쪽 참조.

50) 矢津昌永, 『韓國地理』(한국지리풍속지총서 101권), 東京: 丸善, 1904, 48~49쪽.

51) 아손 그렙스트 지음, 김상열 옮김, 『스웨덴기자 아손, 100년전 한국을 걷다』, 책과 함께, 2004, 34쪽.

52) 흰옷에 대한 부정적 이미지는 야나기 무네요시가 민중의 한(恨)의 색깔로서 도리야마 기이치가 원시적인 색깔이며 상복(喪服)이라는 주장을 하여 아카데미즘의 논리로 보강되면서 일제시기 내내 조선인에 대한 부정적인 대표이미지로 재생산된다. 柳宗悅, 「朝鮮の美術」, 『新調』 正月号, 1922 ; 鳥山喜一, 「鮮民白衣考」, 『滿鮮文化史觀』, 刀江書院, 1935.

53) 淸水勳, 『ビゴーがみた日本人』, 講談社, 2001 참조.

는 털이 많고 원숭이는 아니지만 원숭이 같은 모습을 한 데 다가 그 성
향으로는 폭력, 성적인 방종, 이성의 결여, 예의와 문명의 결여, 도덕성
의 결여 등으로 규정했다.[54] 일본인을 원숭이에 비유한 것은 당시 제국
주의 국가의 일방적인 인종적 우월주의의 단적인 모습이었다. 그러나
이러한 가치의식은 일본인에게 그대로 수용되어 러일전쟁의 승리를 기
점으로 하여 자신들이 '문명국' 대열에 진입했음을 자임하게 되면서 서
구인이 일본을 바라봤던 제국주의의 시선을 빌어 조선 문화의 특정 부
분을 강조하면서 이를 야만의 상징으로 간주하고 조소함으로써 자신들
의 '제국 기분'을 키워나가기 시작한 것이다.

그러나 당시 서구인과 같은 '제국 기분'을 누리기에 조선에 도항한 일
본인의 '문명화'의 수준은 만족스럽지 못했다. 게다가 일본인을 대하는
조선인의 태도는 문명국민에 대한 동경의 시선이 아니었으므로 그들은
조선에서 마음대로 '제국 기분'을 누릴 수도 없었다. 1903년경의 조선견
문을 소개하고 있는 우에무라(上村賣劍)의 여행기를 보면 조선에서 결
코 우위를 차지하지 못해서 불안해하는 일본인의 심리가 잘 드러나 있
다. 즉, 러시아와 만한교환론을 두고 협상하고 있는 상황이라고 전제하
고 나서 조선인이 일본인을 업신여기고 일본인에게 폭행을 가하기도 한
다고 지적하면서 일본의 위신을 위해 러시아에 대한 강경대응이 반드시
필요하다고 주장하기도 했다.[55]

1905년 러일전쟁 후 단체여행을 하고 조선의 실정을 조사한 고베고등
상업학교 여행단 일행도 이와 유사한 내용을 보고서에 남기고 있다. 당
시의 일본인이 조선인으로부터 신용을 잃고 있는 원인을 분석하여 다음
의 이유를 들었다. 첫째는 러일전쟁 당시 일본군에 의한 조선인 징발에
대한 불평, 둘째, 러일전쟁 당시 일본에서 토목이나 철도 노동자 등 하

[54] 강철구, 「서양문명과 인종주의-이론적 접근」, 『서양사론』 70호, 2001, 16쪽.
[55] 上村賣劍, 『淸韓遊踪』, 33~35쪽.

층민이 조선에 와서 관의 위엄을 빌어 전승의 영광을 구실로 한인에게 난폭하게 대한 점, 셋째, 악질 상인의 이주, 넷째, 추업부(醜業婦)가 많은 것[56])을 예시한다.

한일합방 이후에도 재조일본인의 노출복장 등은 일본인의 '제국 국민'으로서의 '함량미달'을 보여주는 행동으로 간주되어 일본인 사회에서 자체적으로 자주 계몽되는 사안이기도 했다.[57]) 따라서 조선에 가는 일본인들은 '문명국민으로서 부끄러운 거동을 하지 말아야 한다'는 점이 누누이 강조될 수밖에 없었다.[58]) 결국 일본인이 조선에서 만끽하고자 한 '제국 기분'은 하층일본인이 많았던 조선의 일본인 사회와 이를 바라보는 조선인의 따가운 시선으로 인하여 끊임없이 불완전성을 노정하고 있었다.

그런데 러일전쟁 전후에 보이는 조선소개서가 일률적으로 조선을 비하한 것은 아니었다는 점은 흥미롭다. 즉, 『조선도항안내』에는 음식의 경우는 비교적 조리법이 진보해있으며 조선인은 대부분 게으르지만 경상도사람은 부지런하고 낭비를 하지 않고 독서를 좋아하고 음탕하지 않다고 칭찬을 아끼지 않기도 했다.[59])

다른 한편으로 경성의 번화한 거리로는 종로를 꼽고 도로정비가 잘되어 있고 전차 왕래가 많다고 하여 대한제국시기 경성의 도시화한 모습을 지적하거나 "10년 전 지나간 곳을 다시 가보면 그 개화한 것이 현저하여 대부분의 집에는 석유로 등을 밝히고 있다"[60])고 하여 석유가 지방에까지 보급되기 시작한 1904년경 조선의 모습도 소개되었다.

1905년 조선을 여행한 이토 조지로(伊藤長次郎)의 『한국 및 규슈 이

---

56) 神戸高等商業學校, 『韓国旅行報告書』, 200~201쪽.
57) 윤소영, 「일본어잡지 『조선급만주』에 나타난 1910년대 경성」 참고.
58) 天野誠齊, 『朝鮮渡航案內』, 77 · 102~103쪽.
59) 天野誠齊, 『朝鮮渡航案內』, 44~45쪽.
60) 天野誠齊, 『朝鮮渡航案內』, 129~130쪽.

야기(韓國及九州談)』에는 "대개 사물을 시찰한다는 것은 시찰자의 지위, 견지에 따라 다른 것이어서 파란 안경으로 보면 파랗게 보이고 빨간 안경으로 보면 빨갛게 보여 십인십색이라고 해야 할 것"이라고 전제하고 조선을 비관적으로 보는 사람들도 있으나 낙관론자의 견해를 빌어 '경영방법을 잘 취하면 한국경영의 장래는 크게 발전할 가능성이 있으며, 인종적으로도 용모, 골격에서 일본인과 가깝고 지리상 모국과 가까울 뿐 아니라 기후풍토도 일본과 큰 차이가 없고 농경지, 농사개량, 광물채취, 어획물에서 한국은 실로 전망이 밝다는 견해를 밝히고

> 생각건대, 앞으로 한국경영은 우리 일본제국민의 천직, 직책으로 삼아 그들을 문명으로 이끌고 그들의 부원을 계발하고 우리가 30년 동안에 얻은 이 문명을 앞으로 10년, 20년안에 그들로 하여금 반드시 성공하게 하겠다는 기개와 의협을 갖고 임하지 않으면 안 된다.[61]

고 하여 일본인이 적극적으로 조선에 이주하여 사업을 일으킬 것을 촉구했다.

조선 멸시론에 본격적으로 일침을 가한 안내서로는 1909년에 발간되어 1911년까지 3판이 나온『도한의 권유』를 들 수 있다. 이 책은 조선에서 일본인이라고 해서 특권을 누리는 것은 아니고 조선인과 일본인이 평등한 관계에서 협조해야 함을 주장하는 한편,[62] 다른 여행자가 '돼지 우리'같다고 언급한 조선의 초가집에 대해서는

> 그들의 일반적인 왜소한 초가집을 보고 모두 빈민으로 취급하는 것은 잘못이다. 초가집에 살고 있는 것은 오히려 이 민족의 소박한 점으로 봐야하며 또 외관의 치장을 피하고 내면의 부를 감추어 폭리의 수탈을 막았

---

[61] 伊藤長次郎, 『韓國及九州談』, 118~124쪽.
[62] 佐村八郎, 『渡韓のすすめ』, 18쪽.

던 고래의 풍습인 것이다.[63]

라고 하여 초가집에서 오히려 민족의 소박한 면과 내실을 읽을 수 있다
고 지적한 점이 흥미롭다. 그뿐 아니라

"이 나태한 백성을 어찌할까?"라는 것은 양민을 모욕한 망언이다. 체력
강건하고 인내와 지구력이 강하다. 또한 유순함과 절제를 잘 지켜 격심한
장기간의 노동을 견디는 사람이다. 철도공사, 매립공사 등에 종사하는 노
동자의 움직임을 보라. 내지인이 도저히 미치지 않는 바다. 상인을 보라.
얼마나 끈기 있고 얼마나 열심인가? 또 얼마나 거래에 능숙한가를 보라.
이것도 성질이 급한 내지인이 미치지 못하는 바다. 그들 중 일부 인민이
자주 거리에서 우두커니 긴 담뱃대를 물고 함부로 어슬렁거리는 것을 보
고 일반 양민에게 '나태'라는 장식을 붙이는 것은 심하다. 그 느긋한 유민
(遊民)도 옛날 난폭하고 더러운 관리의 수탈을 싫어하여 노동하여 재산을
저축하는 것보다 오히려 놀고 먹어 하루의 안락을 취하는 쪽이 낫다고 생
각한 일념이 오랜 세월을 거치면서 습관이 된 것임을 알면 실로 불쌍하지
않은가?[64]

라고 하여 나태한 사람은 조선인 중 일부인데 이를 과장하고 있다고도
지적하며 조선인의 품성은 '청국인처럼 교활하지 않고 온화하다'[65]고
치켜세우고 있기도 하다.

더욱이 이주에 적합하지 않은 일본인을 예시하기를,

초창기에 빠지기 쉬운 폐단이나……그동안의 이주자에는 꽤 바람직하
지 않은 자가 많다. 일반 한국인을 대할 때 혹은 필리핀인 토인처럼 대만

---

63) 佐村八郎, 『渡韓のすすめ』, 20쪽.
64) 佐村八郎, 『渡韓のすすめ』, 21~22쪽.
65) 佐村八郎, 『渡韓のすすめ』, 73쪽.

의 생번(牛蕃)처럼, 혹은 북해도의 아이누처럼 생각하거나, 혹은 패전국민
처럼 생각하여 자칫 그 양민을 위압하고 스스로 폭리를 취하려고 하는 자,
오만무례, 함부로 모욕을 가하는 자는 우리 성스런 천자의 역신으로 내가
결코 용서할 수 없는 일이다.[66]

고 하였고 조선에서의 반일감정은 결국 하층 일본인이 조선인을 함부로
모욕하는 데에서 초래된 것임을 지적하고[67] 그러한 행동을 자제해주길
요청하는 한편, 현실에서 일본인이 조선인에 대한 폭력과 차별이 일상
적으로 행해지고 있음에 분개하는 내용도 담고 있다.[68]
　『도한의 권유』에서, 일본인의 조선에 대한 차별이나 경멸감을 비판하
고 이를 시정해야만 '바람직한 한일합방의 대업을 완수'할 수 있다고 역
설한 점은 다른 여행기에 보이는 조선인식과는 다르다. 이 책의 성격을
파악하기 위해서는 통감부 관료들뿐 아니라 조선인 관료층의 자문을 받
으며 작성된 일본인의 이주를 적극 권장하는 안내서로서 조선이 '살만
한 곳'이라는 이미지를 부각시키고자 한 것[69]은 결국 이 책이 통감부의
정책적 의도가 보이는 저술이었음을 감안해야 할 것이다. 그렇다 하더

---

[66]　佐村八郎, 『渡韓のすすめ』, 30쪽.
[67]　佐村八郎, 『渡韓のすすめ』, 40쪽.
　（조선인이) 다소 일본에 대해 악감정이 있다고 한다면 그것은 역사상 왜구나
문록의 역(임진왜란) 때문이 아니다. 완고하고 분별없는 부패한 유학자가 그
나쁜 선교사를 선동하여 함부로 배일열을 부추기기 때문이 아니다. 이상은 아
마 현재의 말단의 무리들이 보호정치를 방패삼아 앞서 말한 것처럼 압박하고
모욕하는 자를 싫어하기 때문일 것이다. 과연 그러하다면 이는 누구의 죄인
가?……말류 어리석은 무리들이 한인의 원성을 사는 것이다.
[68]　佐村八郎, 『渡韓のすすめ』, 30·38~40쪽.
[69]　예를 들면 1906년 조선의 지방에는 이사청이 설치되었는데 그 중심기능은 각
지역에서의 재조일본인의 이익을 보호하는 것이었다. 이사청 소재지에 거류민
단과 관할 내 주요지역에 거류민회와 일본인회를 설치하여 1910년까지 12개 전
국 이사청에 모두 13개소에 거류민단과 50개소의 일본인회, 또는 거류민회가
설치된다. 강창석, 『조선통감부연구』, 국학자료원, 1994, 68~70쪽.

라도 이 책에서 조선에 대한 일방적인 평가절하의 시선을 비판한 것은 일제시기 조선에 대한 부정적 이미지가 결국 '만들어진' 것임을 반증해준다.

4. 여행기에 보이는 식민지배 논리

이와 같이 러일전쟁기 일본인들의 조선에 대한 '제국의식'은 조선에서 마음대로 군림하지 못하는 불완전성을 노정하였으나 이들의 여행기록물을 보면 식민화된 조선의 처지를 당연시하는 역사적, 일상적 논리가 존재하였으며 많은 일본인 여행자들이 이에 동조하고 있었다.

1904년에 간행된 『조선도항안내』는 글머리에서 일본과 조선의 역사적 관계에 대해 고대에 조선이 일본에 선진문물을 전해주었으나 신공황후와 도요토미 히데요시의 조선 정벌이 있었고 근세 이래 일본문명이 발달하여 오늘에 이른 것과 대조적으로 조선은 문명에 뒤쳐져 현재에는 쇠락했다고 주장한다.[70] 이러한 인식은 첫째, 결국 고대에는 일본이 조선으로부터 선진문물을 전해 받은 열등한 위치에 있었을지 모르나 지금은 역전되어 조선은 쇠락하고 일본은 융성해져 고대 문명국인 조선을 지배하게 되었다는 정복자의 승리감을 엿보게 하는 점, 둘째, 조선은 고대에 신공황후가, 중세에 도요토미 히데요시의 정벌이 있었던 곳이라는 점을 부각시켜 조선에 대한 일본의 지배를 역사적으로 합리화시키고 있는 점을 읽어볼 수 있다. 이러한 인식은 각종의 여행기나 조선소개서에서 공통적으로 언급된다.

고베고등상업학교 여행단의 여행보고서를 보면

---

70) 天野誠齊, 『朝鮮渡航案內』, 1~2쪽.

한국은 고래 엄연한 독립을 유지한 제국이라고는 할 수 없다. 청국에
속하고 혹은 일본에 조공하고 혹은 러시아의 생각을 기웃거려 그 속할 바
를 찾지 못했다. 청일전쟁으로 일단 독립은 확보되었으나 이후 모든 정치
가 이루어지지 못하여 결국 러시아가 엿보는 형세가 되었다. 이에 다시
러 일의 변을 만나 일본이 결국 한국통치의 중임을 지고 정치상 우리가
보호하는 지위를 얻게 하여 러시아, 영국을 비롯하여 세계 각국이 인정하
게 되었다……한국은 어떤 의미에서 일본의 일종의 판도로 새로운 관계
에 들어간 것이다.[71]

라고 하여 역사적으로 조선은 대외 의존적이었고 독립을 유지했던 적이
없었기 때문에 그 당연한 흐름으로서 일본의 보호를 받게 되었다는 논
리를 편다. 나아가 조선인의 성격에 대해서는 신경질적이고 허영심이
많으며 위생관념이 없다고 지적하고 이와 달리 호기심이 왕성하다고 하
나 이것도 긍정적인 이미지가 아니라 부정적인 이미지로 묘사된다. 즉,
"야만 미개한 국민, 달리 말하면 널리 사물을 이해하지 못하는 사람일수
록 호기심이 많은 법"[72]이라는 식이었다.

한편 통감부시대에 재무관을 지낸 야마구치 도요마사는 저서『조선
의 연구』에서 조선인의 성정을 애국심 부족, 사대사상, 당쟁심, 정권욕
을 들었다.[73] 먼저 애국심에 대해서는 조선인 전체를 단결시킬 수 있는
구심점이 전무하고 각 계층이 각각의 이익을 탐하고 있기 때문에 애국
심을 발견하기 힘들다는 점을 들고, 중국에 대한 사대외교가 결국 국민
전체에 영향을 끼쳐 국민들이 언제나 세력이 강한 자에게 추종하는 성
향이 있다고 하였다. 당쟁심은 세계 각국 중에서도 특별히 심하다고 지

---

[71] 神戸高等商業學校,『韓国旅行報告書』, 3쪽.
[72] 神戸高等商業學校,『韓国旅行報告書』, 32~33쪽.
[73] 元韓國財務官 山口豊正 저,『朝鮮之硏究』, 東京: 巖松堂書店, 1911년 초판,
1914년 재판, 107쪽.

적하여 하다못해 소학교 아동들조차 패거리를 나눠 싸움을 하고 복수를 일삼는다고 지적한다. 그 외에 정권욕은 "조선에서 관리는 명예의 원천일 뿐 아니라 재산을 형성하는 가장 빠른 수단으로 실로 일거양득의 세력을 갖는 상태"로 부정부패가 만연하다고 보았다.[74] 이러한 관점의 연장선상에 조선의 역사와 조선인의 민족성 속에서 일본의 식민지배의 정당성을 찾아내고자 하는 논리가 존재했다.

한편 일본인과 조선인이 만나는 식민지 조선의 일상 속에서 '조선열등론'을 강화하는 논리는 어떠한 것이 있었을까? 무엇보다도 일본인이 조선인을 부르던 호칭인 '요보'를 주목하고자 한다. 1910년대 조선에서 발행된 일본어잡지인 『조선급만주』에도 조선인 지식인과 이 잡지의 발행인 샤쿠오 이쿠오의 '요보' 호칭을 둘러싼 논쟁이 있었는데[75] 이 호칭에 담긴 부정적 이미지는 일제시기 내내 상존하는 경향을 보인다.

1910년 이전에 주목되는 자료는 1908년에 출간된 『요보기(ㅋ ボ記)』이다. '요보'가 제목이 될 정도로 당시 '요보'란 명칭이 일본인들에게 조선을 지칭하는 일상화된 표현이었음을 알 수 있다. 저자 우스다 잔운은 '요보'를 다음과 같이 설명한다. 일본인 거리 혼쵸(本町) 상점가에서 '완전히 마음을 빼앗겨서' 신문물 구경에 몰두하고 있는 더러운 복장의 조선인에게 일본인이 '요보'라고 고함을 치면 조선인들은 '겁에 질린 눈으로 되돌아보며 요보요보하게 길을 비키고' 그 사이를 일본인이 '검은 옷차림의 날렵한 모습으로 바늘처럼 질러 간다'[76]고 적고 있다. 일본인의 민첩한 행동과 대비한 이 서술은 조선인이 일본의 신문물을 동경하고 일본인에게 기가 눌린 모습을 '요보요보한' 것으로 간주했다. 우스다는 다시 '요보'에 대해 상술하기를,

---

[74] 元韓國財務官, 山口豊正 저, 『朝鮮之硏究』, 109~116쪽.

[75] 윤소영, 「일본어잡지 『조선급만주』에 나타난 1910년대 경성」 참조.

[76] 薄田斬雲, 『ㅋ ボ記』, 1908, 1~2쪽.

>"요보"란 '어이', '모시모시(여부세요)' 정도로 사람을 부르는 밀이지만 '요보'에 딱 맞는(ㅋボと嵌めた) 조선인의 대명사가 되어있다. 한 발 더 나아가 지금은 '요보국'으로 통용하는 시대가 왔다.[77]

고 단언한다. 한글의 '여보'를 일본어 발음상 '요보'로 치환한 것이나, 사실 일본어에는 '요보요보(よぼよぼ)'라는 말이 있는데 늙어서 기운이 쇠한 사람이 비틀비틀 걷는 모습을 일컫는 의태어이다.[78] 즉, 당시 일본인들은 조선인이 서로를 부르는 호칭인 '여보'에서 일본어 '요보요보'를 연상한 것이다. 이 책에는 '요보'의 한자표기를 '노모(老耄)'로 하고 있으며 한 발 더 나아가서 "꽤 요보가 되었군"이라는 말은 일본인 사이에서 서로 실패했을 때 말하는 '암호'라고 지적한다.[79] 그러나 살펴본 범위에서 말하자면 이러한 함의를 드러내놓고 설명해주는 일본인의 글은 찾아볼 수 없는 것 같다.

일본인들의 여행기에서 실제로 '요보'는 다음과 같이 사용되었다.

>경성에 도착한 날에는 먼저 일종의 냄새를 느낀다. 불결하다는 느낌이 즉시로 엄습한다. 거리를 걸을 때 **요보군**의 흙색으로 물든 넓은 바지가 벌레처럼 싫다. (중략) 언제 이곳에 적응할 수 있을까 걱정했지만 2개월, 3개월 지나는 동안 완전히 **요보화**하여 악취도 불결도 괴롭지 않고 소변 항아리(요강)를 앉는 자리 옆에 두고 마루에서 담배를 피우고 밥을 먹고 원고를 쓰고 마루에서 전화를 하고 신문을 보게 된다면 근성 밑바닥에서부터 완전히 **요보화**해 버린 것이다. (중략) 이 나라에 오는 자는 많건 적건 반드시 도둑근성을 가지고 온다. 비열한 마음을 가진 인간이 모여들어

77) 薄田斬雲, 『ヨボ記』, 3쪽.
78) よぼよぼ는 아기의 걸음인 よちよち(아장아장)과 대비되는 의태어이다. 노인의 육체가 매우 쇠약해진 모습을 말한다. 마이너스 이미지의 표현이다. 飛田良文, 浅田秀子,『現代擬音語擬態語用法辞典』, 어문학사, 2004, 623~624쪽 참조.
79) 薄田斬雲, 『ヨボ記』, 31쪽.

요보다운 나라를 만들어가는 것이다.[80]

다카하마 쿄시의 기행소설 『조선』(1911)에는 평양의 여관에서 "저 사람, 일본인입니까? 전 요보(朝鮮人)인 줄 알았어요", "부인, 저 사람은 요보(朝鮮人)예요.……요보는 꽤 손재주가 있어요"[81]라고 하거나, 1913년의 기행문인 「경성측면관(京城側面觀)」에서 "인력거 꾼은 일본인도 많지만 조선옷을 입고 달리는 요보 차부(車夫)도 많다"[82]는 것처럼 조선인의 대명사로 불리고 있다. 이 '요보'라는 호칭이 경멸의 함의를 담고 있다는 점을 일본에 유학한 조선 지식층이 비판한 적도 있었다.[83] 그러나 다음과 같이 좀 더 나중의 기록을 보더라도 '요보'라는 호칭에 내재한 경멸감은 여전히 계승된 것으로 보인다.

　문화정책, 문화발전이라고 왕성하게 선전하고 있으나 아직 **요보 냄새**는 쉽게 없어지지 않는다. 부산에서 신의주, 신의주에서 대련까지 언제나 만원특급이 운행하지 않으면 안된다……조선은 그 산과 들이 잠자고 있는 것처럼 사람들도 잠자고 있는 것 같다……사악한 마음은 더러운 곳에서 생긴다. **요보군**의 온돌에서 바르고 깨끗한 마음을 구하는 것은 불가능하다. **요보군**으로 하여금 순진한 마음을 갖게 하기 위해서는 그 생활을 근저에서부터 개조하지 않으면 안 된다. [84]

1923년에 발행된 『조선철도여행편람』(조선총독부편)을 보면

80) 薄田斬雲, 『ヨボ記』, 31~34쪽.
81) 高浜虛子, 『조선』(현대일본문학전집 40), 改造社, 1930, 443쪽.
82) 白毛布, 「京城側面觀」, 『朝鮮及滿洲』75호, 1913년 10월 1일.
83) 旭邦生, 「ヨボと呼ばるるを喜ばざる朝鮮人に寄語す」, 『朝鮮及滿洲』63호, 1912년 11월 15일.
84) 오랜만의 내지와 그 인상(1), 朝鮮太郎, 『조선급만주』23권 170호, 1922년 1월 1일.

> '요보'라는 말 — 조선어의 '요보'라는 말을 그릇되게 조선인의 대명사로
> 사용하여 '요보 선생', '요보 관리', '요보상' 등으로 부르는 사람이 있는데
> 그 사용이 적절하지 않으므로 조선 지식계급은 매우 이를 싫어하는 것 같
> 습니다. '요보'라는 말은 내지의 '모시모시'라는 의미로 말의 직접적 의미
> 는 '여기를 좀 보세요'라고 부르는 말입니다. 그것을 조선인의 대명사로
> 사용한다던가, 또는 '요보상'이라던가 하여 경멸의 의미로 들리기 때문에
> 주의해야 합니다.[85]

라고 하여 조선에 여행하는 일본인 여행자에게 조선인을 '요보'라고 부
르는 것을 자제해 줄 것을 당부하고 있다. 심지어 1939년에 출판된 일본
잡지 『모던일본』 조선특집호에도 "'요보'는 경멸의 의미가 포함되어있으
므로 일단 발이 조선 땅에 닿았다면 입 밖에 내지 않는 쪽이 좋다. 이것
은 조선에서는 신사, 숙녀가 쓰는 단어가 아니"라고[86] 지적한 것을 볼
때 일제강점기 내내 조선인을 비하하는 대명사로 존재했다고 보인다.
  이와 같이 '요보'라는 호칭은 일본인 대중의 조선에 대한 우월의식을
일상 속에서 교묘하게 확인하는 장치였다. '요보'로 조선인을 부를 때마
다 식민지 조선을 여행하는 일본인들은 일본의 문명화를 거꾸로 확인해
보고 조선인은 무능력하기 때문에 식민지배를 받는다는 명분을 암암리
에 일상 속에서 확인해 볼 수 있었다. 이러한 의식은 이제 일본인들이
조선의 어디를 여행하고 무엇에서 감동을 받는가 라는 식민지 여행의
패턴과 맞물리면서 식민화되기 이전의 조선과는 다른 '제국일본에 병합
당한 조선'의 모습으로 변질되어간다.

---

[85] 조선총독부 편찬, 『조선철도여행편람』, 192년, 164쪽.
[86] 윤소영 · 홍선영 · 김희정 · 박미경 공역, 『일본잡지 모던일본과 조선 1939』, 어
  문학사, 2007, 288쪽.

5. 조선 명소의 식민지적 재구성

일본인의 조선여행기에서 중점적으로 소개된 조선의 명소와 그 해석은 어떠했을까? 러일전쟁 전에 주로 소개된 지역은 경성이다. 경성의 명승에 대해 1904년에 출간된 『한국지리』에는,

> 1. 왜장대: 임진왜란 때 마스다(增田長政)가 세운 곳. 2. 남석탑: 임진왜란 때 가토 기요마사가 전리품으로 가져가고자 3층까지 내려놓았는데 무거워 포기했다고 한다. 3. 노인정: 오토리 공사가 한정개혁에 대해 개혁위원과 화의한 장소.
> 그 외 남별궁, 관우묘, 문묘, 청량리, 석파정, 공덕리 등, 독립문, 남한·북한의 두 산의 절경, 한강변의 풍경 등이 있다. 그림에 있는 영은문은 경성 서쪽, 지나가도에 있는 유명한 문이다. 용산은 경성 가까이 한강변에 있다. 경인철도 준공 전에는 경성에 들어가는 여객 화물이 모두 인천에서 이곳으로 상륙. 마포는 인천에 왕복하는 작은 기선이 발착하는 곳. 청량리는 민비의 능이 있다.[87]

라고 하는 것처럼 임진왜란 때 일본인 장수와 인연이 있는 장소, 그리고 갑오개혁 당시 오토리 공사의 활약을 추억할 수 있는 곳 외에 대한제국 시기의 왕실의 흥망성쇠를 기억할 수 있는 장소가 소개되고 있다. 이는 같은 해에 출판된 『조선도항안내』에도 경성의 사계의 명승지로 남대문 밖의 버드나무, 동대문 밖의 목욕, 북대문 밖의 단풍, 서대문 밖의 설경을 꼽고[88] "왜장대(倭將臺)는 도요토미 히데요시의 정한(征韓) 당시 마스다 나가모리(增田長盛)가 쌓은 곳으로 남산의 중턱에 있는 전망이 좋은 장소이므로 일본공원지로서 경성의 명승지로 꼽히고 그 외 남별궁,

---

87) 矢津昌永, 『韓國地理』, 156~157쪽.
88) 天野誠齊, 『朝鮮渡航案内』, 1904, 117쪽.

귀비, 독립문, 남한산 및 북한산, 납석탑, 노인정,[89] 석파정[90] 등은 모두 명승지"[91]라고 소개했다. 『도한의 권유』 하권에는 철도연변의 도시와 시설에 대한 소개와 함께 임진왜란 전적지와 조선의 사찰에 대한 소개가 이루어지고 있다.

이러한 여행정보가 실제로 여행자들에게 어떻게 적용되었는가를 구체적으로 볼 수 있는 사례는 근대시기 단체여행의 효시라 할 수 있는 1906년 아사히신문사 주최의 '만한순유단'의 경우에서 찾아볼 수 있다. 이 여행단은 선박을 이용하여 오사카를 출발하여 고베를 거쳐 부산에 도착한 다음 진해, 인천을 거쳐 진남포, 여순까지 가는데 조선에서는 부산, 인천, 경성, 평양을 구경하고 대련, 요양, 봉천을 둘러보고 다시 해로로 귀국하는 여정 가운데 특별히 평양에서는 청일전쟁과 러일전쟁의 전적지에서 이 전쟁에 참여했던 군인을 초청하여 그 무용담을 듣는다는 기획이 마련되었다.[92] 즉 러일전쟁의 승리 직후에 이루어진 이 사례는 조선에서 '제국 일본'의 현주소를 체험하려는 의도가 여실히 드러난 여행이었다.

1908년에 통감부 철도관리국에서 펴낸 『한국철도노선안내』는 본격적으로 이러한 시선이 피력된 점에서 주목된다. 구체적으로 살펴보면, 부산 용두산 동남쪽에 있고 절영도를 마주보는 용미산에는 가토 기요마사(加藤淸正)의 사당, 절영도와 동래에는 일본인이 경영하는 여관이 소개된다.[93] 왜관(倭館)역은 이름의 유래가 임진왜란 당시 일본 장수가 이곳에 머물렀기 때문이라고 소개한다.[94] 경성의 경우는

---

[89] 청일전쟁 직전에 오토리 게이스케(大鳥圭介) 공사가 조선에 제기한 내정개혁안을 의논했던 장소.
[90] 창의문 밖에 있던 흥선대원군의 별장.
[91] 天野誠齊, 『朝鮮渡航案內』, 119쪽.
[92] 有山輝雄, 『海外觀光旅行の誕生』, 71~75쪽.
[93] 통감부 철도관리국, 『한국철도노선안내』, 1908, 2~3쪽.

공덕리 대원군의 구릉(舊陵): 마포에 있다. 묘는 명치 41년(1908) 파주
군 대덕리로 옮김. 비(碑)가 있으며 이름하여 대원군 원소(園所)라 한
다. 일본인이 세운 곳이다.

만리창(萬里倉, 일명 용산공원): 이 곳은 일찍이 청일 사이에 풍운이
격화되었을 때 우리 오시마 혼성여단의 선발대인 오하라(小原)부대가
와서 주둔하여 진군 명령을 기다리던 곳.

동작진(銅雀津): 용산에서 동북2리 한강 상류에 있고 문록의 역 때 가
토 기요마사가 한강을 건넌 곳.

용진(龍津): 용산 동삼리 한강 상류에 있으며 고니시 유키나가(小西行
長)가 한강을 건넌 곳.

유키나가는 남대문에서 기요마사는 동대문에서 서로 전후하여 경성을
공격했다. 이때 유키나가가 기요마사를 앞선 것이 겨우 40분 정도라고
한다.[95]

라고 하여 임진왜란 당시 일본의 북진과정을 더듬어 볼 수 있는 장소가
자세하게 설명되었다. 이와 함께 궁궐과 파고다공원, 대리석 13층탑(원
각사지탑)을 소개하고 훈련원에 대해서는

동소문 밖에 있고 1880년 조선병 훈련 임무를 띠고 내한한 일본육군공
병 중위 호리모토 레조(堀本礼造) 씨가 머물렀는데, 1882년 변란 때 호리
모토 중위는 이곳에서 죽임을 당했다. 앞의 공터는 연병장이고 또 일한양
국 학교 생도들의 춘추대운동회장으로 사용된다.[96]

고 하여 훈련원이 조선시대 군사훈련과 무과시험을 전담하던 관청이라
는 사실보다는 임오군란 때 일본인 장교가 살해된 장소라는 관점에서

---

[94] 통감부 철도관리국, 『한국철도노선안내』, 29쪽.
[95] 통감부 철도관리국, 『한국철도노선안내』, 81쪽.
[96] 통감부 철도관리국, 『한국철도노선안내』, 90쪽.

소개하고 있다. 이 외에 동묘(東廟)를 소개하고 있는데 임진왜란 당시의 관련 사적지라는 관점에서 언급되었다.[97] 또 명성왕후 능이 있는 청량리와 함께 임오군란 당시 일본공사관이 습격당한 후 유일하게 남은 건물인 천연정, 그리고 벽제관을 '임진왜란 때 고바야카와(小早川隆景) 군대가 이곳에서 명나라 장수 이여송을 격파한 곳'[98]이라 소개하고 이태원은 '임진왜란 때 일본병이 1년 동안 주둔한 곳으로서 당시 병이 들거나 노병이어서 진퇴를 같이 하지 못한 일본병들이 이곳에 남았고 그 자손이 오늘까지 이어졌는데 지금도 역시 다른 마을과 혼인을 하지 않고 갑옷과 총검류를 보존하고 있는 집이 있다'[99]고 하였다.

이와 더불어 주목된 지역은 평양이다. 평양은 "경성 의주 간 중간에 위치한 한국의 고도(古都)로서 경성에 버금가는 대도회"이며 임진왜란 때 "고니시 유키나가가 이 성에서 이여송과 싸웠고 최근에 청일전쟁 때 일본군을 포위 공격한 청국병사를 격퇴했고 모란대, 을밀대 등은 당시 양쪽 군대의 혈전의 장이었다. 또한 러일전쟁 때 육지전투에서 제일 첫 전투가 칠성문 밖에서 있었던 것으로 유명하다"[100]고 하여 주로 임진왜란, 청일전쟁, 러일전쟁의 사적지로서 소개했다. 이러한 점은 다른 여행기에서도 예외는 아니어서 당시의 일본인들에게 평양은 특히 감개를 불러일으킨 장소로 기억되고 있었다.

다카하마 쿄시의 『조선』에서도 경성 다음으로 많은 분량을 할애하고

97) 통감부 철도관리국, 『한국철도노선안내』, 91쪽.
  홍인문 밖에 있다. 관우를 제사지내는 곳으로 임진왜란 당시 일본군 때문에 조선팔도를 유린당해 명나라 원병에 의해 멸망을 면했는데 우연히 도요토미 히데요시가 죽어 군대를 철수한 것을 그들은 왜구를 국외로 쫓아냈다고 하며 명나라 군대의 말을 믿고 이것은 오로지 관우의 영이 보인 기적이라고 믿고 궁전을 세워 관우를 예배하게 되었다. 전차를 타고 동대문에서 내리면 가까이에 있다.
98) 통감부 철도관리국, 『한국철도노선안내』, 97쪽.
99) 통감부 철도관리국, 『한국철도노선안내』, 98쪽.
100) 통감부 철도관리국, 『한국철도노선안내』, 경의선의 부, 30쪽.

있는 곳이 평양이다. 이 소설에서는 평안남도, 황해도, 강원도 주변은 거의가 금광이라는 지적을 하면서 "기요마사나 유키나가가 걸어간 땅 밑이 모두 금광이나 석탄광이라니 재미있지 않느냐"고 하여 임진왜란의 전적지로서의 평양을 추억한다. 그러나 주로 초점을 맞춘 부분은 청일 전쟁의 전적지로서의 평양이다. 을밀대와 모란대 근처에서 시작되는 기행은 "청국 병사는 어떻게 공격해왔나요?"로 화두를 열면서 "하라다 주키치(原田重吉)의 현무문이 바로 이 아래인데, 이미 다치미(立見) 분대 가 이 성벽으로 육박해 왔을 때는 청국병사는 다른 각 분대의 습격에 버티지 못하고 퇴각을 시작했을 때입니다. 그래서 청국병사는 저 길로 도망을 쳤어요.⋯⋯그 유명한 백마부대는 거의 여기에서 전멸해 죽은 말의 시체 더미가 길을 메워서 멀리서 보면 마치 흰 모포를 펼쳐놓은 것 같았답니다"로 이어지는 설명을 듣고 누문에 남아있는 총탄자국을 보며 주인공은 "정말 훌륭한 격전장이군요"라고 감개에 젖는다.[101] 현무 문에서는 자신이 예전에 인상 깊게 본 연극, 즉 센다이 키쿠고로(先代 菊五郎)가 하라다 주키치로 등장하여 장렬하게 싸웠던 가부키 연극을 떠올리며 연극에서는 현무문이 꽤 크게 묘사되었는데 실제는 작은 문이 라는 점에 놀라워하기도 한다. 한편 연광정(鍊光亭)에서는 과거 고니시 유키나가가 명나라 장군 이여송과 강화를 논의한 장소라는 전설이 있다 고 소개하였다. 이와 함께 다카하마 쿄시의 『조선』은 기생의 본고장으 로 평양을 특기하고 있다. 그런데 시노부 준페의 『한반도』에서는 조선 의 기생은 일본의 예기와 달라 품계조차 있는 공인(公人)이라고 지적하 였고,[102] 1908년 발행된 『한국철도노선안내』에서도 평양기생에 대해서 특별히 언급하지 않은 점으로 볼 때, 일본인의 조선 여행에서 '기생'이 필수사항으로 일반화하는 것도 나중의 일로 생각된다.

101) 高浜虚子, 『朝鮮』, 447~448쪽.
102) 信夫淳平, 『韓半島』, 102~104쪽.

또한 이 무렵까지의 여행기나 안내서에는 경주나 부여에 대한 언급
이 보이지 않는 것이 특징적이다. 이곳이 고대시기 일본의 지배지라는
억설을 만들어내 이를 관광지로서 선전하는 것은 1910년 이후의 일로
보인다.[103] 1923년에 총독부에서 발간된 『조선철도여행편람』은 명승지
로 경주, 부여, 개성, 금강산을 강조하고 있는데 경주는 일본 고대에 신
공황후가 정벌했던 지역으로 강조하는 한편 부여에 대해서는

> 내지의 상대와 특히 밀접한 관계를 갖는 것은 역사상 현저한 사실로서
> 문학, 종교, 미술공예 등 문화는 그곳에서 가져온 것이고 신공황후 섭정
> 47년에 처음 조공을 받으면서부터 이 약소국 백제를 도와 신라정벌의 군
> 사를 보낸 것이 한두 번이 아니고 그 멸망 위기에 처해서 阿倍比羅夫나
> 上毛野種子 등을 보냈지만 대세를 어쩌지 못하고 齊明 천황때 唐羅 연합
> 군에 의해 멸망당했다.[104]

고 소개하여 백제로부터 일본이 조공을 받았을 뿐 아니라 백제를 도와
신라를 공격할 군사를 보냈다고 서술하여 고대에 한반도가 일본의 지배
를 받았음을 기정사실화하고 있다.[105] 그리하여

---

[103] 『조선총독부월보』 2권 11호(1912)의 「경주의 고적에 관하여(慶州ノ古蹟ニ就
イテ)」에는 경주는 신공황후가 정벌한 곳이며 일본에 인질로 잡힌 신라왕이
있던 곳, 그리고 도요토미 히데요시와 관련있는 지역으로서 '일본의 옛식민지
로서 우리들의 관심은 특히 이러한 점에 깊은 감회를 느낀다'고 하였다. 일제
의 경주 문화재 조사는 일찍이 1902년에 세키노 타타시가, 1906년 이마니시
류(今西龍)가 1906년에 방문하여 조사를 한 이래, 1915년에 경주고적보존회가
발족되었고 진열관을 만들어 유물전시를 개시했다. 여행자의 관광코스에는 이
진열관 방문이 포함되어 있었다. 千田剛道, 「植民地朝鮮の博物館－慶州古
蹟保存會陳列館を中心に」, 『朝鮮史研究会論文集』 35, 1997.10 참조.
[104] 조선총독부 편찬, 『조선철도여행편람』, 44~45쪽.
[105] 부여가 관광명소로서 어떻게 재해석되었는가에 대해서는 최석영, 「일제식민지
상황에서의 부여 고적에 대한 재해석과 '관광명소'화」, 『비교문화연구』 9집 1
호, 서울대학교 비교문화연구소, 2003 참조.

이래 천여 년, 우리 세력, 반도에서 구축된 것 흡사 러시아가 러일전쟁
에서 당한 운명과 같은 것이다. 한 번 일어나고 한 번 패배하는 나라의 흥
망, 그리하여 일본인 나라의 항상 젊고 끊임없이 곧바로 나아가는 모습을
생각하니 맥주에 취하면서 큰 감회가 가슴에 가득 찬다.[106]

고 하여 과거에 비록 일본은 한반도에서 밀려났지만 다시 한반도에 진
출한 일본제국의 모습을 감격해 하는 것이다.

　이와 같이 일본인에게 조선 여행은 임진왜란 때 일본이 남긴 발자국
을 따라가며 일본의 조선지배의 역사를 더듬는 한편, 아직 총탄의 흔적
이 생생한 청일전쟁과 러일전쟁의 흔적을 여행하며 '일본제국'의 탄생과
정에 감격해할 수 있는 장소였다. 다른 한편으로 고대에 일본이 지배했
던 지역이라는 억지가 덧씌워지고 조선 역사가 지리멸렬했음을 술회하
면서 결국 일본의 조선 지배를 정당화하는 관념이 여행자 개개인의 정
서에 스며드는 과정이기도 하였다. 이리하여 일찌감치 식민지 조선의
명소는 일본의 '제국취향'을 충족시켜주는 방향으로 그 모습이 만들어져
나갔다.

6. 맺음말

　본 연구는 일본으로부터의 도항자가 증가하는 러일전쟁 전후부터
1910년경까지 일본인에 의해 기술되고 발간된 조선 여행관련 기록물을
대상으로 하여 이러한 기록물의 저자는 어떠한 사람들이었으며 저술 동
기는 무엇이었고 조선을 어떻게 여행하고 무엇을 주목했는지, 나아가서
그들의 여행기 속에서 식민지 조선의 지리적 공간은 어떻게 재구성되어

---

106) 조선총독부 편찬, 『조선철도여행편람』, 45쪽.

나갔는지를 살펴보았다. 연구결과는 나음과 같이 정리할 수 있을 것이다.

첫째, 이 시기 여행기의 저자들은 관료, 정치가 출신이거나 일본의 제국주의 정책을 지지하는 지식인들과 실업가들이 많았다. 이들은 조선을 일본의 '정복지'로 간주하고 조선을 개척하고 일본이민을 장려하기 위한 의도에서 여행기를 저술했다. 그 내용에는 조선인의 생활과 문화를 야만시하는 시선이 많았지만 이러한 일본인의 시선을 비판하는 여행기록물도 존재했다. 후자의 경우, 일본인 개척이민을 장려하고자 하는 의도의 산물이라고 볼 수 있으나, 그렇다고 하더라도 일본의 조선을 야만시하는 담론이 일본의 식민지배를 정당화하려는 의도와 맞물려 점차 '만들어져나갔던' 사실을 반증해준다.

둘째, 러일전쟁 전후, 조선 여행을 하는 일본인은 서구적인 복장을 하고 서유럽적인 '문명국민'의 입장에서 '제국 기분'을 향유해보고자 하는 의도를 가지고 있었다. 그러나 그들의 이러한 의식은 반드시 현실에서 충족되지는 못했다. 당시 조선에는 하층 일본인이 많았다는 점과 함께 조선인이 일본인을 바라보는 시선이 '문명국'을 대하는 시선이 아니었을 뿐더러 일본인 여행자들도 조선인의 이러한 시선을 느끼면서 위축되기도 했기 때문에 그들의 '제국 기분'은 끊임없이 불완전성을 노정하였다.

셋째, 그러나 그들의 조선에 대한 우월의식은 역사적, 일상적 담론을 통해 보강되고 전파되면서 조선에 대한 식민지배의 당위성을 찾아나갔다. 즉 역사적으로 조선의 무능함을 강조하는 일정한 논리가 어떤 여행기이던 공통적으로 나타나는 한편 일본인들은 조선인을 '요보'라 호칭함으로써 조선인에 대한 지배자로서의 우월의식을 일상 속에서 확인하고 있었다. '요보'란 호칭은 조선인이 서로를 부르는 호칭인 '여보'를 일본식으로 발음한 것이지만, 실상 의태어로서 노쇠한 모습을 부정적으로 말하는 일본어 '요보요보(よぼよぼ)'를 대입시킨 일종의 은어였던 것이다.

넷째, 이들은 조선여행과정에서 특히 임진왜란과 청일전쟁의 전승지와 근대시기의 조선 왕실의 흥망사를 알 수 있는 사적지 탐방을 중시하였다. 이러한 과정을 통해 일본인 여행자들은 식민지 조선에서 '제국일본'의 위용을 만끽하고자 하였다. 이러한 의도는 1910년대 이후 보다 상세하게 임진왜란과 청일·러일전쟁의 전적지를 분류하고 설명하는 방식이 채용되는 한편 고대 시기 일본의 한반도 진출이라는 억설을 보강하는 의미에서 경주와 부여를 새롭게 주목하기 시작하는 방식으로 계승된다. 이러한 점에서 일제강점기 '조선 명소' 성립의 식민지성을 발견할 수 있다.

윤소영 ▎독립기념관 독립운동사연구소 연구원

제4장

한말 한국인 일본관광단의 조직과 성격(1909~1910)

1. 머리말

대한제국 말기, 즉 한말은 우리의 국권이 일본에게 넘어가는 격변기였으며, 정치·경제·사회·문화 모든 분야에서 적지 않은 혼란과 변화가 나타났다. 그같은 중요성 때문에 이에 대한 연구는 각 분야에서 고루 이루어져 왔다. 하지만 이 시기 한국인 일본관광단(이하 '일본관광단')은 그다지 주목받지 못했다.

그럼에도 이 주제는 몇 가지 점에서 의미를 찾을 수 있다. 첫째로 일제의 대한(對韓)정책, 둘째로 한일 양국 간 교류, 셋째로 일본 문물의 국내 유입 등의 측면에서. 즉 일제가 한국 병탄을 앞두고 고위층·유력층을 어떻게 회유하려 했는가, 이 시기 양국 민간 차원의 교류는 어떠했는가, 그리고 일본의 문물이 한국에 어떻게 유입되어 어떤 영향을 끼쳤는가 하는 점이다.

하지만 이 시기 이 주제에 대한 연구는 전무한 것 같다.[1] 이 주제는

---

[1] 시기는 조금 다르지만, 조성운, 「『매일신보』를 통해 본 1910년대 일본시찰단」(『한일민족문제연구』 6, 2004)이라는 논문이 있어 크게 참고된다. 이 논문은

비록 민족운동과는 다른 성격의 것이지만, 그 시대의 한국의 모습을 이해하는 데 나름대로 의미가 있을 것이다.

이 글에서 주로 활용한 자료는 『대한매일신보』·『황성신문』 등 신문기사이며,[2] 박기순의 『관광약기(觀光略記)』(1910), 『일본국관광일지초본(日本國觀光日誌草本)』(1910),[3] 김윤식의 『속음청사(續陰晴史)』, 그리고 『통감부문서』 등도 참조했다. 아직 보지 못한 자료가 많기 때문에 과연 그 실체를 얼마나 제대로 드러낼 수 있을지 걱정스럽다. 하지만 그 대체적 윤곽은 그려낼 수 있다고 믿는다.

다루는 시기는 일제의 한국 병탄 직전인 1909~1910년의 2년간이다. 매우 짧은 기간이기는 하지만, 관광단의 사례가 이때 집중적으로 나타나기 때문에 큰 무리는 없을 것이다. 또 검토의 대상은 개인 차원의 관광이 아닌 관광단이다. 개인 관광은 어떤 인물을 이해하는 데는 유용하겠지만 사회적 현상을 파악하는 데는 '관광단'이 더 적합하다고 생각되

병탄 이후인 1910년대를 다루고 있어 본고와는 대상 시기가 다르지만 1900년대 한국인 일본관광단과 연속선상에 있기 때문에 많은 시사를 준다. 이에 따르면, "1909년과 1910년에 파견했던 시찰단의 경우에도" "이제는 박람회의 견학을 통해 일본문화 및 일본인의 우수성과 조선문화 및 조선인의 열등감을 각인시키고자 하였던 것"이며, "일본의 시찰을 통해 일본의 선진문물을 선전하고 이를 조선에 이식하라는 것"이었다고 한다(조성운, 『『매일신보』를 통해 본 1910년대 일본시찰단』, 10쪽). 또 "결론적으로 '일본시찰단'은 일제의 식민지 지배정책인 동화정책을 실천하는 한 방편으로 1909년 최초로 조직된 이래 일제의 식민통치 전 기간에 걸쳐 파견되었다"는 것이다(『『매일신보』를 통해 본 1910년대 일본시찰단』, 28~29쪽).

[2] 이 글에서 '(△△○○○○○○)'의 형태로 쓴 것은 그 내용이 실린 『大韓每日申報』 또는 『皇城新聞』의 연월일을 뜻한다. 예컨대 '(대한091008)'은 『대한매일신보』 1909년 10월 8일자에 기사가 실려 있음을 뜻한다. 또 『관광약기』는 '약기', 『일본국관광일지초본』은 '초본'으로 줄이겠다. 아울러 판독이 어려운 부분은 '△'로 표시하겠다.

[3] 이 자료는 기록자가 누구인지 밝혀져 있지 않으나, '초본'이라 한 것으로 미루어 관광단에 참여한 정부(內部) 관리가 보고서 작성을 위해 기록한 것으로 짐작된다.

기 때문이다. 이 글을 통해 일본의 한국 병탄 직전 격변기 한국근대사
의 작은 일면이라도 드러날 수 있기를 기대한다.

2. 경성일보사 주관 제1회 일본관광단의 조직과 여정

이 시기 가장 주목할 만한 일본관광단은 경성일보사에서 총 2회에 걸
쳐 주관한 일본관광단이다. 이는 중국사절단이나 조사시찰단, 보빙사
등과 같은 특수한 경우를 빼면 최초의 해외관광단이 아닐까 생각된다.

그러면 왜 1909년에서야 관광단이 나타나게 된 것일까. 대략 다음처
럼 짐작된다. 첫째, 전국각지에서 일어난 의병 등 반일세력에 대한 강경
책을 펴고 있던 일제는 더불어 유화책을 내세워 한국인들의 여론을 무
마할 필요가 있었고, 둘째, 1910년 일본에서 공진회가 열린 것이 좋은
명분이 되었으며, 셋째, 1910년 병탄을 앞둔 일제로서는 어쨌든 한국인
들, 그중에서도 고위층이나 유력층을 회유·포섭하여 활용할 필요가 있
었을 것이다.

한편 경성일보사 주관 일본관광단에 대해서는 제2회 관광단원이었던
박기순의 기록이 참고된다.

京城日報社ᄂ 公明ᄒᆞᆫ 椽筆을 秉ᄒᆞ야 世界의 낭燭을 揭ᄒᆞ고 人民의 추
鐸을 鳴ᄒᆞᆷ으로 自任ᄒᆞᆷ은 人所公知어니와 同社에셔 我韓人民의 知識을一
層鼓發ᄒᆞ고 實業을 特別히 奬勵키 爲ᄒᆞ야 前年(隆熙三年)에 第一回觀光
團을 組織ᄒᆞ야 一百餘數紳士를 日本國內 各處에 引渡ᄒᆞ야 文明한 空氣
와 富强ᄒᆞᆫ 實地를 吸輸ᄒᆞ야 國家에 無窮ᄒᆞᆫ 利益을 前進케 ᄒᆞᆷ은 今에 贅
論ᄒᆞᆯ 바 無ᄒᆞ거니와 本年 四月日에 第二回觀光團을 組織ᄒᆞ야 京城紳士
五十人을 召集ᄒᆞ야 如前히 引渡ᄒᆞ야 日本國 福岡縣과 愛知縣 名古屋의
兩共進會와 其他 各都巨港을 次第觀覽케ᄒᆞ야 本團에 對한 懿志와 幹旋

으로 由ᄒ야 其目的을 導達ᄒ얏스니 本團의 得ᄒ 바 無形的 感觸과 類形的 見聞의 裨益은 可히 筆舌로 枚進키 難ᄒ오며 本團으로 第二嚆矢를 作ᄒ야 全國에 波及홀 效果를 預言홀 슈 無홈으로 認ᄒ오며 且今回에 觀光은 其趣旨가 國家實業에 亶在ᄒ야 實業家가 多數에 쳠據ᄒ얏고 觀光ᄒ 目標도 亦此에 專注ᄒ얏스니 若其異日에 大結果를 奏成홀 遲速有無ᄂ 其責任이 惟我團員諸公의 雙肩上에 在ᄒ거니와 余ᄂ 오즉 京城日報社의 盛大ᄒ 意를 特히 感謝ᄒ노라(약기7)

즉, 경성일보사가 주관하여 1909년 제1회 때는 '일백수신사', 1910년 제2회 때는 '경성신사 오십인'이 참여했고, 특히 제2회 때는 후쿠오카(福岡)와 나고야(名古屋)에서 열린 공진회를 관람하는 등 "其趣旨가 國家實業에 亶在ᄒ야 實業家가 多數에 쳠據ᄒ얏고 觀光ᄒ 目標도 亦此에 專注"했음을 알 수 있다. 이제 더 자세한 내용을 알아보자.

제1회 일본관광단의 조직은 경성일보사에서 주관했다. 하지만 이것은 형식상 그렇다는 것일 뿐 실제로는 통감부에서 계획하고 정부에서 후원한 것이었다. 정부에서 여비를 지급하여(대한090219) 백 원씩을 보조하고(대한090323) 물품을 기증한다던가(대한090404), 통감 이토가 50명을 보내기로 했는데(황성090316) 총리대신 이완용이 110명을 뽑았다고 하는 설(대한090324) 등으로 미루어 그렇게 짐작할 수 있다. 또 단원도 이완용의 집에서 선정했다고 한다(대한090317). 실제로는 이완용이 깊숙이 개입했음을 알 수 있다. 또 단장 민영소가 전직 관리인 김영진에게 동행을 권유한 점으로 미루어(대한090508), 그의 영향도 어느 정도 있었을 것이다.

앞서 말했듯이 단원이 50명에서 110명으로 불어났을 뿐 아니라, 기간도 20일에서 40일로 늘어났다(대한090325). 즉, 제1회 일본관광단은 당초 예정보다 2배로 확대된 것이었다. 이때 단원들이 누구였는지는 알 수 없다. 각종 자료에 산견되는 이들을 살펴보면 단장 민영소(약기19),

김종한, 조명희, 윤길구(대한090317), 이용원, 김학진, 이용직(대한090303), 신성목(대한090413), 민영직, 예종석, 정인관(대한090513), 정봉시(대한 090619), 안승옥(대한090917), 이중하, 박용대, 이헌경, 정만조, 윤희구, 김덕한, 정운복(속음청사) 등이 확인된다. 윤응렬도 단원으로 늦게 일본에 갔다(대한090604). 이들은 대부분 전·현직 관리들이다. 그렇다고 해서 나머지 수십 명도 그랬다고 단언하기는 아직 이르다. 참가 신청을 했지만 여비가 모자라 '자퇴자 속출'했다고 한 것을 보아서도 그렇다(대한090420).

그런데 "이번 관광단중에 백주현 류신혁 졍△조 최셕챵 최ᄉ영 리길션 죠챵한 등 칠인이 무슴 긔계 두 틀을 사서 불원간에 가져온다더라(대한090520)"라는 기사를 보면, 이들 역시 제1회 관광단원이었던 것으로 짐작된다. 명단이 밝혀져 있는 제2회 관광단원 중에는 이들이 없기 때문이다. 이들이 전·현직 관리가 아니라면, '무슴 긔계 두 틀'을 주문한 것으로 미루어 '실업계' 인사가 아니었을까 짐작된다.

그러면 제1회 일본관광단이 내세운 목적이 무엇이었을까. 아마도 '식산흥업(殖産興業)'이었을 것으로 생각된다. 그것은 단장 민영소가 뒷날 "日本殖産工業의 發展을 視察ᄒ고 此를 我國에 實施하야 産業을 發達케 ᄒ랴(약기19)" 했다고 회고한 점을 보아 그렇다. 또 앞서 짐작했듯이 일행 중 '실업계' 인사가 여럿 있었다면 더욱 그렇게 볼 수 있다.

그런데 관광단행을 둘러싸고 출발 전부터 이런저런 소문이 퍼졌다. 일본에 머물고 있는 송병준이 일진회에 전보를 보내 단원들이 누구인지 탐지하라는 전보를 보냈다고도 하고(대한090330), 이완용이 단원들의 행동을 감시하기 위해 측근 4명을 보냈다고도 한다(대한090420). 심지어 단원 중 2명은 송병준을 암살하기 위한 자객이라는 소문까지 떠돌아(대한090423) 경시청에서 단원들의 행동을 탐문하기도 했다(대한090416). 또 최강이 이틀 늦게 출발했는데, 일진회와 연락하여 일본에 있는 송병준·이용구를 만나기 위해서라고 한다(대한090421). 즉 관광단행을 놓고 정부 내 실력자들끼리 신경전을 벌이고 있었던 것이다.

이들은 4월 13일 총리대신 이하 각부대신들과 통감부 고등관들의 환송을 받으며 남대문밖 정거장에서 경부선으로 장도에 올랐다(대한090413). 그런데 단원 중 이용직이 장차 일본정부에 장서(長書)를 제출하여 "일본정책을 반대ᄒ고 한국의 폐단을 구제홀 방침"이라는 풍문이 떠돌았고 (대한090421), 그 내용까지 나돌았다(대한090424). 이에 대해 황현은 『매천야록』에서 이렇게 쓰고 있다.4)

> 이용직이 일본으로 들어간 후 정부에 長書를 보내 그들의 대한정책에 대한 불만을 다음과 같이 털어놓았다.
> 1. 한국에서 병사를 모집하여 의병을 토벌하는 것.
> 2. 헌병보조원을 폐지할 것.
> 3. 동양척식회사를 폐지할 것.
> 4. 한국 내에서는 일본 관리를 두지 말 것.
> 5. 한인의 관리를 기용하여 국중의 세금을 징수할 것.
> 일본인이 한일연방관계를 관광단 일행에게 묻자 이용직은 그들에게 盆字를 써보였다(『매천야록』6권, 융희3년 기유).

이 기록의 진위는 아직 알 수 없으나, 관광단에 참여한 이들의 동기나 목적, 성향 등이 한결같지는 않았으리라는 점을 느낄 수 있다. 즉, 이들이 모두 친일적 인사라고 단언할 수는 없다는 뜻이다. 다음 기록에서도 그 점을 엿볼 수 있다.

---

4) 이 내용은 일본 측 문서에도 나와 있는 것으로 미루어 사실로 보인다(『통감부 문서(6)』, 국사편찬위원회, 2000, 146쪽). 하지만 약간 차이가 난다. 일본 측 문서에는 이용직이 민영소와 함께 협의해서 문서를 작성했다고 한다.

(잡보)정씨강직/일전에 귀국ᄒᆞ 관광단즁 어느 사ᄅᆞᆷ의 말을 드른즉 관광
단일행이 일본에 건너갈 때에 마관에셔브터 일본경치를 구경ᄒᆞ고 소위 원
로와 신ᄉᆞ들이 흠션불이홈과 비루ᄒᆞᆫ 행색은 일우 말ᄒᆞ기 어렵거니와 동경
에 잇ᄂᆞᆫ 대창회팔랑의 집에셔 만찬회를 배셜ᄒᆞ고 관광단일행을 졉대홀 때
에 통감 이등씨가 한일량국의 친목ᄒᆞᄂᆞᆫ 뜻으로 연셜ᄒᆞᆫ 후에 그즁에 민
영직씨가 일진회원 예종셕씨로 한국한셩부민회 대표로 츄쳔ᄒᆞ여 답ᄉᆞᄒᆞ
기로 공포ᄒᆞ고 예씨가 연셜단에 올나셔거ᄂᆞᆯ 정인관씨가 분연히 츌셕ᄒᆞ여
크게 꾸지저 닐ᄋ대 예종셕아 네가 무슴 명색으로 민회대표ᄅᆞ ᄒᆞ고 감히
연셜단에 오르ᄂᆞᄂᆈ 우라나라이 비록 미약ᄒᆞ나 너ᄌᆞᆺᄒᆞᆫ 쟈로 대표를 슴을진
대 다시 여운이 없을뿐더러 너ᄂᆞᆫ 본래 일진회즁에 일개협잡군으로 유명ᄒᆞ
쟈라 ᄂᆞ려가지 아니면 주먹으로 미려 축츌홀 터이니 밧비 ᄂᆞ려오라 ᄒᆞ매
예씨가 무류히 ᄂᆞ려오거ᄂᆞᆯ 최강씨가 정인관씨를 대ᄒᆞ여 변론ᄒᆞ기를 예씨
ᄂᆞᆫ 한셩부민회쟝 유길쥰씨가 대표로 보낸쟈인대 웨 이ᄀᆞᆺ치 ᄒᆞᄂᆈ ᄒᆞᄂᆞᆫ지
라 졍씨 글ᄋ대 유길쥰은 엇던 사ᄅᆞᆷ이완대 일반부민에게 공포도 업시 쳔
단히 대표를 보냇ᄂᆈ 그대ᄂᆞᆫ 유길쥰의 목뎍을 올흔줄노 아ᄂᆞ냐 ᄒᆞ고 일
쟝논책ᄒᆞ니 최씨도 또ᄒᆞᆫ 대답을 못ᄒᆞ얏다더라(대한090513).

민영직이 일진회 회원인 예종석을 한성부민회 측 대표연설자로 추천
하자 정인관이 강력히 항의했고, 한성부민회장 유길준이 예종석을 대표
자로 보냈다고 최강이 변호하자 그는 유길준까지 함께 비난했다는 것이
다. 이토까지 있는 자리에서 벌어진 일이라면 정인관은 반일적 인사였
다고도 할 수 있다.

이들이 귀국하여 입성한 것은 5월 10일이었다(대한090510). 그런데 출
발 때부터 말도 많고 탈도 많았던 관광단은 도착 때도 구설수에 올랐다.
이들을 환영하기 위해 한성부와 한성부민회에서 강제로 인원을 동원하
려다가 거센 저항을 받게 된 것이다. 먼저 한성부민회장 유길준은 각
민단과 학교에 '관광단 환영을 통첩'했지만 대동전문학교를 뺀 모든 학
교들이 반대했고(대한090511/대한090512), 한성부윤 장헌식도 각 학교에

'통첩'했지만 마찬가지였다. 또 한성부민회에서는 성내 상인들에게도 참석을 독려했지만 그들은 '벌금을 낼지언정 그럴 수 없다'며 거부했다(대한090512). 일본관광단에 대한 싸늘한 민심을 읽을 수 있다.

하지만 이들은 정부로부터는 당연히 환대를 받았다. 총리대신이 명월관에서 환영회를 열었고(대한090513), 황해도 단원 94명을 덕수궁으로 불러 '정형을 하문'했다(대한090521). 또 이들로부터 어떤 정보를 캐내려는 이들이 많아 곤란을 겪기도 할 정도였다(대한090514). 한일친목회에서 일본군사령관 오쿠보(大久保) 대장이 단원들을 접견하기도 했다(황성090518). 또 단원들은 행사를 주관한 경성일보사 사원들을 위해 갹출하여 연회를 열고 사례했다(대한090525).

그렇다면 제1회 일본관광단은 소기의 목적을 이루었을까. 그렇지 못했던 것 같다. 단장 민영소가 뒷날 다음처럼 술회했기 때문이다.

> 前觀光團長 閔泳韶氏曰 余ᄂᆫ 昨年 京城日報社 主催 觀光團에 入ᄒᆞ야 日本殖産工業의 發達을 視察ᄒᆞ고 此를 我國에 實施ᄒᆞ야 産業을 發達케 ᄒᆞ랴 ᄒᆞ여도 아직 實行치 못ᄒᆞ고 觀光目的을 空過하니 余이 慙愧ᄒᆞᆫ 바나 諸君은 아모죠록 速키 觀光의 結果를 實施ᄒᆞ야 我國舊來遊惰의 惡習을 去ᄒᆞ고 日本今日進步發達이 基礎됨을 學ᄒᆞ기 切望ᄒᆞ오(약기19)

그렇다면 관광단에 참여했던 이들은 정부로부터 어떤 혜택을 받았을까. 일본에 장서를 갖고 갔던 이용직이 귀국 후 학부대신에 임명될 것이라던가(대한090529), 정봉시 · 정운복 · 정만조가 각각 강원도 · 황해도 · 전라도 선유사로 파송되리라는 풍문이 있었다(대한090620).[5] 실제로 이용직은 학부대신이 되었는데, 일본 방문 때와는 달라진 그의 처신이 아래 기사처럼 구설수에 오르기도 했다.

---

5) 실제로 정만조는 이 해 8월 전라도에 파송되어 일본을 찬양하는 연설을 했다(『통감부문서(6)』, 320쪽).

학부대신 리용직은 교과셔를 편찬ᄒ대 본국글은 젓쳐노코 한일문만 쓰
쟈기를 열심쥬챵 ᄒ엿다니 오됴약을 톄결ᄒᆯ 땐 일본졍치 웨 슬튼지 칠십
로옹 대ᄒ여셔 죽으시오 죽으시오 지셩으로 권고터니 관광 ᄒᆞᆫ번 갓다온
후 일본거시 그리 됴와 글ᄌᆞᄭᅡ지 옴겨다가 젼국쳥년 ᄀᆞᄅ쳐서 나나벌을
ᄆᆞᆫ들녀나 개화즁에 얼개화ᄂᆞᆫ 완고귀의 개화로다(10.04.30)

또 단원 중 '풍력이 잇고 자격이 잇는 자'를 지방관에 선임하는 데 통
감부도 동의했다거나(대한090629), 총리대신이 지방인심을 살피기 위해
단원 '모모씨'를 전남에 파송했다는 소문도 돌았다(대한090814). 또 단원
중 '모모'를 선유사에 임명한다고 하자 "남북촌 완고배들이 관광단의 권
리를 누르고져" 한다는 풍설도 퍼졌다(대한090717). 귀국 후 전라도선유
사로 파송되었던 정만조는 정부에서 제주군수로 임명하려 하자 전남관
찰사가 되려고 애쓴다는 소문이 돈 것도(대한090912), 그 사실 여부를
떠나 단원들에 대한 세간의 시선이 어떠했는지를 보여준다.

단원들 중 정부를 위해 활동하게 된 이들은 이밖에도 더 있었던 것
같다. 안승옥은 평안도 삼화에 가서 각 면장·이장 및 '항구인민'들을 불
러 회동을 한 데 이어 상업회의소에서 연설을 했고(대한090917),[6] '한모'
는 '권유위원'이 되어 지방에 가서 "진황지를 개간하고 연초세를 징수하
면 인민의 이익이 적잖다고 횡설수설(대한090918)" 했다고 한다. 또 귀
국 후 이들의 활동에 대해 "관광단원 ᄃᆞ니면셔 연셜ᄒᆞᆫ다 ᄒᆞ더니만 국시
단이 또단니며 분쥬ᄒᆞ게 연셜ᄒᆞ여 국민졍신 노예셩질 너혀주니 애고답
답 망측해라(대한091016)"라는 평론에 비추어볼 때, 아마도 이들은 정부
의 시정을 홍보하는 역할을 맡았다고 여겨진다. 앞서 선유사로 나오는
정봉시·정운복·정만조 등과 마찬가지라 하겠다. 그런데 관광단이 해
산된 뒤인데도 기사에서 이들을 계속 '관광단원'이라 부르고 있는 것을

[6] 그는 명륜당에서 일본을 예찬하는 연설을 하기도 했다(『통감부문서(6)』, 346쪽).

보면, 세간에서는 그들의 동향을 주시하고 있었던 깃 같나. 그리고 다음 기사에서 보듯이, 이미 일각에서는 한국인을 일본으로 관광시키는 저들의 의도를 간파하고 있었다.

지금 한국과 일본 두 나라ㅅ ᄉ이에 관광단과 친목회가 전후에 련쇽ᄒ여 가고오고 ᄒᄂᆞᆫ대 심히 졍다온 례졀과 권커니 작커니 ᄒᄂᆞᆫ대……다만 녯사름에 닐ᄋᆞ대 말ᄒᄂᆞ는 거시 넘어 들게 ᄒ면 그가온대 반두시 쓸거시 잇다 ᄒ엿스니 이제 관광단의 오고가ᄂᆞᆫ 것과 친목회의 발긔ᄒᄂᆞᆫ 것으로 볼진대 가위 말ᄒᄂᆞᆫ 거시 넘어 들다 홀지라 그 내평이 엇더ᄒᆫ 거슬 불가불 ᄉᆞᆷ힐지로다……대련만에서 동국에 유람ᄒᄂᆞᆫ 은밀ᄒᆫ ᄉ정이라 ᄒ고 샹해 민호일보에 셜명ᄒᆫ 굴아대 대련만에 잇ᄂᆞᆫ △동보관은 일인이 창셜ᄒᆫ 바라 무릇 쳥국 동삼셩에서 동국에 유람ᄒ난 쟈ᄂᆞᆫ 그 보관에서 쳥ᄒ여 대졉ᄒ고 또 챠비와 션비를 삼분에 일이 되게 감ᄒ여 쥬며 동삼셩ㅅ 사름들이 일본에 니르ᄂᆞᆫ 날이면 각쳐신ᄉᆞ와 샹민들이 환영ᄒ고 유람하ᄂᆞᆫ 곳을 ᄌᆞ셰ᄌᆞ셰 지시ᄒ여 쥬인된 인ᄉᆞ를 극진히 ᄒ니 가히 셩ᄒᆫ 일이 아니라 홀 수ᄂᆞᆫ 업스나 그러ᄒ나 영구에서 발행ᄒᄂᆞᆫ 엇던 일본신문을 본즉 대만토죵이 완미ᄒ여 복죵치 아니ᄒ더니 그후에 일본ㅅ사름이 일본으로 인도하여가셔 유람ᄒ고 도라온 후에ᄂᆞᆫ 그 도류에게 널니 젼포ᄒ여 지금에ᄂᆞᆫ 슌연히 복죵ᄒ며 한국사름은 나라히 당ᄒᄂᆞᆫ 거슬 졀통히 녁여서 때때로 난쳐ᄒᆫ 일을 야긔ᄒ여 우리 일인으로 더브러 힐난을 ᄒ다가 후에 일인이 방법을 꾀ᄒ여 일본으로 인도ᄒ여가셔 문명계도를 두루 유람케 ᄒ엿슴으로 지금에ᄂᆞᆫ 졈졈 우리 범위 안으로 드러오는지라……하엿스니……[7]

즉 일제에 거부감을 갖던 대만인들이 중국을 여행할 때 혜택을 받고 일본을 관광할 때 대접을 받고나서 일본에 대한 태도가 달라졌던 사례를 한국인에게도 적용시키려 하는 것이므로 저들의 불순한 의도를 직시해야 한다고 경고한 것이다. 하지만 이런 지적에도 불구하고 한국인 일

[7] 『대한매일신보』 1909년 6월 22일자 논설 「관광단과 친목회」.

본관광단은 계속 조직되었다.

3. 경성일보사 주관 제2회 일본관광단의 조직과 여정

제1회 관광단이 일본에 머무르고 있을 때 다시 경성일보사 주관으로 제2회·제3회 관광단 모집 계획이 세워지고 있었다. 제2회 관광단은 '불평당'으로, 제3회 관광단은 '각 군에 흔사름식' 모집한다는 소문이 났는데(대한090425/대한090506), '불평당'을 대상으로 한 것은 반일적인 인물들을 회유하기 위한 것이었으며, 각 군에서 1명씩 선발한 것은 각 군의 유력인물을 포섭하기 위한 것으로 짐작된다. 이때 "입참흐기를 운동흐는 쟈도 잇고 해단에 피선흔 원로즁 모씨는 긔이히 모피흐랴는 쟈도 잇다더라"(대한090620)이라는 기사처럼, 일진회 회원이 많이 선정되었다고 한다(대한090624).

그런데 이상하게도 제2회 관광단행은 예정과 달리 불발로 그친 것 같다. 1909년 기록에서는 그 흔적을 전혀 찾을 수 없으며, 이듬해인 1910년 4월에야 일본으로 떠났다고 나오기 때문이다(약기7). 이들은 후쿠오카(福岡)와 나고야(名古屋)에서 열리는 공진회 참관을 통한 '실업개발'을 목적으로 했으며(황성100313/대한100330), 역시 경성일보사에서 주관했지만 다음 기록에서 보듯이 사실상 정부에서 기획한 것이었다.

日本共進會實業觀光에 對ᄒ야 政府命令으로 團員을 京城及十三道에 排選ᄒ야 旅費의 補助와 視察要旨의 訓諭를 內附에 受ᄒ고 京城日報社의 主催로 隆熙四年四月二十日에 團員一同이 日本에 前往ᄒ얏다가 소 五月十日에 歸國ᄒ니 往還이 凡二十日間이오 團員及幹部員이 合五十四人也라(초본)

이처럼 전국에서 단원을 모집했는데, 한성부민회에서는 물론(황성 100415) 학부에서도 각 관청에 공문을 보내 참여를 독려했다(황성100313). 또한 일본인 경영의 목포신문사(木浦新聞社)에서도 이에 호응했다(황성100327).

내각에서도 10명을 파송하기로 했는데(대한100405), 거기에 참여하기 위해 대신들에게 청탁이 쏟아졌다고 한다(대한100407). 관리들 사이에 일본관광단행이 출세의 통로로 인식되고 있었음을 보여준다. 그밖의 단원 모집에는 한성부민회장 유길준이 관여했다(대한100410). 내각에서 파송한 단원들에게는 왕복여비 50환씩을 지급하고 일본에서의 경비는 자담하도록 했지만, 농상대신 조중응은 그마저 황실에서 받아내려고 했다(대한100410). 결국 황실에서는 민영찬·민영돈·유길준·김각현·김용진·여규형·김춘희 등에게 150환씩 하사했다(대한100419). 그리고 조중응 자신도 관광단에 합류했다(대한100420). 그는 "政界風雲을 觀測ㅎ고 不利益을 豫料ㅎ야 渡日事를 中止"하기도 했지만(황성100416) 결국 참여했는데, 일행과 일정을 같이 하지는 않았던 것 같다. 귀국도 다른 단원들보다 빨랐으며, 그 때문인지 『관광약기』에 실린 단원 명단에는 그가 보이지 않으며, '관광단 일행과 조농상'이라는 표현이 나타나고, 별도의 일정을 갖기도 했다. 다음은 『관광약기』에 나오는 단원 명단이다.

【단원】
　전 내부대신(정2품 훈1등) 유길준/전 영국전권공사(종2품 훈1등) 민영돈/시종장(정2품 훈2등) 김춘희/전 불국전권공사(정2품 훈2등) 민영찬/아산군수(종2품) 김갑순/(정3품 훈5등) 여규형/전 내부지방국장(종2품 훈4등) 김용진/경기도 개성군(정3품) 유원표/경성(정6품) 김연학/경성 김용달/경성 부호 이해진/전 평리원검사(정3품) 최문현/명륜학교 교감(정3품) 나중석/충청남도 김상익/평안도 강계군(정3품) 김봉운/전라북도 전 비서승(종2품) 김영철/경성(6품) 안만수/경성(정3품) 최대식/경성(6품) 안의순/경

기도 개성군(6품) 박순근/경기도 개성군(3품) 한교학/경기도 개성군 이정
구/경기도 개성군(3품) 김진구/경기도 개성군(3품) 김근용/경성(정3품) 길
인수/전남 보성군(6품) 임양온/함남 북청군(6품) 한상의/경남 울산군 이규
진/함북 청진군 사업가 이방열/함북 성진군 실업가 신태악/황해도 오헌영
/함남 부호 김세문/황해도 실업가 김규현/강원도 실업가(정3품) 이동근/충
북(종2품) 민영은/전북 전주 전 (종2품) 박기순/경남 실업가 김기태/경북
실업가(6품) 이종면/충남 전 참령(종2품) 민영원/충남 전 부위(정3품) 정희
찬/충남 공주 김상두/충남 공주 김규철/경북 실업가(6품) 김흥곤/경북 실
업가 윤규선

【간부원】
　경성일보사 사장 大岡力/서무 겸 회계(사원) 湯原尚志/응접 겸 통신(사
원) 上田元三/사무원(사원) 北川吉三郎/통역 강중원/한국철도관리국 철
도원참사보 一瀬武内/대한의원 의관 金井豊七/통감부 경무 福山長兵衛

　이들 중 조중응은 '정부대표', 유길준은 '부민대표', 김춘희·여규형은
'황실대표'였다는데(황성100421/대한100421), 김각현·여규형 등이 "대황
제폐하의 칙령을 봉승ᄒ고 동경ᄭ지 가서 일본황뎨께 폐헌"할 예정이었
다는 점으로 미루어(대한100419), 제1회 관광단보다는 '격상'되었다고 할
수 있다. 실제로 단원들 중 고위층도 제1회 때보다 많이 눈에 뜨인다.
　이들 52명 중 '간부원'이라 나오는 일인들 8명(한국인 통역 1명 포함)
을 뺀 44명 중 전·현직 관리가 30명으로 68%에 이른다. '사업가'나 '실업
가'는 8명으로 18%에 그친다. 하지만 일행 중 '실업간부'가 16명(36%)이
라고도 하니(약기14), 직업이 나와 있지 않은 이들 중에도 '실업가'나 '사
업가'가 여럿 있었다고 추측할 수 있다. "今行 目的이 兩地 共進會에 專
注ᄒ고 實業發展에 亶在흔 故로……"(약기2)라는 취지에 비추어보면 이
는 당연한 현상이다. '富豪'나 '豪農'도 그 지역의 유력자가 틀림없다. 그리

고 단원들의 거주지역은 평안도를 제외하면 전국에 고루 분포되어 있다.

하지만 단순한 '실업개발'이 목적의 전부는 분명 아니었다. 관광단행은 병탄을 앞두고 벌인 '정지작업'의 일환이기도 했다. 이는 다음과 같은 유길준의 발언에서도 엿볼 수 있다.

> 今回渡日은 觀光뿐 아니라 韓日兩國이 言語風俗ᄭᆞ지라도 一致홀 傾向이 有흔 故로 깁피 物質과 精神上 硏究를 遂ᄒᆞ야 兩國의 融和를 計홈에 在ᄒᆞ고 御多忙中 特히 환영會를 催ᄒᆞ시니 感激ᄒᆞ옵내다(약기14).

그런데 이들 중 몇 명에 대해선 이런저런 풍설이 나돌았다. 예컨대 조중응은 이완용의 부탁을 받고 지위를 보존하기 위해 일본에 갔다느니(대한100415/대한100422), 민영찬이 일본에 가서 송병준과 몰래 수차 만났다느니(대한100526) 하는 풍문이 나돌았다. 유길준의 경우, 일전에 황제가 2만 원을 그가 단장으로 있단 홍사단에 하사하려 했는데 그 중 1만원을 통감부에서 먹고 주지 않은 것을 받아내기 위해 일본에서 교섭을 한 결과 받아냈다는 소문이 떠돌았다(대한100603). 이것들이 사실이라면 제1차와 마찬가지로 제2차 관광단도 복잡한 성격을 띠고 있었다고 하겠다.

제2차 관광단원들이 경부선을 타고 일본행에 오른 것은 1910년 4월 20일이었다. 출발과정이 『관광약기』에는 아래처럼 나타나 있다.

> 조農商과 관광단 일행, 남대문정거장에 집합/각 원로대신, 친척, 유지, 일본관민 등 5~6천 명이 송별/경성일보사 原田 주필이 축사, 古城 民長과 장석주가 송사, 조농상 · 유길준이 답사, 만세삼창하고 출발→용산역 도착, 일본 관민이 출영→수원역 도착, 관민 수십인 출영→조치원역 도착, 유지들의 환영과 물품 기증→대전역 도착, 한일 관민이 출영, 삼남신보사에서 맥주 등 기증→대구역 도착, 관찰사 및 한일 관민이 출영, 물품기증→부산역 도착, 3천 관민이 출영, 송영회에서 民長과 상업회의소 會頭가 축사,

조농상과 유길준이 답사→선편으로 향일

이 정도 수준이면 경성일보사 주관이라기보다는 거의 정부 차원의 행사라 할 수 있다. 이들은 일본에 도착한 뒤에도 가는 곳마다 '일본관 민의 후의'로 환대를 받았다. 후쿠오카(福岡)에서는 이들을 위해 가가호 호 한국기를 게양하기도 했다(대한100603). 이들은 애초부터 과에서 열 리는 시찰을 주된 목적으로 했기 때문에 일정도 거기에 초점이 맞춰져 있었다. 여정은 다음과 같았다.

4월 21일: 門司港 입항(官民出迎)→門司倶樂部 조찬회→八幡驛 도착 →枝光製鐵所 관람→福岡 도착

4월 22일: 共進會場 도착→일본맥주회사 주최 오찬회→공진회 관람→ 協賛會 만찬회

4월 23일: 공진회 관람→市中各處 순시

4월 24일: 공진회 관람→福岡 출발(官民出送)→門司驛 도착(官民出迎) →下關 도착→末倚子店 도착

4월 25일: 門司驛 출발(官民出送)→柳井驛 도착(官民出迎)→宮島驛 도 착(官民出迎)

4월 26일: 神殿·樓閣·寶物 관람→宮島驛 출발(官民出送)→廣島驛 도 착(官民出迎)→鎭守府 방문→兵機部·製砲部·水雷部·造 船部 관람→花電車 관람→岡山驛 출발(官民出迎)

4월 27일: 京都驛 도착(官民出迎)→東山 일대 관람→상품진열소 관람 →東洋協會 오찬회→新古미술전람회 관람→太極殿平安神 宮 방문→演武 관람→錦光山陶器店 관람→京都市 오찬회

4월 28일: 東本願寺 관람→枳穀亭 도착→京都驛 출발(官民出迎)→名 古屋驛 도착→演舞館 관람

4월 29일: 상업회의소 방문→新古미술전람회·교육품전람회 관람→공 동주최 오찬회→공진회 各館·한국출품부 관람→伊藤吳服

店 관람→만찬회

4월 30일: 공진회 관람→공동주최 만찬회

5월 1일: 대일본맥주회사 오찬회→練兵場 관람→天樓閣 관람→三重紡
績 관람(일부 名古屋驛 출발)

5월 2일: 東京 도착

5월 3일: 皇太子 문안→富士見小學校 방문→일본맥주회사 관람→오찬
회→총감대리 환영회(일부 名古屋 출발·奈良行)

5월 4일: 同鄕人留學生 방문→東京 출발

5월 5일: 大阪湊町驛 도착(官民出迎)→造幣局 관람→天王寺 관람

5월 6일: 天滿旭硝子製造所 관람→石井莫大小工場 관람→大阪實業協
會 製産博覽會 관람

5월 7일: 梅田驛 출발(官民出迎)→神戶驛 도착(官民出迎)→湊川神社
참배→오찬회→大開第二尋常小學校 방문→良燧合資會社 방
문→神戶驛 출발(일부 東京行)

5월 8일: 下關 도착→市中 관람

5월 9일: 부산 도착(官民出迎)

이같은 일정을 살펴보면 단순히 경성일보사 차원을 넘어 통감부나 일본 정부가 이 관광단행을 계획하고 추진했음을 엿볼 수 있다. 이처럼 일본관민의 환대를 받으며 근대화된 일본을 시찰한 단원들이 큰 감동과 자극을 받았으리라는 점은 짐작하기 어렵지 않다.

공진회 관람 외에 '실업개발'을 위한 시간은 각지의 산업시설 견학과 4월 30일 양국 실업인들의 교류라 하겠다. 이날 단원 중 '실업간부' 18명 은 상업회의소에서 미에방직(三重紡績)·미쓰이물산(三井物産)의 간부 등 일본의 '知名實業家' 30여 명과 회동하고 綿絲·綿布·賣藥·雜貨· 米穀·綿毛·등에 대해 대화를 나누었다(약기15).

관광단이 귀국하여 입성한 그해 5월 9일이었다. 하지만 이들이 닿은 남대문밖 정거장에서의 환영식은 제1회 때보다는 규모가 작아졌다. "韓

日大官 및 有志者 多數히 出迎호야 下車후 賓客待合室에서 嚴肅혼 解散式을 擧行(약기18)"한 정도였다. 제1회 때의 반발이 거셌기 때문에 조촐하게 치렀거나 아예 계획하지 않았기 때문이 아닌가 짐작된다. 유길준 · 민영찬 등이 창덕궁에서 황제를 알현했고(황성100526), 일본인들의 동양협회(東洋協會)에서 환영회를 열었으며(황성100513), 내각에서 유길준에게 2백 환을 주어 연회를 연 정도였다(대한100723). 이밖에 호남학회에서는 박기수 · 이재범을 위한 환영회를 베풀었다(황성100515).

이 관광단에 참여한 고관들이 이후 어떤 대우를 받았는지는 잘 모르겠다. 귀국 직후 "궁내부대신 민병석이 체임되고 관광단원 민영찬이 피임된다는 소문"이 나돈 것은(대한100520) 여전히 이들에 대한 세간의 관심이 높았음을 보여준다.

제2회 관광단원들도 다음 기록에 보이듯이 귀국 후 각자의 지역에서 그 견문과 소감을 알리는 홍보활동을 했을 것으로 짐작된다.

　向日 日本共進會觀光團에 入叅호얏던 諸氏는 今番에 觀光혼 目的을 抵達키 爲호야 各其歸鄕호야 實業을 務圖發達호되 森林과 蚕業과 農業을 專主호기로 誓言호얏다니 前次觀光團은 觀光歸國혼 後其事業이 遊說團에 止호더니 今番觀光團은 實業을 經營호니 可賀홀 事이라 然호나 其實心與否는 下回를 第觀호리로다.[8]

4. 기타 각종 일본관광단의 조직과 성격

경성일보사 주관 제1회 일본관광단행이 있은 뒤 1910년에 들어와 각종 일본관광단이 속출했다. 다음은 그같은 사례들이다.

[8] 『황성신문』 1910년 5월 31일자 「관광단의 실업」.

A ① 의쥬부윤 셔샹면 씨의 발긔로 그 디방인민 이십여 명이 일본 복강 현 공진회에 관광홀 추로 간다는 말이 있다더라(대한100226). ② 의주부윤 셔샹면 씨는 일본관광단을 조직ᄒ야 일본으로 보낼 추로 일간에 샹경흔다 는대 그리허는 농상공부대신 죠즁응 씨의 지쵹을 밧음이라더라(대한100402). ③ 의쥬에셔 발긔된 일본관광단 일행은 재작일에 상경ᄒ엿는대 경무국장 숑졍이가 그 일행에 대ᄒ야 시찰에 관흔 셜명을 ᄒ엿다더라(대한100417). ④ 일본으로 가는 관광단 즁에 의쥬패는 지난 십칠일에 발졍ᄒ엿다더라 (대한100419).

B 학부추관 표손일은 재작일 각관쳥에 공함ᄒ되 일본 복강현 구쥬박람 회에셔 ᄒ는 일본젼국내 보통학교 기술젼람회를 구경ᄒ기 위ᄒ여 관광단 을 조직홀 터이니 그 단에 입참코져 ᄒ는 쟈는 지원셔를 뎨츌ᄒ라 ᄒ엿다 더라(대한100320).[9]

C 대구 대한협회지회 총무 리일우 씨와 개녕군슈 정재학 씨 등이 일본 관광단을 조직ᄒ야 일간 일본으로 건너갓다더라(대한100409).

D 평양에서 조직흔 관광단 23명은 來23일 다이를 출발ᄒ야 도일한다더 라(황성100421). = 평양 등디에셔 조직흔 일본관광단 이십삼명은 본월 이 십삼일에 츌발흔다더라(대한100421).

E 평북 선천군 보통학교에셔 발기ᄒ야 평북보통학교 직원 등이 조직한 관광단원 25명은 작일 선천에서 출발ᄒ야 도일의 途에 登ᄒ얏ᄂ디 해일행 은 공진회 · 제철소 등 상공업을 시찰ᄒ는 외에 교육及농업의 실졔ᄼ지 시 찰흔 후 來月 2일에 귀국흔다더라(황성100422). = 평안북도 션쳔군 학교 임

---

[9] 1910년대 일본관광단의 방문지에 대해 조성운은 "시찰단의 시찰지역은 주로 일 제의 근대문물을 선전할 수 있는 지역을 중심으로 선정되었다. 또한 이들 지역 에서 조선과 일본이 역사적으로 관련이 있는 장소를 견학하게 함으로써 과거부 터 일본과 조선은 밀접한 관련을 맺고 있었다는 점을 강조하고자 하였던 것으 로 보인다"(「『매일신보』를 통해 본 1910년대 일본시찰단」, 28쪽)라 했다.

원들의 조직흔 일본관광단 이십삼 명은 작일에 발졍ㅎ엿다더라(대한100422).

F 일인이 쥬챵ㅎ는 평양일보샤에셔 조직흔 관광단 이십이 명은 지난 이십삼일에 평양에셔 발졍ㅎ야 일본으로 건너갓다더라(대한100426).

G 군산항에셔도 일본관광단원을 한 오십 명 ㅎ고 집ㅎ는대 일인상업회의소 대표 일명과 한인호샹샹회 대표 일 명과 기타 재산가로 조직ㅎ고 단쟝은 호샹샹회 총무 김광졔 씨로 션명ㅎ야 음력 본월 이십오일에 츌발홀 터이라더라(대한100503).

H 한인관광단 십륙 명은 본일 일본 동경에 도챡흔다더라(대한100504).

I 평안북도 각 학교 직원 등이 조직흔 일본관광단 십여 명은 일본에 갓다가 재작일에 도라왓다더라(대한100504).

J 월젼에 일본으로 건너갓던 호남관광단원 김영학 씨 등은 재작일 오후 팔시에 입셩ㅎ엿는대 호남학회 회원 일동이 남대문뎡거쟝에 나가셔 영졉ㅎ엿다더라(대한100511).

K ① 경상북도 관찰ㅅ 박즁양 씨는 관하 각군 군슈를 권유ㅎ야 인민 삼십 명으로 일본관광단을 모집ㅎ엿는대 본월 삼십 일에 대구를 츌발ㅎ야 일본으로 건너간다더라(대한100529). ② 경북관찰사 박즁양 씨는 도내 군슈등을 권유ㅎ야 일본관광단을 조직ㅎ얏든되 기 인원은 약 30인이며 기 츌발기는 본월 30일 오후 3시 55분이오 往還은 15일인 고로 귀착기는 來月 20일 오후 1시 15분이며 관광지는 東京, 大阪, 名古屋, 京都, 下關 등지라더라(황셩100529). ③ 경샹북도 관찰ㅅ의 발긔로 향일 일본에 도△흔 관광단 삼십 명은 본월 칠일에 동경 지빈리궁을 관람ㅎ엿다더라(대한100609).

L. 我國人 관광단 21명은 3일 東京에 着ᄒ얏다더라(황성100624).

위에 열거한 사례들이 전부는 아니겠지만, 4월부터 6월까지 2달 사이에 이 정도의 일본관광단이 속출했다는 점만 보더라도 그 빈도를 짐작할 수 있다. 그래서 '관광단 또낫다(대한100226/대한100409)', '관광단 쏘다진다(대한100503)', '또 관광낫다(대한100529)' 등 제목의 기사가 자주실릴 정도였다.

관광단을 조직한 주체를 보면, '의주부윤(A)', '학부차관(B)', '대한협회지회 총무(C)', '개녕군수(C)', '학교임원(E)', '평양일보사(F)', '호상상회(G)', '학교직원(I)', '호남학회(J)', '경북관찰사(K)' 등이다. 정부 관리나 학교·학회·상회·신문사 등이 주관한 것이다. 정부 관리의 경우 고위층의 입김 때문에 조직하기도 했다지만(A②), 알아서 자발적으로 처신하기도 했을 것이다. 왜냐하면 관광단의 모집이나 참여가 고위층이나 통감부의 환심을 사는 수단으로 여겨졌을 것이기 때문이다.

5. 일본인 한국관광단의 내한

제1회 한국인 일본관광단이 귀국한 다음달에 일본인 한국관광단이조직되었다. 시기적으로 볼 때 이미 계획된 '답방'의 성격이 짙다. 이들을 놓고 국내에서도 이런저런 설이 나왔다. "일본서 오는 뎨일회 관광단은 일간에 입성ᄒ고 뎨이회 관광단은 래월 초슌에 올 예뎡이라더라"(대한090601)든가, "일본서 건너오는 관광단이 동경파는 6일에 건너오고 대판파는 13일에 건너오고 신호파는 14일에 건너온다더라"(대한090604) 등의 설이 그것이다. 실제로 6월에 규슈실업신문사(九州實業新聞社) 주최 관광단(황성090610), 오사카고베실업가(大阪神戶實業家) 관광단(황성

090617)이 내한했다.

이들을 영접하기 위해 발 벗고 나선 것은 바로 한성부민회이다. 즉 한성부민회는 한국인 일본관광단의 환송과 일본인 한국관광단의 환영 행사를 맡은 것이다. 그 회장 유길준은 환영식에 학생들을 참석시켜달 라고 각 학교를 독려했으며(대한090604), 한성부민회에서는 부산에 한 일국기 5백 개, 유리등 5백 개를 보내 환영식 때 쓰도록 했다(대한090604). 또 경성 상무조합소에서도 관광단 환영하겠다고 내부에 청원을 올렸다 (대한090604). 한성부민회에서는 제1회 일본관광단원이었던 예종석을 환영위원으로 선정하고 환영경비로 1천 환을 책정했으나(대한090527) 모금이 되지 않아 곤란을 겪었다. 이에 통감부에서 "관광단 환영ᄒᆞ는 일 에 대ᄒᆞ야 이ᄀᆞ치 만흔 제재를 허비할 필요가 업다"(대한090529)고 충고 할 정도였다. 그럼에도 한성부민회에서는 내각과 협의하여 재원을 확보 했다(대한090608).

사실 이들에 대한 환영행사는 순조롭지 않았다. 한성부민회에서 각 학교에 공문을 보내 학생들의 참석을 독려했으나 여의치 않았고(대한 090605/대한090613/대한090616), '방곡가게'에 협조를 요청했으나 역시 반응은 냉담했다(대한090615). 결국 한성부민회·일진회·상무조합소· 보신사(대한090615) 등 단체와 경성일보·대한일보·한성신보 등 언론 (대한090910), 그리고 일부 사립학교 학생들만이 환영행사에 참석했다 (대한090616). 관광단이 평양을 방문했을 때 군수 안승철은 돈을 주고 노동자 50명을 겨우 환영행사에 동원할 수 있었다(대한090624).

그렇지만 친일적 관리들은 이들을 뜨겁게 환영했다. 농상공대신 조 중응은 이들이 입성하자 일본인 복장으로 일본이사청 앞에서 이들을 영 접했으며(대한090616), 한성부민회에서는 경복궁에서 기생까지 동원하 여 이들을 위한 연회를 베풀었고(황성090613/황성090617), 일행에게 태 극부채와 은제연죽·장도·방울 등을 선물했다(대한090618). 중추원 고문 이지용은 일행을 자기 집으로 초청했으며(대한090618), 이완용은 이들을 경회루에서 환대했다. '각 사회·단체의 대표자 및 신문기자들'도 경복궁 경회루에서 이들을 위한 연회를 베풀었다(황성090609). 조선황제가 참석하지도 않았는데 궁궐에서 일본인 관광단을 위한 연회가 열린 것이다.

이후에도 일본인 관광단의 방한이 계속 이어졌다. 이들 중에는 한국을 거쳐 만주나 중국을 여행하려는 경우도 있었다. 예컨대 일본 시모노신문사(下野新聞社) 주최 만한관광단(황성090905/대한090905/황성090912/대한090915)과 일본 주요도시의 상업회의소 대표들로 구성된 실업관광단(황성100423/대한100423/황성100511) 등이 그러하다. 또 일본 마츠야마시권업협회(松山市勸業協會) 주최 에히메관광단(爱媛觀光團) 25명이 방한했는데(황성090915), 이때 일행 중 한 명이 괴질로 사망하기도 했다(황성090922/대한090922). 이밖에 일본 히로시마사범학교(廣島師範學校) 학생들이 방한했고(대한091228), 이듬해에는 일본인 실업관광단(대한100511)이 평양을 방문했다.

현재 이들 일본인 관광단의 실체를 정확히 파악하기는 힘들지만, 규슈실업신문사(九州實業新聞社) 주최 관광단에 대해서는 자료가 남아 있어 참고된다.[10]

> 日本國渡來觀光團姓名記
> 拜啓陳ハ九州實業新聞社ヌ代ニ韓國遊覽團體員左記ノ通リ本月六日夜入京スル旨通報有之候ニ付爲念及御通知侯也.
> 明治四十二年六月五日
> 京城居留民團役所

---

10) 『각사등록』內閣往復文 2, 17755, 내각편, 7책, 「일본인 관광단의 명단 보고」(발송시기 1909.6.5, 발송자 京城居留民團役所, 작성시기 1909.6.5).

熊本縣 農業家 豫備步兵中尉 池田隆作/仝 洋服業 泉增太郎/仝 實業
家 早稻田法學士 濱田敬吾/仝 農業家 大邀英雄/仝 法學士 岡村喜一郎/
仝 實業家 高野守藏/仝 縣會議員 富木芽四郎/仝 農業家 田尻伊穗里/仝
縣會議員 立石健太郎/仝 代議士 高森新

福岡縣 農業家 豫備騎兵中尉 中川湊/仝 政友會幹事 川野如矢

熊本縣 實業家 票原直/仝 實業家 法學士 藏原惟昶/仝 山代兄弟洋服
商縣 會長 山代彦八/仝 郡會議員 松野石

福岡縣 仝 副會長 山代新太郎/仝 實業家 松岡豊記

熊本縣 農業家 福島三五郎/仝 實業家 深水亂資/仝 實業家 藤本議三郎
/仝 仝 藤本原作/仝 實業家 江藤孝雄/仝 肥後農工銀行取締役 江上定雄/
仝 實業家 荒木三郎/仝 農業家 宮部金十郎/仝 縣會議員 宮崎穀造/仝 仝
宮崎貞文/仝 實業家 朴山仙藏/仝 實業家 朴山松薪/仝 實業家 岡村龍太
郎/仝 實業家 嘉悦喜斗八/仝 法學士 松山守善/仝 九州實業新寫社長 法
學士 池田泰親/仝 九州實業新寫社長 社員 山田信太郎/仝 仝 社員 林一男

이들 39명을 지역 및 지역별로 나누면 아래와 같다.

　　熊本縣: 實業家(13), 農業家(8), 縣會議員(4), 九州實業新聞社社長(1)·社
　　　　　 員(2), 法學士(2), 郡會議員(1), 代議士(1), 洋服業(2), 肥後農工
　　　　　 銀行取締役(1)
　　福岡縣: 實業家(1), 農業家(1), 縣副會長(1), 政友會幹事(1)

즉, 전체 39명 중 실업가가 14명으로 35.9%, 농업가가 9명으로 23.1%,
이들을 합치면 60%에 이른다. 따라서 제1차 한국관광단은 '실업관광단'
이라 불러도 좋을 것이다. 이때는 병탄 1년 전이기는 하지만, "일본 인
민들은 한일합병 문뎨가 난 이후로 한국을 탐지연구코져 ᄒᄂᆫ ᄆ음이
더욱 심ᄒ야 한국관광을 희망ᄒᄂᆫ 쟈 만타더라"(대한100412)는 기사가
결코 허언이 아니었음을 보여준다. "일본국의 관광단이 대한국을 건너

옴은 선악간에 모리로다 문명국을 관광홈은 모방코져 ㅎᄂ세오 패망국을 관광홈은 식욕발동 홈이로다"(대한090605)라는 비난도 관광단의 본질을 꿰뚫은 것이었다.

이들에 대한 『대한매일신보』의 반응은 당연히 적대적이었다. 이들은 환영하는 한국인에 대해서도 마찬가지였다. "일인관광단이 나오매 뎌 외국인에게 아첨ㅎᄂ 쟈 일파가 저희집 샹뎐이 온다고 흔연ㅎ고 분주ㅎ며 찬숑ㅎ고 츔을 츄며 환영회를 크게 열고 환영ㅎᄂ ᄆ음을 깁히 뵈이ᄂ데"(대한090606), "시ᄉ가 괴란ㅎ여 츙생텹츌 악마로다. 북치며 나나리 불고 일본관광단을 환영ㅎᄂ 쟈, 류셩긔 둘너메고 부일쥬의로 연셜ㅎᄂ 쟈, 언제나 임진대풍 모러다가 쓰러낼고"(대한091005)라며 환영에 분주한 이들을 비판했다. 다음 기사도 같은 내용이다.

> 일본관광단이 건너오매 환영ㅎᄂ 긔를 밧드ᄂ 종의 분분ㅎ여 중미신통 감이 부임ㅎ매 환영ㅎᄂ 노래를 부라ᄂ 종의 혜가 란만ㅎ며 이등구통감이 입셩ㅎ매 환영ㅎᄂ 츅ᄉ를 짓ᄂ 종의 붓이 휘향ㅎ여 오늘날 환영을 겨우 맛츠매 명일에 환영이 또 생기니 오호라 풍광이 쳐량ㅎ 한반도 강산에 환영홀 일은 엇지 그리 만흐뇨[11]

이처럼 『대한매일신보』에서 일본인 관광단을 비난하고 나서자 친일 신문인 『대한일보』에서 시비를 걸고나왔다. 결국 이 문제는 "한일량국 관광단이 서로 왕래ㅎᄂ 즁에 그 행동이 긔기키로 한번 언론ㅎ엿더니 대한신문 뎌 챵귀가 △의게 납첨코져 억셜노다 변호홈을 노노쟁론 ㅎᄂ 거시 △△발검이지마ᄂ 그 죄악을 셩토ㅎ야 깨우치게 ㅎ리로다"(대한090808)라 나오듯이 신문사 간의 논쟁으로 이어졌다.

---

11) 『대한매일신보』 1909년 8월 8일자 논설 「국민동포의 환용홀 바ᄂ 무엇인고」.

6. 맺음말

  이상에서 한말 한국인 일본관광단에 대해 살펴보았다. 그 내용을 정리하면 다음과 같다. 전국각지에서 일어난 의병항쟁을 무력으로 제압하던 일제는 동시에 유화적인 정책으로써 한국인들의 여론을 무마시킬 필요가 있었으므로 새로운 대한(對韓) 정책을 세우게 되었다. 강경책과 더불어 회유책을 쓸 단계에 이른 것이다. 그 회유의 대상은 정부의 고위층이나 각지의 유력자들이었다. 이들을 '관광단'의 형식으로 일본에 불러들여 일본의 발달된 문물을 직접 보여줌으로써 병탄이 한국의 발전에도 기여할 것이라는 생각을 심어주는 것이었다.

  그런데 드러내놓고 통감부나 일본 정부가 나서기보다는, 경성일보사라는 언론단체를 통해 이 계획을 추진함으로써 민간 차원의 자발적인 교류라는 점을 내세우려 했다. 하지만 관광단에 대한 한국 황실·정부의 적극적인 후원, 고위층이 주도한 모집 과정, '일본관민'들의 환대 등에 비추어볼 때 이를 순수한 민간 차원으로 보기는 힘들다.

  한편 한국 정부의 실력자들은 관광단행을 그들의 입지를 넓히기 위한 방편으로도 이용한 것 같다. 이완용·조중응이나 유길준 등이 관광단행을 통해 소기의 목적을 이루려했다거나, 송병준·이용구 등이 우려의 시선을 던졌다는 등의 기사가 그 같은 점을 짐작케 한다. 제1회 관광단의 윤웅렬도 의심이 간다. 이들은 단원들과 일정을 달리하기도 했는데, 단독으로 일본에 갈 경우 쏠릴 의심의 눈초리를 피하기 위해 관광단을 이용한 것으로 짐작된다.

  경성일보사에서 주관한 제1회·제2회 관광단은 표면상으로는 '식산흥업'이나 '실업개발'이었다. 이는 "其趣旨가 國家實業에 亶在"(약기7)라는 기록을 보아도 알 수 있다. 하지만 단원들의 다수는 전·현직 관리들이었다. 이들은 관광단이 해산된 뒤 요직에 임명된 경우가 많았다. 특히 선유사가 되어 정부 시책을 홍보하는 사례가 여럿 보인다.

이것이 과연 관광단에 참여했기 때문에 받은 혜택인지는 알 수 없으나, 『대한매일신보』에서는 계속 이들을 '관광단원'이라 부르며 주시했다. 관광단행을 출세의 발판으로 인식하거나 활용하려는 이들도 적지 않았다. 어쩌면 이것이 관광단행을 주선한 경성일보사, 나아가 일제의 목적이었을 것이다. 특히 1910년 들어와 4~6월 사이에 각지에서 각종의 일본관광단이 우후죽순처럼 나타난 것도 그 같은 경향과 무관하지 않았을 것이다. 물론 이때 관광단이 집중적으로 나타난 것은 일본에서 열린 공진회의 영향도 있었다.

이들 일본관광단에 대한 세간의 시선은 싸늘했다. 제1회 관광단이 귀경할 때 학생이나 상인들이 환영회 참석을 거부한 것이 대표적 사례다. 항일적 경향이 짙은 『대한매일신보』를 보면 비판 일색이었고, 심지어 관광단을 '마귀단'(대한100421)이라 부를 정도였다. 하지만 이같은 시각만 있었던 것은 아니었으리라 짐작된다. 비록 관광단행이 병탄으로 가기 위한 수순의 하나였다 할지라도 그에 대한 평가는 다양할 수 있다. 이를 파악하기 위해서는 당시의 여러 신문들을 두루 비교·검토할 필요가 있다. 특히 단원 중 '실업가'들의 귀국 후 행적을 알아볼 필요가 있다. 각지의 유력자인 그들이 자기의 연고 지역에서 했던 역할과 활동을 관광단행의 영향으로 연결 지을 수 있을까 해서다.

또 제1회 한국인 일본관광단의 귀국 직후 구마모토(熊本)와 후쿠오카(福岡) 출신 실업가 위주로 구성된 일본인 한국관광단이 건너왔다. 일종의 '답방'이라고도 할 수 있겠는데, 이들 역시 한국 정부와 한성부민회 등의 환대를 받았다. 이후 수차에 걸쳐 한국관광단이 건너왔다. 이로써 표면상으로는 양국 간 민간 차원의 교류가 이어졌지만 실제로는 친일파 육성을 위한 일환이었고, 1910년 병탄 이후에는 '유공자'에 대한 보상 및

한국인 고위층·유력자에 대한 회유 차원에서 일본관광단이 계속 나타
났다. 요컨대 이 시기의 '관광'은 일제의 대한정책의 일환으로 요긴하게
활용되었으며 나름대로 소기의 성과도 거두었던 것이다.

한규무 ▌광주대학교 관광학과 교수

제5장

1910년대 경주의 도시변화와 문화유적

1. 머리말

조선총독부는 강점 직후에 충분히 이뤄내지 못했던 지방 지배를 달성하기 위해 1914년 군·면·동·리 통폐합 조치를 취하였다. 총독부는 1913년 12월 29일 총독부령 제111호로 '도의 위치, 관할구역 및 부·군의 명칭, 위치'를 정하고 이를 1914년 3월 1일부터 시행하도록 했다.[1] 12개 지역에 부제[2]를 실시하였는데 1910년도 12부제와 달리 부 밑에 면을 두지 않았다. 기존의 317개 군을 220개로 통폐합하였다. 면의 통폐합은 면의 구역 명칭의 변경이 도장관의 권한에 속하기 때문에 1914년 3월 1일 도별로 도령을 발포하고 4월 1일자로 실시했다.[3] 그 결과 종래 4,336개의 면이 2,522개로 통폐합되었다.[4]

---

[1] 『조선총독부관보』 호외, 1913년 12월 29일.
[2] 12부는 다음과 같다. 경성·인천·군산·목포·대구·부산·마산·평양·진남포·신의주·원산·청진(손정목, 『한국지방제도·자치사연구』 상, 일지사, 1992, 123~124쪽).
[3] 平安南道令 제2호 등, 『조선총독부관보』 호외, 1914년 3월 1일.
[4] 김익한, 「일제의 면 지배와 농촌사회구조의 변화」, 김동노 편, 『일제 식민지 시기의 통치체제 형성』, 혜안, 2006, 78~81쪽.

1914년 4월 1일자로 장기군에 속했던 양북면과 양남면이 경주군에 환부[5]되어 경주군에는 부내면(1917년 경주면으로 호칭), 내동, 외동, 내남, 산내, 서, 현곡, 천북, 강서(현 안강), 강동면의 12개 면이 속하게 되었다.

1917년 10월부터 시행된 제령 제1호 '면제' 및 부령 제34호 '면제시행규칙'은 식민지 행정지배 체제를 완비하려는 일제의 1910년대 지방통치 제도 정비과정의 한 귀결점을 이루는 것이었다.[6] 면제는 면을 지정면과 보통면으로 나누었다.[7] 이때 23개 면이 지정면[8]으로 지정된다. 면제로 인해 총독부 권력이 면장·구장을 통해 사회 구석구석까지 미치기 시작하는 구조가 정착되기 시작한다.[9] 1920년에 12개 부와 24개 지정면이 있었다. 조선시대 이래 전통적인 대읍 가운데 일본인 거주자가 적어 지정면으로 지정되지 못한 곳도 있었다.[10]

1923년 2월 15일자 총독부령 제25호로 충주·천안·정읍·여수·경주·안동·상주·밀양·동래·사리원·안주·정주·선천·강계·강릉·철원·북청 등 17개 면을 추가로 지정면으로 지정했다.[11] 이로써 1923년 경주군 경주면이 지정면이 된다.

1930년 12월 1일에 제령 12호에 의해 면제가 읍면제로 개정되었다.

---

5) 1906년 양북면과 양남면이 장기군으로 이속되었다가 1914년 장기군이 폐지되면서 경주군에 환부되었다.

6) 「면제」 및 「면제시행규칙」(朝鮮總督府 警務摠監部 保安科 編, 『朝鮮司法行政警察例規集 全』, 1917. 11, 제1편 통칙, 37~38, 38~42쪽)의 각 항목 참조.

7) 김익한, 「일제초기 식민통치와 사회구조 변화」, 『식민통치 연구 1－1905~1919－』, 백산서당, 1999, 201~204쪽 참조 ; 김익한, 「일제의 면 지배와 농촌사회구조의 변화」, 81~83쪽.

8) 지정면은 다음과 같다. 수원·송도(개성)·영등포·청주·공주·대전·강경·조치원·전주·익산·광주·김천·포항·진주·진해·통영·해주·의주·춘천·함흥·나남·성진·회령(손정목, 『한국지방제도·자치사연구』상, 166쪽).

9) 김익한, 「일제의 면 지배와 농촌사회구조의 변화」, 83쪽.

10) 손정목, 『일제강점기 도시화과정연구』, 일지사, 1996, 265쪽.

11) 손정목, 『일제강점기 도시화과정연구』, 147쪽.

1930년에 14개의 부와 41개의 지정면이 있었다. 경주면은 1930년 12월 29일 총독부령 제103호에 의해 1931년 4월 1일부로 전국의 41개의 지정면과 함께 읍으로 승격했다.[12]

1937년 7월 1일 양북면의 감포리 외 8개 리동(里洞)을 떼서 감포읍으로 하여 경주군은 2읍·11면으로 구성되었다. 1940년 국내에 20개의 부와 76개의 읍이 있었다. 1955년 7월 27일 기존의 경주읍에 내동면, 내남면의 탑리, 천북면의 황성·동천·용강리가 편입되어 경주시로 승격되고 그 나머지는 월성군이 되었다. 1989년 1월 월성군이 경주군으로 개칭되고 1995년 경주시와 경주군이 통합되어 오늘에 이르고 있다.

경주는 신라천년 고도로서 신라문화를 표상해 왔다. 근자에 조선시대와 근대의 경주를 새롭게 조명하고 있다. 그런데 일제강점기의 경주의 실상에 대해서는 연구가 부진하다. 2006년 새롭게 간행된 경주시사에 그 시기가 매우 간략하게 언급되어 있다. 일제강점기의 경주는 오늘의 경주를 고찰하는 데 필요하다.

1909년 석굴암이 일본인 사회에 널리 알려지고 소네 아라스케(曾禰荒助) 통감의 경주 방문으로 경주가 새롭게 주목되게 된다. 본고에서 1910년대[13] 경주의 도시변화와 문화유적의 상관성을 중심으로 고찰하고자 한다. 경주읍성의 성벽 철거와 읍성 지구의 변화, 새로운 시가지 형성, 도로와 철도 개설이 도시와 문화유적에 미치는 영향, 경주의 문화유적에 대한 보존 노력과 그 성격을 알아보겠다. 이는 경주가 식민지 근대성을 담지하면서 근대도시로 변화하여 오늘날의 경주에 이르는 과정을 고찰하는 연구의 일환이다. 이를 통해 식민지적 요소와 근대적 요

---

12) 손정목, 『한국지방제도·자치사연구』 상, 256~259쪽.
13) 한국병합이 된 1910년부터 신라고분 연구와 고적조사에 큰 영향을 준 금관총 금관의 발견(1921년) 이전인 1910년대를 중점적으로 고찰하려고 한다. 이 시기는 무단통치 구축기(1910~1919)이다.

소를 동시에 포착하고자 한다.

2. 읍성 성벽 철거와 읍성 지구의 변화

1) 읍성 남문과 성벽 철거

성벽 철거는 도시 구조의 근본적 변화를 가져오는 것으로 전통적 도시가 해체되는 것을 의미한다. 성벽의 철거는 일반적으로 정치적 변동과 대성(對城) 공격기술의 발달 등 그 존재목적 자체가 상실되는 것과 함께 행해졌다. 나아가 한국 읍성의 경우 지방제도의 개혁, 식민지화에 의해 성벽의 수리·보수 등의 손질이 가능하지 않고 존재가치가 없어진 것이 원인일 것이다. 자동차 사용의 보급에 의한 도로 신설·확장에 의해 부분적 파괴가 행해진 후 방치된 나머지 부분은 조선인 주민이 건축재료로 사용하기 위해서 갖고 가버려 더욱 황폐화된 뒤에는 총독부에 의해 '개간'되어 택지나 농지로 전환되었던 것이다.[14] 일부를 제외하고 대체로 읍성 성벽 철거에는 정치적 의미보다 철거 후에 얻을 경제적 이유가 우선되었다고 보여진다.[15]

고고학자 고이즈미(小泉顯夫)가 목격한 바에 의하면 1922년에 경주 읍성은 대부분 파멸되어 겨우 그 잔해만 남아있었다.[16] 읍성 성벽은 1912~1932년 사이에 대부분 철거되어 그 공간은 전용된다.[17] 현재 남아

[14] 韓三建, 「韓國における邑城空間の變容に關する硏究-歷史都市慶州の都市變容過程を中心に-」, 京都大學博士學位論文, 1993, 276쪽.

[15] 韓三建, 「韓國における邑城空間の變容に關する硏究-歷史都市慶州の都市變容過程を中心に-」, 60쪽.

[16] 小泉顯夫, 『朝鮮古代遺跡の遍歷』, 六興出版, 1986, 165쪽 ; 김태중, 「경주읍성」, 『경주사학』 11, 1992, 158쪽.

[17] 한삼건, 「조선시대 이후 경주의 도시 공간변화」, 『이상건축』 9407, 1994 참조.

있는 경주 읍성 동편 약 95m의 성벽과 치는 당시 지방 유력 향리가 집
무하던 부사(府司), 일본군 수비대, 산업조합 등의 담장으로 이용되었던
관계로 훼손을 면하고, 1932년에 지목상 '성'으로 신규 등록되어 오늘에
이르고 있다.[18]

경주읍성 남문은 1908년 촬영된 사진에는 완전한 형태를 보존하고 있
다. 한삼건은 1912년 가을, 데라우치 조선 총독이 1912년 11월 7일~9일
경주에 머무르면서 석굴암 등을 순람(巡覽)한 그 시기에 남문이 철거되
었다고 추정하였다. 1912년 당시에 성문을 통하지 않고서는 차를 타고
성안으로 들어갈 수 없었기 때문에 데라우치의 차가 성내에 들어갈 수
있도록 남문을 사전에 철거했다는 것이다. 읍성 남북을 이어주는 도로
를 1912년에 확장·평탄작업을 했다는 기록이 있어 그 시기에 남문이
파괴된 것은 거의 확실하다고 주장하였다.[19] 1915년에 성벽을 관통한
신작로가 개통되었다.

전주·경주·대구 등 대표적인 지방도시에서 보이듯이, 철도노선은
기존 성곽도시의 바로 외곽을 지나도록 설계되어 철도역이 그 가장 가
까운 지점에 위치하고, 이 철도역에서 기존의 시가지로 향하는 간선도
로가 형성된다. 철도역 주변으로부터 시작된 신설 가로를 중심으로 일
본인에 의한 상업지역이 형성되어 선형(線形)의 도심이 이루어졌다.[20]

1918년 10월 31일 대구에서 불국사역까지 철도가 개통되면서 경주역
사가 사정동 1-25번지에 위치하게 된다.[21] 봉황대 주변은 원래 고분이

---

18) 이재건, 「경주읍성도」, 『경주문화』 10, 2004, 318쪽.

19) 韓三建, 「韓國における邑城空間の變容に關する硏究－歷史都市慶州の都市
    變容過程を中心に－」, 276~277쪽 ; 『매일신보』, 1912년 11월 10일자, 「寺內
    總督行程」.

20) 이규목, 『한국의 도시경관－우리 도시의 모습, 그 변천·이론·전망－』, 열화
    당미술책방, 2002, 83쪽.

21) 『경주시사』 Ⅲ, 2006, 698쪽 ; 경주역사 위치를 서라벌문화회관 자리, 서라벌문
    화회관 일대, 경주공고 북편으로 얘기해 왔다. 역 부지는 경주공고 북편에서 서

접하고 있는 낮은 언덕이어서 지금처럼 도로를 경계로 노동과 노서로 나뉘어 있지 않았다.[22] 그런데 1912년에 일본의 데라우치 총독이 석굴암 순람을 대비하여 읍성 남문을 철거하고 거기서 남쪽으로 일직선의 길이 남에 따라 노동과 노서로 갈리게 되었다. 이 길이 오늘날의 봉황로로서 읍성 지구에서 경주역으로 가는 중심 도로였다.

당시 일본인들이 경영하는 여관이나 재한 일본인들을 위한 여러 상업 시설들이 경주역에서 읍성 남문 앞길을 따라 형성되는데, 여기가 중심가인 본정통(本町通)이었다. 현재의 봉황로 주변에 형성되었던 본정통은 경주에서 근대적 상가의 출발점이었다.

1910년대 본정통에 상업시설이 주로 입지하였고 읍성 지구는 도시의 중심으로서 관리 기능을 담당하는 시설이 주로 위치하였다.

2) 경관의 변모

한국병합 후 조선시대의 지방 행정 및 정치의 중심지였던 읍성은 크게 변모하기 시작한다. 읍성 안의 조선시대 행정기관 건물은 식민지 통치기관인 군청·경찰서·법원지청·면사무소 등으로 전용되거나 그 자리에 건물이 신축되었다. 이 경향에 의해 식민지 통치기관이 읍성 지구에 밀집하여 입지하게 되었다.[23] 동헌의 일승각은 경주군청으로 개조되어 사용되다가 군청은 1934년 객사부지로 신축이전되었고,[24] 객사는 경주공립보통학교 교실로 이용되었다.

라벌문화회관 일대에 걸치는 지역이었다. 지적도에 따르면 경주역사가 자리잡은 곳(사정동 1-25번지)은 서라벌문화회관(사정동 1-26번지) 동편 인접지역이었다.

22) 濱田耕作,『慶州の金冠塚』, 慶州古蹟保存會, 1932, 5쪽.

23) 한삼건,「경주읍성지구의 일제시대 토지소유 변화」,『건축역사연구』8-1(통권 18), 한국건축역사학회, 1999, 33쪽.

24) 강지회·한삼건,「일제강점기 경주도시의 변화과정에 관한 연구」,『대한건축학회 학술발표대회논문집』28~1(통권 52), 2008. 10, 519쪽.

1909년에 당시 부통감이 경주를 방문했을 때 신라옥적을 찾기 위해 내아, 일승각, 금학헌(琴鶴軒) 등을 조사시켰다라는 기록을 보면 그때까지 동헌 부지 내 건물의 거의 전부가 남아 있던 것으로 추측된다.[25] 동헌 부지에는 정당(正堂)과는 별도로 수령의 사적 공간인 내사 또는 내아로 불리는 건물이 입지하고 있었다. 정당과 내사 외에 마방(馬房)과 삼문·누문 등의 문과 창고 외에 몇 개의 부속건물이 입지해서 동헌이라는 구역을 형성하고 있었다.[26]

내아는 경주고적진열관으로 이용되고 경주 동헌의 정당인 일승각(一勝閣)은 군청사의 이전 신축에 따라 중문과 함께 철거되고 기림사에서 불하받아 지금 경주시내에 소재하는 법장사의 대웅전과 대문으로 되어 있다.

경주 객사인 동경관은 읍성 가운데서 왕권을 상징하는 가장 중요한 건물이다. 동경관은 1895년 지방제도 개혁 후 본래의 기능을 잃고 객사직 1인이 지키고 있었지만, 1907년부터는 경주공립보통학교의 교사로 되어 대청과 동서헌은 교실로 개조되었다. 그러나 다른 부속건물은 이때를 전후하는 시기에 철거되었다고 보여진다.[27] 1952년에 경주교육청을 신축하면서 객사의 대청과 동헌을 헐었다. 객사는 6·25전쟁 때 임시 대피소로 사용했고 이후 동헌은 허물어져 서까래가 땅에 닿을 정도로 기울어져 퇴락일로에 처해졌다. 1952년에 서헌은 철거되지 않았으나 교육청 자리가 협소하다는 이유로 건물 위치를 변경하여 서헌을 동헌 쪽으로 옮겨 이건하였다.[28]

25) 韓三建,「韓國における邑城空間の變容に關する硏究－歷史都市慶州の都市變容過程を中心に－」, 京都大學博士學位論文, 1993, 163쪽.

26) 韓三建,「韓國における邑城空間の變容に關する硏究－歷史都市慶州の都市變容過程を中心に－」, 112~114쪽.

27) 韓三建,「韓國における邑城空間の變容に關する硏究－歷史都市慶州の都市變容過程を中心に－」, 93쪽.

28) 조철제,「경주 동경관의 위상과 변용」,『경주문화논총』7, 2004, 144쪽.

1909년 7월에 읍성 지구인 북부리에 일본인 소학교가 설립되었다. 또한 읍성 지구 안에는 신사, 일본불교 포교소 등 종교시설이 입주하게 된다.29) 조선시대에 도시, 즉 읍성과 그 주변에 유교관계 이외의 종교시설이 입지하는 것은 불가능했다.30)

일본 종교단체는 일제가 조선을 합병하는 1910년대 이전에 이미 상당한 세력을 형성하였다. 개항 이후 조선에 가장 먼저 진출한 일본종교는 불교였다. 1877년 부산의 개항과 함께 일본정부의 요청에 따라 정토진종 대곡파가 포교를 시작하였고 1881년 일련종이 포교를 하였다. 조선에서 청일전쟁이 일어나자 일본불교 각 종파는 앞을 다투어 일본군에 종군승을 파견하였다. 이 시기에 정토진종 본파31)와 정토종이 새롭게 진출하였다. 이어 러일전쟁은 일본불교의 조선 진출을 더욱 촉진시켜 합병 전 진언종・조동종・임제종 등 대부분의 일본불교가 조선에 진출, 포교활동을 시작하였다.32) 1910년대 일본불교가 260여 곳에 포교소를 설치할 정도로 교세를 확장하였다.33)

정토진종 본원사파 경주포교소를 경북 경주군 부내면 서부리에 설립하는 건을 총독부로부터 1914년 11월 19일 인가받았다.34) 1915년 조동

29) 한삼건, 「경주읍성지구의 일제시대 토지소유 변화」, 36쪽.
30) 韓三建, 「韓國における邑城空間の變容に關する硏究－歷史都市慶州の都市變容過程を中心に－」, 165쪽.
31) 정토진종은 대곡파(동본원사)와 본파(서본원사)가 각각 조선에서 포교활동을 하였는데, 대곡파는 1877년 10월 부산에서 첫 포교를 하여 서울 남산에 본원사를 설립하였으며, 본파는 1895년 8월 부산에서 포교를 시작하여 1905년 개교총감부를 용산으로 이전하였다(한석희, 『일제의 조선지배와 종교정책』, 기독교문사, 1990, 28・59・61쪽 ; 성주현, 「1910년대 일본불교의 조선포교활동」, 『문명연지』 5-2, 2000, 70쪽).
32) 성주현, 「1910년대 일본불교의 조선포교활동」, 62~63쪽.
33) 성주현, 「1910년대 일본불교의 조선포교활동」, 86쪽.
34) 대한불교조계종 총무원, 『조선총독부관보 불교관련자료집』(일제시대 불교정책과 현황 하), 선우도량 출판부, 2001, 418쪽.

종 포교소를 부내면 북부리에 설치하겠다는 설치계를 총독부에 제출하
였다.[35] 1919년 11월 19일에 총독부 인가를 받아 경주군 양북면 감포리
43-3에 조동종 포교소가 설치되었다.[36] 감포는 일본어민들의 정책적 이
주에 의한 이주 어촌으로 일본인들이 많이 거주하였다. 그리하여 이른
시기에 감포에 일본불교 포교소가 만들어졌다.

경주에는 1900년대 초기까지는 일본풍의 건물은 전무하였지만 강점
을 전후해서 서서히 중심거리(本町通)에 일본풍의 건물이 들어서고 읍성
지구에 경찰서, 군청, 소학교 등도 새로 들어서서 일본의 지방도시와 다
름없는 경관을 보여주게 된다.[37] 병합 당시까지 경주군 전체에서 500명
을 넘지 않던 일본인 거주자 수는 1916년에는 1,301명에 달하고 있다.
그중 부내면(경주면)에는 574명이 거주하고 있다. 부내면의 일본인 숫
자는 부내면 전체인구의 10%에 해당한다.[38]

[35] 『조선총독부관보 불교관련자료집』(일제시대 불교정책과 현황 하), 444쪽.
[36] 『조선총독부관보 불교관련자료집』(일제시대 불교정책과 현황 하), 553쪽. 1933년
12월 24일 조동종 포교소 소재지를 경주읍 북부리에서 서부리로 변경하는 변경
계를 내고 있다. 1937년 2월 25일 본파 본원사 경주포교소 소재지를 경주읍 동
부리 10에서 서부리 93으로 변경하는 변경계를 내고 있다. 1938년 8월 23일에
경북 경주군 경주읍 서부리 93번지에 정토진종 본원사파 西慶寺를 창립하는
건을 총독부로부터 허가받았다(『조선총독부관보 불교관련자료집』(일제시대 불
교정책과 현황 하), 713·754·364쪽). 경주시 서부동에 현존하는 일본사찰 건
물은 조동종 경주포교소 서경사로 알려져 있다. 이 건물은 2006년 12월에 등록
문화재 제290호로 지정되었다. 조선총독부가 1934년 발간한 『조사자료 제40집
생활상태조사(7) 경주군』에 수록되어 있는 경주읍내 조동종 경주포교소 건물
사진과 현 서부동 일본사찰 건물을 비교해 보면 겉모습은 비슷하지만 기둥, 지
붕형태, 건물크기 등에서 차이가 있는 별개의 건물임을 알 수 있다. 건물의 위
치와 양식을 종합해서 볼 때 경주읍내 조동종 경주포교소 건물은 어느 시기에
철거되었고 지금 서부동에 남아 있는 건물은 정토진종 본원사파 사찰 서경사이
다. 정토진종 본원사파 경주포교소는 1914년 서부리에 처음 자리잡았다. 그 후
동부리로 이전했다가 1937년 서부리 93번지로 옮기고 1938년에 그 자리에 서경
사가 창립되었다.
[37] 한삼건, 「경주읍성지구의 일제시대 토지소유 변화」, 39쪽.
[38] 韓三建, 「韓國における邑城空間の變容に關する硏究－歷史都市慶州の都市

3. 도로 개설·확장과 철도 개통

1) 도로 개설·확장

철도건설과 치도사업은 토지조사 및 축항과 더불어 총독부의 4대 주요 식민정책사업이었다.[39]

일제는 1906년에 치도국을 신설하여 도로 개수 업무를 관장케 하고 1907년부터 진남포-평양, 목포-광주, 군산-전주, 대구-경주 간 도로를 개수하였다. 이때 개수된 도로를 신작로라고 불렀다.[40] 신작로는 옛날의 길과 대비되는 뜻으로 '차가 다닐 수 있는 길'이라는 의미를 담은 것이었다.[41]

영천과 서악을 거쳐 읍성의 남문 아래 봉황대로 연결되는 대구-경주 간 신작로가 1909년 개설되면서 이 길이 금척리 고분군을 가로지르게 된다.[42] 이 신작로 개설로 솟티고개 좌우에 있는 많은 신라시대 횡혈식 석실분이 파괴된다. 무열왕릉과 김인문묘 사이의 기존의 소로를 확장하여 신작로를 만든 까닭에 무열왕릉과 김인문묘가 신작로로 인해 크게 분리되어 별개의 묘역처럼 되었다.[43]

경주에서 자동차를 이용한 도시 간 운수업은 1912년 8월에 시작되었는데 당시 전국에서 가장 시기가 빨랐다고 한다. 이것은 경부선의 주요

變容過程を中心に-」, 238쪽.

39) 『매일신보』 1917년 10월 7일자 ; 이규목, 『한국의 도시경관-우리 도시의 모습, 그 변천·이론·전망-』, 84쪽.

40) 최운식, 『한국의 육상교통』, 이화여대 출판부, 1995, 130쪽.

41) 남인희, 『남인희의 길이야기』, 삶과 꿈, 2006, 401쪽.

42) 허우긍·도도로키 히로시, 『개항기 전후 경상도의 육상교통』, 서울대학교 출판부, 2007, 76쪽 ; 차순철, 「일제 강점기 경주지역의 고적조사와 관광에 대한 검토」, 『신라사학보』 13, 2008, 121쪽.

43) 이근직, 「쪽샘지역의 역사와 문화」, 『경주 쪽샘지역의 생활문화 조사연구』 상, 경주시·영남대민족문화연구소, 2005, 121쪽.

역인 대구에서 경주로 관광객을 실어 나르기 위해서 만들어진 것이었다. 일본인의 불국사 관광을 위해 경주읍성−불국사 간의 도로를 만들었으며, 경주에 '오카모토(岡本) 자동차부'가 있어 경주고적유람자동차로 관광유람을 시작하였다.[44]

불국사를 관광하기 위해 대구·영천·서악을 거쳐 경주읍성−불국사로 연결되는 동서축이 도시의 주 골격을 형성하였다.[45] 안압지와 월성이 읍성과 불국사 간 도로로 인해 분리되었다.

합병 후 1911년 도로법을 제정·공포하여 종래에 쓰던 대로·중로·소로 등을 폐지하고, 도로를 1등·2등·3등·등외로 나누고 1등 도로는 노폭 4간(7.3m), 2등 도로는 3간(5.5m), 3등 도로는 2간(3.6m)으로 규정하였다.[46] 1911년부터 1917년까지 제1차 도로사업을 실시하였다. 이 시기에 경주−포항 간 도로(2등급)도 개수되었다. 1917년부터 1922년까지 제2차 치도사업을 실시하였다. 이 시기에 동래−경주 간 도로가 개수되었다.[47]

1913~1925년 사이에 현재의 중앙로와 원효로가 소로 상태에 벗어나 오늘날의 도로 폭을 가지게 되었고 이 시기에 오늘날의 동성로와 황성로는 아직 정비되지 않았다.[48]

경주 구 시가지는 고려·조선·일제강점기를 거쳐 현재에 이르기까지 상당한 변화가 있었지만, 도시의 기본적 공간구조 및 구 시가지 도로망은 현재까지 신라시대의 방리제의 틀을 유지하면서 발전해 왔다. 일제강점기에 개설된 가로망은 경주시의 가로망으로 많이 이용되고 있다.[49]

---

[44] 김경대, 「도시 공간과 구조」, 김규호 외 편, 『경주문화의 이해』, 중문, 1997, 359쪽.

[45] 김경대, 「도시 공간과 구조」, 359쪽.

[46] 최운식, 『한국의 육상교통』, 131쪽.

[47] 최운식, 『한국의 육상교통』, 137~138쪽.

[48] 이영환·한삼건, 「경주 구시가지 상업지역 가로경관의 특성에 관한 연구−노동동 가로변 상가건물을 중심으로−」, 『대한건축학회논문집 계획계』 16-9, 2000, 3쪽.

[49] 이규목, 『한국의 도시경관−우리 도시의 모습, 그 변천·이론·전망』, 146쪽.

신작로의 개설과 철도의 개통으로 인해 경주 군민의 일상생활은 근
대문명 속으로 빠르게 진입하였다.[50]

2) 철도 개통

1917년 11월 대구－하양 간 14.3마일, 1918년 11월 하양－포항 간
49.6마일 및 서악－불국사 간 8.3마일, 1919년 8월에는 포항－학산 간 1.2마
일, 1921년 10월 불국사－울산 간 18.7마일 등이 개통되었다.[51] 1918년
11월 대구－불국사 간 협궤선이 개통되고 1921년 10월 불국사－울산 간
이 개통된 후 1930년 7월 부산진 방면에서 철도 부설건설 공사를 착수
하여 단계적으로 공사가 진행되어 1935년 12월 울산까지 철도가 개통되
었다.[52] 1935년 6월 경주－울산 간 노선에 광궤 전환 공사를 착수해서
1936년 12월 광궤선을 준공하여 광궤로 부산－경주 간이 연결되었다.[53]

1909년경 석굴암이 일본인 사회에 널리 알려지고 1918년 불국사역까
지 철도가 개통되면서 경주관광이 활성화된다.

경주역은 1918년 사정동 1-25번지에 소재한 역사에서 협궤선 보통역
으로 영업을 개시하였다. 1927년 경주역을 한옥으로 신축하고 서악역을
폐지하고 경주역으로 통합하였다. 그 후 1936년 12월 1일 성동동 40-4번
지에 현 한옥형 역사를 신축[54]하고 노선은 광궤선으로 개량되었다. 당

---

50) 이근직, 「쪽샘지역의 역사와 문화」, 124쪽.
51) 허우긍・도도로키 히로시, 『개항기 전후 경상도의 육상교통』, 75~76쪽.
52) 철도청 홍보담당관실, 『2003년 사진으로 보는 한국철도 100년』, 2003, 229쪽.
53) 『조선철도사십년약사』 상(한국지리풍속지총서), 경인문화사, 1990, 348쪽 ; 조
    선총독부철도국, 『조선철도사십년약사』, 1940, 288쪽.
54) 현 경주역사의 설계자는 小川敬吉이다. 그는 1916년 조선총독부 고적조사계에
    채용되어 고고학 분야에서 활약했지만 얼마 안 있어 고건축 수리와 보존을 담
    당하게 되었다. 『조선고적도보』 출판에도 관여하였다. 후일 철도국 기사가 되
    어 경주역사를 설계하였다(京都木曜クラブ 編, 「有光敎一氏インタビュー 私
    と朝鮮古蹟調査研究－戰前から戰後を通して－」, 『考古學史研究』 10, 2003,

시 한옥형 역사는 문화유적이 많은 도시에 지어져 관광 수요 창출에 큰 효과를 기대하고 일본인에 의해 정책적으로 지어진 것들이다.

1918년 경주에 철도가 개통되면서 철로가 지금의 태종로를 따라 팔우정까지 이어진 뒤 황오동을 경유한다. 이 노선은 그 당시 시가지 남쪽 외곽을 지나는 것이었다.[55] 그 철길이 안압지와 월성 사이를 통과하여 사천왕사지를 가로질러 불국사역까지 놓여졌다.[56] 철로로 인해 동궁의 건물지 일부와 사천왕사지가 훼손되었다.

철도 개통과 도로 개설·확장에 의해서만 유적지 훼손이 일어나는 것이 아니었다. 신시가지 공사 및 건물 신축공사를 하면서 공사 현장 가까이에 유존(遺存)한 고탑이나 성벽을 헐어서 사용한 예가 비일비재[57] 했는데, 아래의 신문기사는 당시 도로 정비와 증가하는 가옥 신축으로 유적이 훼손되는 실상을 일부 전하고 있다.

> 경주의 시가는 금에 남북종횡하야 차차 정비하려하며 그 가로의 축석 (築石)은 거개(擧皆) 천년 풍우를 경(經)한 고석물을 파쇄(破碎) 이용한 것이라……
> 최근 경주는……가옥의 신건(新建)이 역(亦) 불소(不少)하니 그 축기연 초(築基研礎)에 요용(要用)되는 석물은 물론 고석물인 것이라 이전은 흔 히 원상대로 사용하였으나 지금은 이를 개치(改治)하야 사용하며 더욱 담 장 수축(修築)에 용(用)하는 석은 파쇄하야 사용하도다.……[58]

1916년에는 모로가 히데오(諸鹿央雄)가 사천왕사 사탑 유지(寺塔 遺

<hr>

14쪽).

55) 이근직, 「쪽샘지역의 역사와 문화」, 127~128쪽.

56) 1939년 경주 역사가 현재의 위치로 옮겨지고 1937년 영천-경주 간 개축공사 가 완료되면서 철길이 경주읍성 북문 외곽을 지나는 것으로 변경되었다.

57) 정규홍, 『우리 문화재 수난사-일제기 문화재 약탈과 유린-』, 학연문화사, 2005, 385쪽.

58) 『매일신보』 1918년 11월 29일·30일자.

址)로 생각되는 토단(土壇)의 남측에서 녹유 사천왕전을 발굴하여 일본 고고학회에 소개하였으며, 모로가가 스스로 수회 이곳을 방문하여 직접 발굴하기도 했다. 이를 보면 1918년 사천왕사지의 정식 조사가 있기 전에 이미 학자들이나 수집가들에 의해 유물의 무단 반출과 도굴이 성했음을 알 수 있다.[59]

4. 문화유적의 보존 노력과 그 성격

1) 경주고적보존회의 결성과 활동

일본인에 의한 우리나라의 고적 조사와 보수작업은 일본이 조선을 강점하기 전부터 진행되고 있었다. 동경제대 건축학과 출신으로 건축사를 전공한 세키노 타다시(關野貞)는 이미 1902년에 약 2개월간의 일정으로 한반도 각지의 건축물을 조사한 바 있다. 1909년 대한제국 탁지부의 의뢰에 따라 세키노 타다시는 탁지부 건축소 촉탁 야츠이 세이이치(谷井濟一), 구리야마 슌이치(栗山俊一)와 함께 한반도 각지의 고건축과 유적에 대한 종합적인 조사를 시작했다. 건축소는 당초 구 건축물만 조사하려 했는데 세키노의 건의에 의해 고건축·고적조사가 추가되었다고 한다. 이 조사는 1910년 이후는 조선총독부 내무부의 사업이 되어, 1915년까지 계속되었다.[60]

---

59) 「朝鮮慶州發見釉塼」, 『考古學雜誌』 제6권 8호, 고고학회, 1916년 4월 ; 정규홍, 『우리 문화재 수난사-일제기 문화재 약탈과 유린-』, 383쪽.

60) 吉井秀夫, 「일제 강점기 경주 신라고분의 발굴조사」, 『신라고분 발굴조사 100년』(국립경주문화재연구소 학술 심포지움), 2006, 11쪽 ; 강희정, 「석굴암의 근대적 재발견-20세기초 형성된 석굴암 인식의 기초를 중심으로-」, 『정재 김리나 교수 정년 퇴임기념논총: 시각문화의 전통과 해석』, 예경, 2007, 145쪽 ; 高橋潔, 「關野貞を中心として朝鮮古蹟調査行程」, 京都木曜クラブ 編, 『考

이때 조사 대상이 된 건조물 및 유물은 궁전·성곽·관아·묘사·서원·능묘·탑·불상·동종·당간지주·비·향로·서화 등이었다. 1909년부터 1912년까지 조사에서 고적의 가치를 판단해서 갑(최우수한 것), 을(갑 다음), 병(을 다음), 정(가장 가치가 결핍된 것)으로 4분류하고 갑·을은 특별보호의 필요가 있는 것, 병·정은 특별보호의 필요를 인정할 수 없는 것으로 했다. 이 조사결과는 통감부시대 이래 지방 관청 개축 때 기존의 각 지방의 관아건물이 어떤 주목이나 보호를 받지 못한 근거가 되고 말았다.[61] 경주군 내의 고건축으로는 향교·객사·숭덕전·불국사·백률사 대웅전이 '을'로, 백률사 봉서루가 '병'으로 분류된 것이 전부이다. 그 결과 경주읍성 내외에 산재해 있던 구 관아들은 철거되거나 불하되는 운명에 처해지게 되었다.[62]

식민지지배에 의해 고건축물이 보다 이른 시기에 없어진 것도 사실이고 당시 일본인 학자들에 의한 조사와 노력에 의해 현재에 남은 고건축물의 보존이 실현된 것도 사실이다. 조선총독부는 조선인은 철저히 배제한 상태에서 그들의 판단에 의해서만 어떤 것은 철거하고 또한 어떤 것은 보전했다.[63]

경주 고적의 중요성과 보존의 시급성이 널리 인식된 계기는 1909년 4월 소네 통감이 경주를 순시한 후였다.[64] 한국병합 후 첫 총독으로 부임한

古學史硏究』 9, 2001, 4쪽.

[61] 韓三建,「韓國における邑城空間の變容に關する硏究－歷史都市慶州の都市 變容過程を中心に－」, 70~71쪽 ; 早乙女雅博,「新羅の考古學調査 100年の 硏究」,『朝鮮史硏究會論文集』 39, 2001, 57쪽.

[62] 한삼건,「조선시대 이후 경주의 도시 공간변화」참조.

[63] 韓三建,「韓國における邑城空間の變容に關する硏究－歷史都市慶州の都市 變容過程を中心に－」, 256·277쪽.

[64] 김현숙,「일제강점기 '경주고적보존회의 발족과 활동」,『시각문화의 전통과 해 석』(정재 김리나 교수 정년퇴임기념 미술사논문집), 도서출판 예경, 2007, 566 쪽. 초대 통감 이토 히로부미와 소네는 엄청난 문화재 약탈자였다. 1909년 가 을 2대 통감으로 부임한 소네 아라스케가 초도순시차 수행원을 거느리고 경주

데라우치는 토지조사를 비롯하여 문화재 조사작업에 들어간다. 이제 우리 문화재의 노략에서 관리체제로 들어간 것이다. 즉, 식민지 재산이란 곧 일본정부의 재산을 의미하는 것이었기 때문이다.[65]

경주고적보존회(慶州古蹟保存會)는 석굴암 중수를 위한 설계가 시작된 직후인 1913년 5월에 총독부의 경주 고적 보존 사업을 돕고 또한 그 고적을 보호하고 전시한다는 목적으로 창립되었다.[66] 경주고적보존회는 한국병합 직후 경주 발령을 받은 일본인 관리 가와이 히로타미(河合弘民), 와타나베 아키라(渡邊彰), 기무라 시즈오(木村靜雄) 등이 지역의 고적을 조사하고 보존하기 위해서 설립한 '신라회'를 모태로 조직과 회원이 확대되어 새롭게 발족된 단체였다.[67]

경주고적보존회의 임원진은 회장(경상북도장관) 1명, 부회장 2명, 평의원 약간명과 간사 약간명이었다. 경주고적보존회의 임원진과 실질적 주도자 또한 일본인 관리, 경주에 거주하는 일본인 고적 연구가, 일본인 상인들이었다.[68] 보존회의 실질적 주체는 일본인이었다.[69] 회의 운영자금은 기부금에 의해 운영되었다. 재정적 후원처, 회원의 성향, 사업 활동 내역 등을 고려할 때 경주고적보존회는 관변 단체였다.[70] 이 단체의

에 왔다. 그의 관심사는 주로 불교미술품과 고문서였다. 그는 통감 재임시 고가, 사찰, 서원에 소장된 우리 고문헌을 무더기로 갈취하여 황실에 헌납하였다(유홍준, 『나의 문화유산답사기』 2, 창작과 비평사, 1994, 171~173쪽).

[65] 유홍준, 『나의 문화유산답사기』 2, 176쪽.

[66] 奧田悌, 『新羅舊都 慶州誌』, 玉村書店, 1920, 86쪽.

[67] 김현숙, 「일제강점기 경주고적보존회의 발족과 활동」, 562·568쪽 ; 이영훈, 「경주 박물관의 지난 이야기」, 『다시 보는 경주와 박물관』, 국립경주박물관, 1993, 96쪽.

[68] 김현숙, 「일제강점기 경주고적보존회의 발족과 활동」, 582~583쪽.

[69] 김현숙, 「일제강점기 경주고적보존회의 발족과 활동」, 583쪽.

[70] 김현숙은 경주의 문화유산 보호를 위하여 읍민이 자발적으로 출범시킨 민족적 성격의 단체라는 식으로 경주고적보존회를 기술해오던 관례는 시정되어야 한다고 주장하였다(김현숙, 「일제강점기 경주고적보존회의 발족과 활동」, 583쪽).

성립과정과 여러 사업 내용을 보면 이 단체는 식민지정책과 보조를 맞
춘 활동을 하였다는 것을 잘 알 수 있다.[71]

경주고적보존회의 정식 발족은 1915년이지만 회의 규약이 발표된 것
이 1913년이다. 사업내용은 크게 현지보존 사업과 수집보존 사업으로 나
눌 수 있다. 현지보존 사업은 유적에 울타리를 치는 것, 유적에 안내판
을 설치하는 것 등이고 수집보존 사업은 유물의 산일훼손(散逸毁損)을
방지하기 위해 진열관을 설치한 것이 대표적이다.[72] 경주고적보존회는
1915년에 '경주고적진열관'을 개관하였고 그곳은 1926년 '조선총독부박
물관 경주분관'으로 승격되었다.

경주고적보존회에서 경주유적 안내책자를 출간하였다. 그중 하나인
『신라구도 경주고적도휘(新羅舊都 慶州古蹟圖彙)』(1921)는 사진을 중
심으로 한 도록인데 사진의 해설에 일어와 영어를 병기하여 간행되었
다. 이는 이 책이 경주 주민을 대상으로 한 것이 아니며 경주고적보존
회의 주체가 경주 주민이 아니라 일본인 관리 혹은 경주 거주 일본인이
었음을 자명하게 보여주고 있다.[73]

경주고적보존회는 고적의 보존을 위해 울타리를 설치하고 안내판을
마련하였다. '경주고적보존회사업시행대요'에 의하면 철책과 안내판 설
치가 예정된 유물 및 유적은 다음과 같다.

  신라 역대 왕릉, 김양 묘, 김각간 묘, 포석정 곡수(曲水) 고적(古蹟), 첨
  성대, 석빙고, 황복사 적(跡) 3층탑, 황룡사 적, 망덕사 적, 남산사적(南山
  寺跡) 3층탑, 무장사적 석탑, 나원개탑(5층탑), 정혜사 적 13층탑, 굴불사

71) 千田剛道, 「植民地朝鮮の博物館－慶州古蹟保存會陳列館を中心に－」, 『朝
   鮮史研究會論文集』 35, 1997, 24쪽.
72) 千田剛道, 「植民地朝鮮の博物館－慶州古蹟保存會と博物館－」, 『帝塚山大
   學敎養學部研究紀要』 44, 1995, 5쪽.
73) 김현숙, 「일제강점기 경주고적보존회의 발족과 활동」, 573쪽 ; 千田剛道, 「植
   民地朝鮮の博物館－慶州古蹟保存會陳列館を中心に－」, 25쪽.

석불, 백률사 육각석당(이차돈 공양탑), 집경전 석곽(石槨), 천부(天部) 각
석(刻石) 등롱(燈籠), 봉덕사 종각, 계림 비각, 표암 비각, 마동 3층탑, 신
라시대 고분(이상 철책 설치 – 필자), 황룡사 적과 사천왕사 적(이상 안내
판 설치 – 필자).[74]

1915년 10월에 조선총독부박물관이 창설되고 문화재 수집에 힘을 쏟
았다. 주로 고분의 도굴과 위법 매매가 성행하여 일반 민중들의 반발과 항
의가 고조되어 문화재보존을 뒷받침할 법제도의 필요성을 느껴 1916년
에 제정된 것이 「고적급유물보존규칙(古蹟及遺物保存規則)」이다.[75] 이
규칙에 의해 문화재 보존에 법적인 기준이 정해졌다.[76]

2) 「고적급유물보존규칙(古蹟及遺物保存規則)」과 문화유적

1916년 「고적급유물보존규칙」 8조(조선총독부령 제52호)를 시행하고
아울러 「고적조사위원회 규정」 11조를 정하고[77] 고적조사위원회, 박물
관협의회를 설치했다.

고적조사위원회 초대 위원은 위원장을 포함해 28명이었다. 그 구성은
제국대학 교수 8명, 중추원 참의 3명, 그 밖에 대부분은 총독부 고위관
료였다.[78]

1933년 8월 8일에 「조선보물고적명승천연기념물보존령」(칙령)이 공

---

74) 奧田悌, 『新羅舊都 慶州誌』, 88~90쪽.
75) 오세탁, 「일제의 문화재정책 – 그 제도적 측면을 중심으로 –」, 『문화재』, 문화
재관리국, 1996, 266쪽.
76) 早乙女雅博, 「新羅の考古學調査 100年の研究」, 『朝鮮史研究會論文集』 39,
2001, 91~92쪽 ; 內田好昭, 「日本統治下の朝鮮半島における考古學的發掘調
査(上)」, 京都木曜クラブ 編, 『考古學研究』 9, 2001, 59쪽.
77) 藤田亮策, 「朝鮮における古蹟の調査及び保存の沿革」, 『朝鮮』 199, 조선총
독부, 1931 참조.
78) 오세탁, 「일제의 문화재정책 – 그 제도적 측면을 중심으로 –」, 266쪽.

포되고 12월에 동 보존관제와 시행규칙 등이 정해져 새로운 법률의 제정에 의한 문화재 행정이 출발했다. '조선보물고적명승천연기념물보존령'이 공포됨에 따라 그 전의 보존규칙에서 규정한 '고적조사위원회'도 '조선보물고적명승천연기념물보존회'로 바뀌었다.[79]

고적조사위원회 위원과 조선보물고적명승천연기념물보존회 위원들이 주로 일본인으로 구성됨에 따라 조선인의 시각으로 조선의 문화재를 보존하기보다는 일본인들의 취향에 맞는 문화재 보존사업이 전개될 가능성이 컸다. 다시 말하면, 조선의 역사와 문화를 잘 보여주는 문화재를 선별하기보다는 일본인들이 선호하는 문화재 양식에 맞거나 '내선일체'의 입장에서 일본과의 관계를 증명할 수 있는 문화재가 지정될 수 있게 된 것이다.[80]

조선총독부에 의해 석굴암의 수리공사가 1913년 시작되어 1915년까지 이루어졌다. 1924년 일제는 불국사에 대한 대대적인 개수 공사를 실시하였다.[81]

경주의 유적 보존사업은 1913년 석굴암 개수 사업이 시작되고부터 본격화되지만 이러한 사업은 신라문화를 현창하기 위한 것은 아니었다. 경주가 신라의 천년고도라는 것보다는 식민지 지배의 정당성과 연결되는 일본 본위의 식민지 사관에 의한 역사상을 우선시했다. 신라의 표상도 일본이라는 타자와 구분된 조선의 자기 구성에 필요한 전통이 아니라, 일본과 조선의 동질적인 근원을 나타내는 사례로 맥락화하기에 이른다. 그래서 경주의 유적 조사, 보존은 그 출발부터 조선인을 소외시킨 것이었다. 경주고적보존회가 결성 때부터 진열관의 설치를 목표로 하고 비교적 조기에 진열관 설치가 실현된 것은 그것이 위에서 언급한 역사상

---

79) 박선애, 「조선총독부의 문화재 '보존'사업과 전시동원」, 『역사와 경계』 65, 262쪽.
80) 박선애, 「조선총독부의 문화재 '보존'사업과 전시동원」, 263쪽.
81) 유홍준, 『나의 문화유산답사기』 3, 창작과 비평사, 1997, 256쪽.

을 배경으로 한 조선총독부의 정책에 기반을 둔 것이기 때문이었다.[82]

일제는 표면적으로 조선 문화재의 보존을 주장하고, 실제로 일련의 정책 수립을 하였다는 면에서 제한적 의미의 보존을 꾀했다고 평가할 수 있다.[83] 단지 보존의 성격이 무엇이냐가 관건이다. 일제강점기에 조선총독부 관계자들은 조선에 있는 것은 곧 자국의 자산으로 생각했다. 그들의 보존 노력은 식민지 정책의 일환이었으며 식민통치의 선전을 목적으로 고적 보존이 꾀해졌다.

1910년대에 도로와 철도 개설에 의한 신라 문화유적의 훼손이 모두 식민통치의 악의적 목적성 때문이라고 해석하는 것은 그 시대 상황을 도외시한 면이 있다. 그 시대는 민과 관의 문화재 보존 의식, 문화재 보존 법령체계와 보존관리 등에서 오늘날과 현저한 격차가 있었다는 것을 염두에 둘 필요가 있다. 따라서 문화유적 훼손이 일제의 악의적 목적성 때문이 아니라 문화유적 보호에 최우선을 두지 않고 편리성과 효율성을 우선에 둔 당시의 산물인 경우도 있었다. 그런데 문화유적 훼손의 현상이 여타의 일제의 침략행위로 인해 그것마저 의도적인 침략행위로 조선 민중에게 받아들여졌다. 그 구체적인 예가 사천왕사지 훼손이 아닐까 한다.[84]

한국병합을 전후로 해서 경주에 정착한 일본인 가운데는 일찍이 유물의 가치에 주목해서 수집에 열중한 인물이 있었다. 그들 중에는 이

---

[82] 이한상, 「식민지시기 신라고분 조사 현황」, 황종연 엮음, 『신라의 발견』, 동국대 출판부, 2008, 312쪽 ; 이병진, 「식민지시기 일본인들이 발견한 '신라'」, 『신라의 발견』, 334쪽 ; 千田剛道, 「植民地朝鮮の博物館－慶州古蹟保存會と博物館－」, 2~4쪽.

[83] 박선애, 「조선총독부의 문화재 '보존'사업과 전시동원」, 255쪽.

[84] 일제당국이 고의적으로 1918년 사천왕사지에 철로가 지나가도록 했다고 흔히 말한다. 나라의 헤이죠 궁터의 태극전 터와 주작문 터 사이를 1914년에 부설된 철로가 지금도 통과하고 있다. 그런 면에서도 사천왕사터에 철로가 가로놓인 것은 문화재 보존을 위해 노선을 우회하지 않고 경제성과 편리성에 우선을 둔 당시의 산물로 보는 것이 더 설득력이 있다고 보여진다. 이근직은 「쪽샘지역의 역사와 문화」에서 이런 견해를 밝힌 바 있다.

같은 유물을 돈벌이 수단으로 생각하고 본국에 팔았던 자도 있었다. 또한 수집가로서 유물을 수집하고 후에 경주고적진열관에 전시한 사람도 있었다.[85] 신라유물 보존에 노력한 모로가 히데오(諸鹿央雄)는 양면성을 가진 인물이었다. 오사카 긴타로(大坂金太郎)는 모로가 히데오가 신라유적을 조사하고 그 보존을 제창하고 석기·토기·와전·석제품·금속 등의 수집에도 열중하고 그 우수품은 경주고적보존회 진열관에 전시함과 함께 진열관의 운영에도 협력했다고 우호적으로 평가한다.[86] 그런데 모로가는 1933년 유물도굴 사건에 연루된다.[87]

병합 전부터 경주에 유적조사와 유적발굴이 진행되었다. 병합 후 1910년대에 도로와 철로 개설로 인한 발굴조사 그리고 택지개발·경작·도굴로 인해 노출된 유구의 발굴이 이루어졌다.

1909년에 야츠이 세이이치(谷井濟一)를 중심으로 하여 황남리 남총과 서악리 석침총이 발굴조사되었다. 1911년에는 세키노 타다시, 구리야마 슌이치, 키고 토모타카는 10월 27일부터 11월 1일까지 경주에 체제하면서 남산성지, 명활산성지, 흥덕왕릉, 헌덕왕릉, 망덕사지, 일정·월정교지, 옥산서원 등지를 답사하였다.[88] 1915년에 황남리 검총, 보문리 부부총, 보문리 금환총(金環塚), 보문리 완총(垸塚), 동천리 와총을 발굴조사했다. 주요한 조사 담당자는 세키노 타다시와 야츠이 세이이치였다.[89] 1918년에 하라다 요시토(原田淑人)가 보문리 고분을 발굴조사했

---

85) 韓三建, 「韓國における邑城空間の變容に關する硏究－歷史都市慶州の都市 變容過程を中心に－」, 268쪽.

86) 大坂金太郎, 『朝鮮學報』 45, 1967, 89쪽.

87) 京都木曜クラブ 編, 「有光敎一氏インタビュー 私と朝鮮古蹟調査硏究－戰 前から戰後を通して－」, 『考古學史硏究』 10, 2003, 17쪽 ; 정인성, 「일제강 점기「경주고적보존회」와 모로가 히데오(諸鹿央雄)」, 2008 대구사학회 전국학 술대회 발표논문, 2008, 66쪽 ; 『동아일보』 1933년 5월 3일자.

88) 이한상, 「식민지시기 신라고분 조사 현황」, 293쪽 ; 高橋潔, 「關野貞を中心と した朝鮮古蹟調査行程」, 34쪽.

다.[90] 1918년 경주에서 보문리 고분을 발굴한 하라다는 협궤선 부설공사가 진행되는 사천왕사지의 일부도 조사했다.[91]

1921년 금관이 발견되었다. 경주의 신라고분 연구뿐만 아니라 조선고적 조사에 큰 영향을 미친 것이 1921년 금관총의 발견이었다. 금관총 조사를 계기로 조선총독부에 고적조사과가 신설되어, 후지다 료사쿠(藤田亮策)를 비롯한 새로운 연구원들을 중심으로 한 조사연구 체제가 정비되었다.[92] 1945년까지 이어진 식민지시대의 고고학적인 조사는 일본인 고고학자들이 주도하였다.

5. 맺음말

1912년 경주읍성 남문이 철거되고 1915년 성벽을 관통한 도로가 개통

---

[89] 早乙女雅博,「新羅の考古學調査 100年の研究」,『朝鮮史研究會論文集』39, 2001, 57~63쪽 ; 內田好昭,「日本統治下の朝鮮半島における考古學的發掘調査(上)」, 76쪽.

[90] 吉井秀夫,「일제 강점기 경주 신라고분의 발굴조사」, 13쪽.

[91] 1922년에는 藤田亮策・梅原末治・小泉顯夫에 의해 사천왕사지의 조사가 이루어졌다(原田淑人,「경상북도 경주군 내동면 사천왕사지 일부조사」,『大正七年度古蹟調査報告』第1冊, 조선총독부, 1922 ; 小泉顯夫・梅原末治・藤田亮策,「四天王寺址」,『大正十一年度古蹟調査報告』第1冊, 조선총독부, 1924 ; 早乙女雅博,「新羅の考古學調査 100年の研究」, 67・69~70쪽). 1936년에는 동해중부선 광궤공사 구간의 사천왕사지 공사현장에서 사천왕사의 초석이 발견되어 총독부의 藤田亮策가 급히 조사한 결과 사천왕사 경당지(經堂址)로 생각되는 곳에서 길이 1척 2촌, 넓이 2척 8촌의 사천왕상의 하반부 파편을 발견하였다(藤田亮策,「四天王寺址と新金冠塚」,『考古學』第7권 제3호, 東京考古學會, 1936, 108쪽 ; 최장미・강정미・김수희,「사천왕사지 발굴조사 성과와 의의」, 국립경주문화재연구소,『신라 호국의 염원 사천왕사』, 2008 학술연구 심포지움 발표논문, 2008, 28쪽). 사천왕사지 남단을 통과하던 철도노선이 표준궤로 개량되면서 북쪽 강당지를 통과하는 것으로 변경되었다(이근직,「쪽샘지역의 역사와 문화」, 129쪽).

[92] 吉井秀夫,「일제 강점기 경주 신라고분의 발굴조사」, 15쪽.

된다. 도로의 신설·확장에 의해 성벽의 부분적 파괴가 행해진 후 일부 성벽만 남은 채 1930년대 초에 대부분 철거되어 택지 등으로 전용된다. 병합 후 읍성 안의 조선시대 행정기관 건물은 식민지 통치기관의 건물로 전용되거나 그 자리에 건물이 신축되었다. 이리하여 식민지 통치기관이 읍성 지구에 밀집하여 입지하게 되었다. 동헌 시설은 군청으로 이용되다가 객사 부지에 군청이 신축되었고 객사는 경주공립보통학교 시설로 전용되었다. 읍성 지구에는 일본불교 포교소 등 종교기관도 자리잡게 되고 일본인 소학교도 들어섰다.

1918년 대구-불국사 간 철도가 개통되면서 읍성 남문이 있었던 곳에서 경주역사가 위치한 남쪽으로 난 지금의 봉황로가 중심거리가 되었다. 이때 경주역사는 사정동 1-25번지에 자리잡았다. 현 서라벌문화회관(사정동 1-26번지) 동편 인접지역이다. 지금의 봉황로 주변이 당시의 중심가인 本町通이었다. 본정통은 경주에서 근대적 상가의 출발점이었다. 읍성 지구에는 식민지 공공기관이 주로 자리잡았으며, 상업 기능을 가진 것은 본정통 주변에 주로 입지하였다.

대구-경주, 경주-울산 간 신작로가 개설되면서 이 도로가 문화유적지를 양분하기도 했다. 대구-경주 간 신작로가 금척리 고분군을 가로지르게 되고 태종 무열왕릉과 '김인문묘' 사이를 크게 갈라놓았다. 경주 읍성-불국사 간 도로로 인해 안압지와 월성이 분리되었다. 일제강점기에 개설된 가로망은 현재 경주시의 가로망으로 많이 이용되고 있다.

1918년 불국사역까지 철도가 개통되면서 경주관광이 활성화된다. 하지만 철로의 개설은 문화유적을 훼손하는 결과를 초래했다. 1918년 철로가 지금의 태종로를 지나게 됨에 따라 노동·노서동 고분군과 대릉원이 분절되었고 그 철길은 안압지와 월성 사이를 통과하여 사천왕사지를 가로질러 불국사역까지 놓여졌다.

1913년 신라회를 모태로 경주고적보존회가 결성된다. 이 단체는 관변 단체였다. 보존회의 주 사업은 현지보존 사업과 수집보존 사업이었다. 경주고적보존회에서 경주유적 안내책자를 출간하기도 하였다.

1913년 석굴암 수리 사업이 시작되고 본격화되는 조선총독부의 경주 유적 보존사업은 신라문화를 현창하기 위한 것은 아니었다. 경주가 신라 의 천년고도라는 것보다는 식민지 지배의 정당성과 연결되는 일본 본위 의 식민지 사관에 의한 역사상을 우선시했다. 신라의 표상도 조선의 전 통을 위해서가 아니라, 일본과 조선의 동질적인 근원을 나타내는 사례로 내세워졌다. 경주고적보존회가 당초부터 진열관의 설치를 목표로 하고 비교적 조기에 진열관 설치가 실현된 것은 그것이 위에서 언급한 역사 상을 배경으로 한 조선총독부의 정책에 기반을 둔 것이기 때문이었다.

당시 일본인 중에 문화재 수집과 보존에 관심을 크게 기울인 사람도 있었고 문화재 밀반출에 가담한 자도 있었다. 문화재 가치에 주목하는 자가 늘어나자 도굴이 성행하기 시작했다. 법령에 기반한 문화재 관리 를 위해 1916년「고적급유물보존규칙」을 공포하고 아울러「고적조사위 원회 규정」을 제정하고 '고적조사위원회'를 설치했다. 고적조사위원회 위원들은 대부분 일본인이었다. 이는 조선인의 시각으로 조선의 문화재 를 보존하기보다는 일본인들이 선호하는 문화재 양식에 맞거나 '내선일 체'의 관점에서 문화재를 선별할 가능성이 크다는 것을 의미했다.

1909~1915년까지 고적조사사업이 이루어진다. 1909~1912년 조사에서 건조물을 갑·을·병·정으로 분류해서 갑·을을 보존대상으로 지정한 다. 갑·을은 특별보호의 필요가 있는 것, 병·정은 특별보호의 필요를 인정할 수 없는 것으로 했다. 이 조사결과가 고건축물의 존립에 크게 영향을 끼쳤다. 병으로도 지정되지 못한 경주 읍성 내외의 고건축물은 철거되거나 불하되었다. 조선총독부는 조선인을 배제한 상태에서 그들 의 판단에 의해서만 어떤 것은 철거하고 또한 어떤 것은 보전했다.

병합 전부터 경주에 유적조사와 유적발굴이 진행되었다. 1910년대에

도로와 철도 개설로 인한 발굴조사 그리고 택지개발·경작·도굴로 인해 노출된 유구의 발굴조사가 이루어졌다.

1915년에 황남리 검총, 보문리 부부총, 보문리 금환총(金環塚), 보문리 완총(塊塚), 동천리 와총을 발굴조사하였고 1918년에 보문리 고분을 발굴조사했다. 1918년 협궤선 부설공사가 진행되는 사천왕사지의 일부도 조사했다.

1910년대에 도로와 철도 개설에 인한 신라 문화유적의 훼손이 모두 식민통치의 악의적 목적성 때문이라고 해석하는 것은 그 시대 상황을 도외시한 인식일 수 있다. 그 시대는 민과 관의 문화재 보존 의식, 문화재 보존 법령체계와 보존관리 등에서 오늘날과 현저한 격차가 있었다는 것을 염두에 둘 필요가 있다. 따라서 문화유적의 훼손이 편리성과 효율성에 우선을 둔 당시의 산물인 경우도 있었다. 일제가 문화유적을 훼손도 하고 보존도 한 두 얼굴을 가지고 있었다. 보존의 성격이 무엇이냐가 관건이다. 일제는 표면적으로 조선 문화재의 보존을 주장하고, 실제로 정책 수립도 하여 유적지 조사, 구제 발굴, 고적 도보 작성, 보물·고적의 지정과 보존조치 등도 하였다. 그런 면에서 제한적 의미의 보존을 꾀했다고 평가할 수 있다. 일제의 조선 문화재 정책은 기본적으로 근대적 유물보존 체제의 형성과정이면서, 한편으로 식민정책의 일환으로서 문화적 동화를 강화하고 문화적 독자성을 제거하는 데 역점이 두어졌다. 여타의 식민정책처럼 일제의 문화재 정책은 본국의 이익을 절대시하는 식민지 정책의 테두리 안에서 이루어진 것만은 분명하다.

김신재 ▌ 동국대학교 국사학과 교수

제6장

일본여행협회(Japan Tourist Bureau)의 활동을 통해 본 1910년대 조선관광

1. 머리말

19세기 중반 서구에서 시작된 근대관광은 제국주의의 발전과정과 그 맥을 같이 하는 것이었다. 일본의 근대관광 역시 이와 큰 차이가 없다. 따라서 일제의 직접적인 지배를 받았던 식민지 조선의 근대관광은 그 출발부터 식민지성을 가질 수밖에 없었다. 그러므로 식민지 조선의 근대관광은 일본의 근대관광과 밀접한 관계가 있다고 할 수 있다.

식민지 조선의 근대관광에 대한 연구는 근래에 들어서야 시작되어 충분한 연구가 축적되지 않은 형편이다. 그것은 그동안 역사학계에서 관광에 대한 관심이 사실상 없었기 때문이라 할 수 있다. 그러나 최근 근대관광 연구가 활성화된 것은 일상사에 대한 연구가 활발해지면서 관광 역시 식민지 조선인의 삶에 변화를 주었고, 그것이 식민지 지배정책의 일환으로 이루어졌다는 인식이 확산되었기 때문이라 할 수 있다.

이러한 인식의 변화에 따라 이루어진 식민지 조선의 근대관광에 대한 연구는 주로 근대문학 연구자들을 중심으로 이루어지고 있는 상황이며,[1] 역사학계의 연구는 미진한 편이다.[2] 문학계의 연구는 주로 식민지 조선의 '근대(성)'의 탄생과 성격에 주목하면서 이루어진 경향이 있으며, 역사학계의 연구는 경주나 인천의 사례를 중심으로 도시 성격의 변화과 정과 그에 따른 관광도시로서의 성격에 주목한 연구, 1910년대 식민지 조선의 근대관광의 탄생을 철도와 선박 등의 교통수단과 일본여행협회 조선지부의 설치 등 식민지 근대관광의 기반시설을 다룬 연구, 그리고 신문에 보도된 관광기사를 분석하여 1920년대 초반의 국내관광을 개관한 연구, 조선총독부의 관광정책에 대한 연구 등으로 나누어 볼 수 있다. 이 외에도 식민지 근대관광이라는 시각에서 이루어진 것은 아니지만 식민지 전시기에 걸쳐 파견되었던 일본시찰단에 대한 일련의 연구가 있다.

---

[1] 서기재, 「일본근대 「여행안내서」를 통해서 본 조선과 조선관광」, 『일본어문학』 13, 한국일본어문학회, 2002 ; 차혜영, 「1920년대 해외 기행문을 통해 본 식민지 근대의 내면 형성경로」, 『국어국문학』 137, 국어국문학회, 2004 ; 김중철, 「근대 초기 기행 담론을 통해 본 시선과 경계 인식 고찰－중국과 일본 여행을 중심으로－」, 『인문과학』, 성균관대학교 인문과학연구소, 2005 ; 서기재, 「일본 근대 여행관련 미디어와 식민지 조선」, 『일본어문학』 14, 2005 ; 홍순애, 「근대 소설에 나타난 타자성 경험의 이중적 양상」, 『정신문화연구』 106권, 한국학중앙연구원, 2007 ; 김려실, 「기록영화〈Tyosen〉연구」, 『상허연구』 24, 상허학회, 2008.

[2] 최석영, 「일제 강점 상황과 扶餘의 '관광명소'화의 맥락」, 『인문과학논문집』 35, 대전대학교 인문과학연구소, 2002 ; 李良姬, 「日本植民地下の觀光開發に關する硏究」, 『日本語文學』 24, 일본어문학회, 2004 ; 김정훈, 「'韓日倂合' 전후 국내관광단의 조직과 성격」, 『전남사학』 25, 2005 ; 조성운, 「1910년대 식민지 조선의 근대관광의 탄생」, 『한국민족운동사연구』 56, 2008 ; 차순철, 「일제 강점기 경주지역의 고적조사와 관광에 대한 검토」, 『新羅史學報』 13, 2008 ; 추교찬, 「월미도 유원지와 경인선」, 『仁川文化硏究』 6, 2008 ; 국사편찬위원회 편, 『여행과 관광으로 본 근대』, 두산동아, 2008 ; 김신재, 「1910년대 경주의 도시변화와 문화유적」, 『新羅文化』, 동국대학교 신라문화연구소, 2009 ; 김영수, 「1920~30년대 인천의 '관광도시' 이미지 형성」, 『인천학연구』 11, 2009 ; 조성운, 「일제하 조선총독부의 관광정책」, 『동아시아문화연구』 46, 한양대학교 동아시아문화연구소, 2009 ; 조성운, 「1930년대 식민지 조선의 근대관광」, 『한국독립운동사연구』 36, 한국독립운동사연구소, 2010.

이러한 연구들은 일본인의 조선인식과 조선인의 일본인식 등 식민지 근대관광의 성격 부분에 관한 분석을 중심으로 이루어진 경향이 있다. 따라서 식민지 근대관광이 발달할 수 있었던 배경이나 조직, 시설 그리고 일제의 관광정책 등에 대한 연구는 거의 찾아보기 어려운 실정이다. 따라서 식민지 근대관광에 대한 연구는 이제 시작이라 할 수 있다.

본고는 이미 필자가 그 설치 과정에 대해 살핀 바가 있는 일본여행협회[3]의 본부인 일본여행협회의 활동을 통해 1910년대 식민지 조선의 근대관광을 살피고자 하는 목적에서 작성되었다. 이를 위해 필자는 러일전쟁 이후 일본제국주의의 발전 과정 속에서 1912년 일본여행협회의 설립과 그 과정에서 설치된 일본여행협회 조선지부의 활동을 살피고자 한다. 이를 통해 1910년대 식민지 조선의 근대관광에 대해 보다 깊은 이해에 도달할 수 있기를 기대한다.

2. 일본여행협회의 설치

근대관광은 1841년 7월 5일 금주운동가이자 목사인 토마스 쿡(Thomas Cook)[4]이 570여 명을 모집하여 금주운동의 일환으로 조직했던 레세스

---

[3] 조성운, 「1910년대 식민지 조선의 근대관광의 탄생」, 『한국민족운동사연구』 56, 2008 ; 「1930년대 식민지 조선의 근대관광」, 『한국독립운동사연구』 36, 2010.

[4] 토마스 쿡은 1808년 11월 22일 영국의 더비셔(Derbyshire) 맬버른(Melbourne)에서 태어났다. 가정형편이 넉넉하지 못하였으며, 3살에 아버지가 사망하고 몇 달 후 어머니가 재혼을 하여 10살 무렵부터 노동을 하지 않을 수 없었다. 14살부터는 이모부의 가구점에서 일을 하였다. 그런데 그를 고용했던 두 사람이 모두 알콜중독자였다. 바로 이러한 그의 경험이 그를 금주운동가로 성장시킨 것이 아닌가 한다. 러프버러로 이사한 토마스 쿡은 침례교 관련 책을 출판하는 인쇄소에 취직을 하여 일요학교에 입학하여 공부하고 후에는 교사, 교장이 되었다. 1826년 그는 침례교의 세례를 받고 1828년 전도사가 되었다. 1830년 비

터(Leicester) ─ 러프버러(Loughborough) 간의 철도여행에서 비롯되었다고 한다. 이렇게 근대관광이 탄생할 수 있었던 것은 첫째, 여행할 수 있을 정도의 시간적·경제적 여유를 가진 계층, 즉 중산층이 탄생하였고 둘째, 철도라는 대량운송 수단이 발달하였으며 셋째, 제국주의적 발전에 수반하여 해외 식민지를 직접 보고자 했던 영국민의 열망 등 여러 조건들이 그 배경이 되었다고 할 수 있다.[5]

이러한 탄생 배경에서 볼 수 있듯이 근대관광은 제국주의의 발전과정 속에서 탄생하였다. 특히 토마스 쿡이 1845년 설립한 세계 최초의 여행사인 토마스 쿡 앤 선(Thomas Cook & Son)사가 성공적으로 경영될 수 있었던 배경이 당시 유럽에서 광풍처럼 개최되었던 박람회와 식민지 관광에 힘입은 바 크다는 것은 근대관광의 이와 같은 발생 배경을 잘 설명해준다고 할 수 있다.

요시미 순야(吉見俊哉)가 지적했듯이 박람회는 '제국'의 디스플레이, '상품'의 디스플레이, 흥행물(見世物)로서의 의미를 가지고 있다.[6] 이는 박람회가 제국주의의 발전과정에서 제국의 우수성과 근대문물을 선전하는 장치이면서 동시에 제국민의 오락물로서의 기능도 수행하고 있다는 의미라 생각된다. 그러나 이를 피식민지의 입장에서 바라보면 박람회는 곧 피식민지의 야만성과 전근대성을 각인하는 장이며, 피식민지인을 제국 상품의 소비자로서 각인시키는 장이라는 의미로도 파악된다. 또한 박람회는 제국민과 마찬가지로 피식민지인에게도 오락물로서의 기능을 하고 있다는 점에 주목해야 한다고 생각한다. 이는 박람회가 가지는 기본적인 속성에 기인하는 것이라 보이지만 전시물을 보는 시선이나 관점은

어 하우스법(Beerhouse Act) 실시 이후 급속도로 확대된 음주문화를 경계하면서 그는 금주운동에 종사하였다.(本城靖久, 『トーマスクックの旅─近代ツーリズムの誕生』, 講談社, 1996, 18~29쪽.)

[5] 조성운, 「1910년대 식민지 조선의 근대관광의 탄생」, 108~109쪽.

[6] 吉見俊哉, 『博覧会の政治学』, 中公新書, 2000, 25쪽.

제국민과 피식민지인의 입장에 따라 다르다는 점에서 산출되는 결과 역시 다르다는 점을 지적하지 않을 수 없다. 이 시선과 관점의 차이가 바로 식민지 본국과 피식민지를 가르는 근본적인 기준이 되기 때문이다.

따라서 후발제국주의 국가로서의 일본 역시 이러한 박람회의 기능과 역할에 주목한 것은 당연하다 할 것이다. 일본이 처음으로 만국박람회에 참여한 것은 1862년 런던만국박람회였으나 막부가 정식으로 출품한 것은 1867년 파리만국박람회가 최초이다. 이후 일본은 꾸준히 서구에서 개최된 박람회에 참여하였고, 1877년 제1회 내국권업박람회(內國勸業博覽會)의 개최를 통하여 일본도 박람회 개최국 대열에 동참하고 있다. 이후 일본에서는 박람회의 개최가 붐을 이루었다.

그런데 박람회의 성공 여부는 관람객의 수에 달려있다고 할 수 있다. 박람회 주최측은 보다 많은 관람객을 동원하기 위해 다양한 방식으로 홍보하였으며, 관람객들이 박람회장까지 보다 용이하게 접근할 수 있도록 버스나 전철, 기차 등의 교통수단을 새로이 설치하거나 그 운행에 편의를 기하여야만 하였다. 또 관람객들을 박람회장까지 동원하는 회사, 즉 여행사가 설립되거나 여행사와 같은 기능을 하는 조직이 탄생하기도 하였다. 그리고 원거리에서 온 관람객을 위한 여관, 호텔 등 숙박시설과 식당 등이 확충되었다. 앞에서 언급했듯이 토마스 쿡 앤 선사는 철도회사 및 박람회 주최측, 그리고 호텔·식당업자들과의 협약을 통해 관람객들이 보다 저렴한 가격으로 박람회를 관람[7]할 수 있도록 하면서 여행사로 성공하였던 것이다. 이러한 결과 1868년까지 토마스 쿡 앤 선사를 통하여 관광을 한 인원은 약 200만 명[8]에 달하였다. 더욱이 기선을 이용하여 실시한 1872년의 22일간의 세계일주관광은 관광의 범위를 국외

7) 本城靖久,『トーマスクックの旅－近代ツーリズムの誕生』, 58~65쪽.
8) 김사헌·지선진,「근대－탈근대사회 맥락에서 본 관광패턴의 변화: 이론적 논의를 중심으로」,『경기관광연구』9, 관광종합연구소, 2006, 1쪽.

로까지 확대시켰다. 특히 이 세계일주관광은 식민지 관광을 포함한 것이었다. 이로써 근대관광이 성립함과 동시에 제국주의적 정체성을 강화하는 도구로 이용되었음을 확인할 수 있는 것이다.

서구에서 이루어진 근대관광은 일본에도 전하여졌다. 잘 알려져 있듯이 일본 최초의 단체해외관광여행은 러일전쟁의 승리 이후인 1906년 아사히(朝日)신문사가 주최하였던 만한순유단(滿韓巡遊團)에서 찾을 수 있다. 만한순유단은 여행사가 아닌 신문사에서 주최하였다는 점이 특징이다. 이는 당시 치열하게 경쟁하고 있던 신문업계의 사정을 반영하는 것이기도 하였으나 뒤에서 살펴볼 1912년 일본여행협회가 설치되기 이전에는 이러한 여행을 담당할만한 여행사가 존재하지 않았다는 점에서 그 이유를 찾을 수 있다. 더욱이 러일전쟁 승리 이후의 일본 사회는 승리감에 도취되어 일본이 세계 열강과 어깨를 나란히 할 수 있는 존재로 성장하였다는 자부심이 대단히 컸던 시기였다. 이러한 때에 만한순유단의 조직은 일본에 대한 자부심과 정체성을 확인하는 장이 될 수 있었던 것이다. 그리하여 만한순유단은 주최자인 아사히신문사뿐만 아니라 일본 사회의 전폭적인 지지를 받아 크게 성공하였고, 만한순유단의 성공 이후부터 조선과 만주에 대한 일본인의 수학여행과 관광은 하나의 사회적 현상으로서 붐을 이루었다.9)

그리하여 이 시기 일본인의 조선과 만주에 대한 시찰 혹은 여행은 주

---

9) 1906년 조선과 만주여행에 관한 대표적인 연구는 다음과 같다. 渡部宗助, 「中学校生徒の異文化体験－1906年満韓大修学旅行の分析」, 『国立教育研究所研究収録』 21, 財団法人学会誌刊行センター, 1990 ; 有山輝雄, 『海外観光旅行の誕生』, 吉川弘文館, 2002 ; 高媛, 「満州修学旅行の誕生」, 『彷書月刊』 215, 2003 ; 三谷正憲, 「日本近代の朝鮮観－明治期の満韓修学旅行をめぐって」, 『Gyros』 11, 2005 ; 鈴木普慈夫, 「満韓修学旅行の教育思想的考察－教育目標の時代的変化の一例として」, 『社会文化史学』 48, 2006 ; 임성모, 「팽창하는 경계와 제국의 시선」, 『일본역사연구』 23, 2006 ; 宋安寧, 「1906(明治39)年における満州教員視察旅行に関する研究」, 『研究紀要』 1-2, 2008 ; 小林健, 『日本初の海外觀光旅行』, 春風社, 2009.

로 청일전쟁과 러일전쟁을 통해 획득한 새로운 '영토'를 눈으로 확인함으로써 일본이 서구 열강과 어깨를 나란히 하는 '제국'으로 발전하고 있음을 선전하고자 한 측면이 강하였다. 반면에 여행 참가자의 경우에는 사회의 유지 혹은 명사로서의 대접을 받게 됨으로써 사회적인 위치나 지위를 획득하는 하나의 수단이 되었다. 그리하여 여행지는 당연히 요코하마(橫浜)·고베(神戶)·오사카(大阪)·쿠레(吳)·모지(門司) 등 러일전쟁의 관련지와 대련·요양·봉천 등 러일전쟁의 전승지, 인천·경성·평양 등 청일전쟁의 관련지 및 유적 등 일본군의 전승지 중심이었다.[10] 따라서 이 시기 일본인의 조선과 만주여행은 제국주의로 성장하고 있었던 일본의 정체성을 강조하고 강화하는 방향에서 이루어졌다.[11]

이러한 이유에서 이 시기 일본인의 조선과 만주여행에는 육군성의 역할이 매우 컸다. 육군성은 1906년 6월 26일 "금년 하기 중 육군성 관할의 선박에 편승하는데 문부성이 적당하다고 인정하는 중학교 이상의 학교생도(감독자를 동반한 단체에 한함)의 만한지방 수학여행"[12]에 다음과 같은 편의를 제공하고자 하였다.

1. 한국에서는 경의선철도(京義線鐵道)를 제외하고 선박 및 陸行에 한해서는 육군에서 취급하기로 함.
2. 육군 관할의 선박 및 철도는 여행자에 대해 무상수송하기로 함.
3. 여행자에 대해서는 대련잔교의 통행료를 면제하기로 함.
4. 여행자의 숙소는 육군에서 가능한 편의를 제공함. 단 개원(開原) 이북은 제외함.
5. 만한에서 급여(給與)는 여행자의 자기 부담으로 함. 단 그 조달에 관해서는 육군에서 가능한 편의를 제공함.

---

[10] 李良姫, 「日本植民地下の觀光開發に關する硏究」, 476쪽.
[11] 有山輝雄, 『海外観光旅行の誕生』 참조 바람.
[12] 有山輝雄, 『海外観光旅行の誕生』.

6. 선중에서는 군대 수송의 예에 근거해 식량을 지급하고 실비를 지불
   받음.

7. 여행자에게 침구를 대여함.

8. 여행자가 육군 조성의 조영물을 관람하고자 할 때에는 그 감독자가
   육군관헌에게 신청하여 그 지휘를 받도록 함.

9. 저명한 전장 기타 수학여행에 이익이 될 사항에 관해서는 근무에
   지장이 없는 한 설명의 편의를 제공함.

10. 여행 중 입원치료의 필요가 발생할 경우 감독자가 이를 육군관헌에
    게 출원할 때는 육군관할의 병원에서 치료함. 단 실비는 산입(算人)
    함.13)

　　위의 인용문을 통해 볼 수 있듯이 일본 육군성은 조선과 만주여행자
들에 대해 교통편과 숙소를 무상으로 제공하는 한편 식사도 실비로 제
공함으로써 여행객들에게 최대한의 편의를 제공하고자 하였던 것이다.
이와 같은 육군성의 활동은 만한순유단 이후의 일본 사회의 분위기 속
에서 이루어진 것이었다. 특히 1905년 부관연락선의 개통으로 인하여
부산은 "동아대륙(東亞大陸)으로 통하는 통로", "세계의 통로", "구아대
륙(歐亞大陸)으로 통하는 문호(門戶)"로서 일본 근대관광에 매우 중요
한 위치를 차지하게 되었다.14) 이러한 분위기 속에서 일본에서는 관광
에 대한 욕구가 확산되었고, 이제 관광여행지도 조선과 만주를 뛰어넘
어 유럽과 미국에까지 이르게 되었다.15)

　　이처럼 일본의 근대관광은 20세기 초에 육군으로 대표되는 군부의 후
원으로 시작되었다. 이는 일본 근대관광이 그 시작부터 침략적 · 제국주
의적 성격을 갖게 되었음을 의미한다. 따라서 일본에 의해 규정된 조선

---

13) 「学生満韓旅行」, 『大阪朝日新聞』 1906년 6월 30일(宋安寧, 「1906(明治39)年
　　における満州教員視察旅行に関する研究」, 주) 9 재인용).

14) 조성운, 「1910년대 식민지 조선의 근대관광의 탄생」, 24쪽.

15) 이에 대해서는 有山輝雄, 『海外観光旅行の誕生』을 참고 바람.

의 근대관광은 그 시작부터 식민지성을 갖게 되었던 것이다.[16)

이러한 일본 사회의 분위기 속에서 일본 정부의 일각에서는 서구 사회에 일본을 알리고 관광객을 유치함으로써 경제적 이익을 획득할 수 있다는 움직임이 발생하였다. 그것은 미국과 유럽에서 공부하고 귀국한 철도원(鐵道院) 영업과장 기노시타 도시오의 경험과 도쿄상공회의소 회장인 시부사와 에이이치(渋沢栄一)[17)의 사업적 요구에 기인한 바가 컸다고 할 수 있다. 특히 1893년 시부사와는 마스다 다카시(益田孝)와 함께 일본 최초의 여행단체인 키힌카이(喜賓會)를 조직한 바 있었다. 그러나 키힌카이는 근대적인 의미의 관광을 위한 단체라기보다는 공무 차 일본을 찾는 외국 귀빈들을 접대하는 것을 주된 활동으로 하였다.[18)

---

16) 조성운, 「1910년대 식민지 조선의 근대관광의 탄생」, 113쪽.

17) 메이지시대(明治時代)에 정부 관리로 있으면서 개혁정책을 수립하여 일본 경제를 확고한 기반 위에 올려놓는 데 이바지했다. 또한 시부사와회사를 세워 일본에서 가장 큰 재벌의 하나로 키움으로써 정부와 기업이 밀접한 관계를 맺는 데 기여했다. 그는 한때 모든 외국인을 일본에서 내쫓을 것을 요구하는 '양이 (攘夷)' 운동에 가담했으며, 히토쓰바시(一橋) 가문의 상속자인 도쿠가와 요시 노부(德川慶喜)를 받들었다. 요시노부에 의해 그는 사무라이(武士) 신분이 되 었으며, 얼마 후 일본의 세습 군사 독재자인 쇼군(將軍)의 자리를 물려받게 되 자 시부사와를 바쿠후(幕府) 관리로 임명했다. 시부사와는 곧 '양이' 사상을 버 렸고, 1867년 1월에 요시노부의 동생을 수행하여 유럽을 순방했다. 그가 귀국 했을 때 일본은 메이지 유신이 일어나 쇼군의 바쿠후가 무너지고 왕정복고가 이루어진 뒤였다. 그해에 시부사와가 설립한 금융무역상사는 법인 조직을 가진 일본 최초의 주식회사였다. 1869년 10월에는 대장성(大藏省) 관리로 정부에 들 어가 조세와 화폐를 개혁하고 도량형 제도를 개정했으며, 새로운 지방 행정법 을 개발하는 데 이바지했다. 1873년에 시부사와는 정책에 대한 견해 차이로 사 직하고, 일본제일국립은행의 설립을 도와 총재가 되었다. 같은 해 오지(王子) 제지회사를 설립했고, 10년 뒤에는 유명한 오사카(大阪)방직회사를 세워 경영 하기 시작했다. 그는 어떤 방직회사보다 규모가 크고 효율적인 이 공장을 통하 여 일본 실업계의 거물로 등장했다. 실제로 철도 및 기선회사, 수산회사, 인쇄 소, 철강공장, 가스 및 전기회사, 석유 및 광산회사를 설립함으로써 당시 일본 의 산업 발전과 관련된 거의 모든 기업활동에 관여했다. 1916년에 경영 일선에 서 물러난 뒤로는 91세로 죽을 때까지 사회복지사업에 종사하였다.

18) 喜賓會에 대해서는 白幡洋三朗의 연구(「異人と外人」, 『十九世紀日本の情報

그런데 근대적인 의미에서의 관광단체의 필요성이 제기되면서 1912년
이 단체의 해산과 함께 일본여행협회가 설립되었다. 이는 국제 사회에
서 일본의 위상을 높이고자 했던 일본 정계의 입장과 경제적 이익을 목
적으로 했던 경제계의 협조 속에서 이루어진 일이었다.

이처럼 1910년대 초반은 일본여행협회의 설립을 통해 제국 일본이 관
광을 본격적으로 육성하고자 한 시기였다. 그리하여 이 시기부터 일본
철도원은 관광루트의 설정과 관광지의 정비 등을 본격적으로 추진하기
시작하였다. 즉 1910년 시베리아경유국제연락운수회의(經由國際連絡運
輸會議)의 기반하에서 일본은 조선, 중국, 러시아를 주유하는 세계일주
관광루트 · '일지'주유('日支'周遊)루트 · '일만'주유('日滿'周遊)루트를 선정
하였다. 이와 같은 관광루트 설정에는 청일전쟁과 러일전쟁의 승리에
따른 일본의 국가적 위상이 고양되고 시베리아철도가 완성됨으로써 대
륙진출이 보다 용이해졌다는 점 등이 배경으로 작용하였다. 이에 따라
오쿠마 시게노부(大隈重信)내각의 자문기관이었던 '경제조사회'는 철도
와 기선에 의한 '일만'주유('日滿'周遊)루트를 제안하였던 것이다.[19]

이와 같이 일본의 근대관광이 체계를 갖추기 시작한 것은 1912년 3월
12일 일본여행협회(Japan Tourist Bureau)가 설립된 이후라고 판단되며,
일본여행협회의 설립은 일본의 관광산업이 근대화하는 계기로 이해할
수 있다. 설립 이후 일본여행협회는 도쿄에 본부, 지방에 지부, 그리고
지부 관하에 안내소 또는 출장소 및 촉탁안내소, 해외에는 대리점을 두
었다. 본부는 업무를 계획하고 지부 및 안내소 이하의 현업사무(現業事
務)를 통제, 감독하는 기관으로서 1936년 현재 총무부(總務部), 조사선
전부(調査宣傳部), 외인여행부(外人旅行部), 방인여행부(邦人旅行部),

와 社会変動』, 京都大学人文科学研究所, 1985)를 참조 바람.
[19] 佐藤哲哉, 「明治初期から第2次世界第2次世界大戦に至る日本の観光政策」,
『九州産業大学産経論叢』 45~2, 2004, 51쪽.

사업부(事業部), 경리부(經理部)로 구성되었다. 지부는 본부와 동일회
계하에 유람지의 개발 및 개선 촉진, 유람지의 소개, 안내소·출장소 및
촉탁안내소의 관리, 단체사무의 통합, 지방사무소의 통제, 일본여행구
락부 및 일본온천협회의 사무 등을 그 업무로 하였다.[20]

그런데 일본여행협회의 주요 업무는 관광객에 대한 알선과 안내였으
므로 업무는 대부분 여행안내소에서 이루어지고 있다고 해도 과언이 아
니었다. 그리하여 일본여행협회는 설립 직후인 1912년 5월 24일 개최되
었던 제1회 이사회에서 요코하마(橫浜), 고베(神戸), 나가사키(長崎) 등
의 3곳에 '독립 안내소'[21]를 설치할 것과 조선·만주·대만 등의 중요한
철도역 및 일본여행협회의 회원단체인 기선회사 본사와 지사, 그리고
철도원·남만주철도주식회사가 경영하는 호텔 등에 여행안내소(이하
안내소)를 설치할 것을 결정하였다. 이 외에도 유럽·남양·동양의 저
명한 도시에도 안내소를 설치할 것을 결정하였다.[22] 이는 곧 일본여행
협회의 활동 범위를 제국 일본의 세력 범위 내로만 국한시키지 않고 전
세계적으로 확장하여 각국의 관광객을 일본에 유치하겠다는 의미로 이
해된다.

이 결정에 따라 1913년 본부 직속의 전속안내소가 시모노세키(下關)
와 고베에 설치되었고, 도쿄(東京)안내소는 도쿄역의 영업 개시와 동시
에 1914년 12월 20일 설치되었다. 그리고 외지에서 조선지부의 안내소
는 1912년 12월 1일 경성안내소와 부산안내소를 각각 남대문정거장 여
객대합소와 부산정거장 여객대합소 내에 설치하였고, 대련지부의 여순·

---

[20] 社團法人ジャパン・ツーリスト・ビューロー(日本旅行協會),『ビューロー讀
本』, 1936, 7쪽.

[21] '독립적 안내소'가 무엇을 의미하는지에 대해서는 정확히 이해할 수 없으나 아
마 일본여행협회 본부의 직접적인 통제가 아닌 간접적인 통제를 받는다는 의미
가 아닐까 추측된다.

[22] 『過去一年間に於けるジャパンツーリストビューロー』(발행처 불명), 8~9쪽.

봉천·상춘안내소는 당지의 야마토(大和)호텔 내에 설치하였다. 또한 1917년 청도(靑島)지부의 개설과 동시에 청도역과 제남역(濟南驛)에 안내소를 설치하였다. 이 외에도 1918년 중국의 北京에 최초의 해외 안내소이자 본부 직속의 안내소가 설치되었다.[23] 그리고 1914년 도쿄 우에노(上野)공원에서 개최되었던 다이쇼(大正)박람회와 1915년 샌프란시스코에서 개최되었던 파나마박람회장에서 설치되었던 것과 같이 국내외에 특별한 행사가 있을 때 행사장 내에 임시안내소를 설치하여 운영하기도 하였다.[24] 이러한 안내소의 확충은 1912년 제1회 이사회의 결정사항을 이행하는 것이었다. 이후에도 일본여행협회는 지속적으로 안내소의 확충을 도모하였다. 즉 1913년 11월 13일 일본여행협회 상무이사회에서는 안내소망을 보완하고자 하는 의미에서 촉탁안내소의 설치를 결정하였다.[25] 그리고 안내소망은 일제가 패망할 때까지 점차 확대되었다. 이처럼 일본여행협회가 안내소의 설치 및 운영에 집중한 것은 안내소가 "여객에 대한 안내, 알선의 중심을 삼는 가장 중요한 기관이며 정관에 정해져있는 사명의 수행은 실로 안내소를 통해 이루어지는 것이므로 그 완부(完否)와 양부(良否)는 바로 뷰로 자체의 면목에 관한 것"[26]이기 때문이었다.

이렇게 각지에 안내소를 설치하는 등의 조직을 정비한 이후 일본여행협회는 가이드 조사, 호텔 조사, 외국관광객의 국적별 조사, 일본여관 조사, 자동차에 관한 조사, 유람지 조사, 夏季 체류 외국인 조사, 가이드 기타 실태 조사, 요양지에 관한 조사, 유람지 기후 조사, 후지산 기후 고지, 현·시영공원(縣·市營公園) 및 유람지 조사, 종업원의 시찰여행[27]

---

23) 日本交通公社, 『50年史』, 1962, 20~21쪽.
24) 日本交通公社, 『50年史』, 23쪽.
25) 日本交通公社, 『50年史』, 24쪽.
26) ジャパンツーリストビューロー, 『案內所實務』, 1939, 2쪽.
27) 日本交通公社, 『50年史』, 34~38쪽.

등 관광사업을 진흥시키기 위한 기초조사와 제반 사업을 행하였다. 그리고 단행본, 팸플릿 등 인쇄물의 발간, 포스터, 그림엽서, 사진, 환등, 강연회, 전람회 등을 통하여 관광객을 유치하고자 하였다.

특히 이러한 방법은 일본 국내에서만 행하였던 것이 아니라 해외에서도 행하여졌다. 즉 해외의 유력한 신문이나 잡지에도 관광객을 유치하기 위한 광고를 하였으며, 또 영어·러시아어·프랑스어·독일어 등의 외국어로도 여행안내서를 비롯한 인쇄물을 발간하여 배포하였다.[28] 이때 일본여행협회에서 발간한 여행안내서는 〈표 1〉과 같다.

〈표 1〉 일본여행협회가 발간한 여행안내서[29]

본부	일문	『日光, 塩原案内』, 『山田, 鳥羽案内』, 『富士登山案内』, 『温泉案内』, 『奈良案内』, 『京都案内』
	영문	『An Official Guide to Eastern Asia』(滿洲·朝鮮(1913), 南西部 日本(1914), 北東部 日本(1914), 中國(1915), 東인도·필리핀·佛領인도네시아·海峽植民地(1917)의 전 5권)
	로문	『日本案内』
조선지부		『京城案内』, 『朝鮮狩獵案内』, 『金剛山案内』(이상 영문)
대북지부		『台湾案内』, 『台北案内』(이상 영문)
대련지부		『長春案内』, 『奉天案内』, 『星力浦案内』, 『旅順案内』, 『日光, 塩原案内』, 『大連案内』(이상 일문)

다른 한편 창립 초기 일본여행협회는 다음과 같이 일본 내의 대표적인 관광지를 선정하여 국내외에 선전하였다.

1. 사전 예약이 필요한 곳

28) 日本交通公社, 『50年史』, 38~39쪽.
29) 日本交通公社, 『50年史』, 41쪽 ; THE IMPERIAL JAPANESE GOVERNMENT RAILWAYS, *An Official Guide to Eastern Asia* Vol.1, PREFACE, 1913.

(東京) 慶應義塾, 商船學校, 東京外國語學校, 東京盲學校, 女子職業學校, 東京市養育院, 內務省東京衛生試驗所, 農商務省農事試驗場, 王子製紙株式會社, 大日本麥酒株式會社, 東京株式取引所, 日本赤十字社病院, 講道館, 警視廳獎武會, 砲兵工廠內後樂園, 淺野總一郎氏邸, 鹿島精一氏邸園, 監獄.

(地方) 第三高等學校, 京都市立高等女學校, 大阪高等工業學校, 熊本高等工業學校, 第七高等學校造士館, 第八高等學校, 千葉醫學專門學校, 三菱造船所, 金田炭坑, 生野銀山, 三重製絲所, 大阪城.

2. 사전 예약이 필요 없는 곳

(東京) 東京帝國大學, 東京帝國大學農科大學, 東京高等商業學校, 東京美術學校, 東京高等工業學校, 日本女子大學, 東京聾啞學校, 東京控訴院, 衆議院, 印刷局, 中央氣象臺, 帝國大學附屬醫院, 日本赤十字社, 東京慈惠會醫院.

(地方) 九州帝國大學, 第五高等學校, 長崎醫學專門學校, 長崎高等商業學校, 山口高等商業學校, 廣島高等師範學校, 第六高等學校, 岡山醫學專門學校, 神戶高等商業學校, 京都高等工藝學校, 京都市立美術工藝學校, 京都市立盲啞學校, 京都市立染織學校, 稻畑氏和樂庵, 奈良女子高等師範學校, 第四高等學校, 名古屋高等工業學校, 橫濱商業學校, 東北帝國大學, 第二高等學校, 秋田鑛山專門學校, 盛岡高等農林學校, 小樽高等商業學校, 造幣局, 京都市陶磁器試驗所, 日本車輛株式會社, 片倉八王子製絲所, 原富崗製絲所, 撫順炭坑.[30]

이상의 관광지를 볼 때 일본여행협회가 외국인 관광객들을 대상으로 보여주고 싶었던 장소는 주로 일본의 근대 문물과 관련된 것이었음을 알 수 있다. 이는 일본여행협회 설립 시 실무를 담당했던 기노시타 도시오(木下淑夫)가 일본여행협회의 설립 목적 중의 하나로 삼았던 서구

[30] 『過去一年間に於けるジャパンツーリストビューロー』(발행처 불명), 21~27쪽.

인의 일본인식, 즉 이미 세계의 강국으로 등장한 일본을 (반)식민지에 불과하였던 다른 아시아국가와 동일시하고 있다는 인식을 변화시키기 위한 활동의 일환이라고 볼 수 있다.[31] 그리하여 기노시타는 이러한 관광지를 관광객에게 소개함으로써 서구인에게는 일본이 서구와 동등한 근대문명국임을 보여주고자 했던 것이라 판단된다. 그리고 동시에 식민지 조선인들로 구성되었던 일본시찰단의 파견에서 확인할 수 있듯이 식민지 조선인에게는 일본 근대문물의 우수성 및 선진성과 조선 문화의 열등감을 각인시키고자 하였던 의도도 있었다고 판단된다.

3. 일본여행협회의 조선관광 활동

일본여행협회는 "외객(外客)을 아방(我邦)에 유치하고 외객을 위한 제반 시설을 도모"[32]한다는 설립 목적에 따른 활동을 하였다. 이러한 활동은 일본 국내에서만 이루어진 것이 아니라 조선과 만주, 대만 등 외지를 포함하는 것이었다. 따라서 일본여행협회는 지부뿐만 아니라 본부에서도 외지관광(外地觀光)에 대한 활동을 수행하고 있다. 이 장에서는 이 가운데 조선과 관련된 내용을 살펴보기로 한다.

일본여행협회가 설립 직후 조선지부를 설치한 것에서도 알 수 있듯이 일본여행협회는 조선관광을 적극 장려하였다. 이를 위해 일본여행협회는 본부뿐만이 아니라 조선지부에서도 각종 여행안내서를 출판하였다. 이러한 여행안내서의 출판은 설립 초기 일본여행협회의 2대사업이라 할 수 있는 관광객에 대한 각종 편의 제공 및 알선과 외국관광객 유

---

31) 조성운, 「1910년대 식민지 조선의 근대관광의 탄생」, 127쪽.
32) 「ジャパン・ツーリスト・ビューロー會則(草案)」, 日本交通公社, 『50年史』, 1962, 5쪽.

치를 위한 선전 활동[33])의 일환으로 이루어진 것이었다. 특히 철도원에
서는 1913년부터 1917년까지 만주·조선(滿洲·朝鮮, 1913), 남서부 일
본(南西部 日本, 1914), 북동부 일본(北東部 日本, 1914), 중국(中國,
1915), 동인도·필리핀·불령 인도네시아·해협식민지(1917)의 전 5권으
로 구성된 영문 여행안내서『An Official Guide to Eastern Asia』를 출판하
였다. 이 책은 유럽과 아메리카인을 대상으로 한 것으로서 일본관광에
대한 이들의 편의를 돕기 위한 것이었다.[34]) 그런데 전 5권으로 구성된
이 책 중 만주·조선편이 가장 먼저 출판된 것은 일본여행협회의 활동
에서 조선과 만주가 차지하는 위상을 보여주는 것이라고 할 수 있을 것
이다. 즉 일본 최초의 해외 식민지인 대만은 섬이라는 한계가 있으므로
대륙 진출이라는 일본의 침략 정책의 기지가 될 수 없었다. 반면에 조
선과 만주는 대륙진출을 위한 교두보로서의 기능과 역할을 할 수 있는
지정학적 위치에 있었다. 그리하여 5권 중 가장 먼저 만주·조선편이 출
판된 것이 아닌가 생각된다.

그리고 일본여행협회는 앞 장에서 서술하였듯이 다수의 여행안내서
를 출판하였다. 일본여행협회가 설립 이후 1917년까지 발행한 각종 인
쇄물의 발행부수와 1920년까지 일본여행협회가 알선한 외국인 관광객
의 수는 각각 〈표 2〉, 〈표 3〉과 같다.

〈표 2〉 일본여행협회가 발행한 인쇄물의 부수(단위: 부)

연도	1912	1913	1914	1915	1916	1917	총계
종수		12	26	22	17	22	99
인쇄물수	5,000	65,500	179,300	110,400	111,400	144,000	615,600

자료: ジャパンツーリストビューロー大正6年度事業報告, 1918, 104쪽.

---

33) 日本交通公社,『50年史』, 53쪽.
34) THE IMPERIAL JAPANESE GOVERNMENT RAILWAYS, *An Official Guide to
Eastern Asia* Vol.1, PREFACE, 1913 ; 조성운,「일제하 조선총독부의 관광정책」,
18~19쪽.

〈표 3〉 1910년대 일본여행협회의 알선 관광객 수(단위: 명)

연도	1912	1913	1914	1915	1916	1917	1918	1919	1920	합계
알선자수	228	3,804	6,207	7,726	8,436	13,558	17,419	20,731	22,951	101,060

자료: 『ビューロー読本』, ジャパンツーリストビューロー, 1932, 32쪽.
〈부표 3〉에서 정리.

그런데 〈표 3〉에서 볼 때 조선·만주방면의 관광객 중 실제 조선을 방문한 관광객의 수는 확인이 불가능하지만 일본여행협회의 지부가 조선에 설치되어 있었다는 점에서 이들 가운데 일부는 조선을 관광했을 가능성이 있다. 예를 들면 1916년 미국관광단 일행 16명에 대해 도쿄안내소는 조선 및 만철 1등 승차권을 발행[35]하였고, 자바(爪哇)트레이딩 회사 지배인 피어넌의 가족에게는 조선수렵 등에 관하여 알선[36]하였던 것이다.

그리고 다음의 〈표 4〉는 1916년과 1917년 일본 내에 설치되었던 안내소에서 조선과 만주여행에 대해 문의한 건수를 나타낸 것이다. 1916년보다 1917년의 문의 건수가 증가한 것으로 보아 조선과 만주여행에 대한 외국인의 관심이 점차 증가하고 있었음을 알 수 있다.

〈표 4〉 외국인 일본관광객이 조선·만주방면여행을 문의한 건수 [37] (단위: 건)

연도	본부	도쿄안내소	요코하마안내소	고베안내소	나가사키안내소	합계
1916	87	46	35	150	48	366
1917	297	60	90	288	93	828
합계	384	106	125	438	141	1,194

---

35) 『ジャパンツーリストビューロー大正5年度事業報告』, ジャパンツーリストビューロー, 1917, 35쪽.
36) 『ジャパンツーリストビューロー大正5年度事業報告』, ジャパンツーリストビューロー, 38쪽.

또한 일본여행협회는 조선에 관광객을 유치하기 위하여 새로운 관광
지를 소개하는데 관심을 기울여[38] 1916년『금강산안내』를 영문과 로문
으로 발간하였다.[39] 그리고 일본여행협회는 기관지『ツーリスト』에 조
선관광과 관련된 정보를 제공하였다. 즉 1916년 3월호에는「금강산(金
剛山)」을 10쪽에 걸쳐 소개하였으며, 1918년 5월호에는「조선금강산(朝
鮮金剛山)」을 6쪽에 걸쳐 소개하였다. 1917년 9월호에서는 벽제관보존
회(碧蹄館保存會), 개성보승회(開成保勝會), 논산미륵보존회(論山彌勒
保存會), 청양보승회(靑陽保勝會), 경주고적보존회(慶州古蹟保存會), 진
강묘지보존회(津江墓地保存會), 해주보승회(海州保勝會), 평양명승구적
보존회(平壤名勝舊蹟保存會), 성천명승구적보존회(成川名勝舊蹟保存會),
금강산보승회(金剛山保勝會), 춘천보승회(春川保勝會) 등 조선의 관광
관련단체를 소개하였다.[40] 1919년 1월호에는「겨울의 조선(冬の朝鮮)」
이 5쪽에 걸쳐 소개되었다. 이외에도 1916년 5월호에는 유람안내코너에
「금강산안내(金剛山案內)」를 수록하였으며, 7월호에는「조선인상기(朝

---

37) 「大正5年度ビューロー來方外客質疑應答別表」,『ジャパンツーリストビュー
ロー大正5年度事業報告』, ジャパンツーリストビューロー, 1917, 31~33쪽 ;
「大正6年度ビューロー來方外客質疑應答別表」,『ジャパンツーリストビュー
ロー大正6年度事業報告』, ジャパンツーリストビューロー, 1918, 33~35쪽.
38) 『ジャパンツーリストビューロー大正5年度事業報告』, ジャパンツーリストビュー
ロー, 8쪽.
39) 『ジャパンツーリストビューロー大正5年度事業報告』, ジャパンツーリストビュー
ロー, 39쪽.
40) 「朝鮮に於ける名所旧跡の保護機関」,『ツーリスト』27, 1917년 9월, 21~23쪽.
그런데 일본여행협회가 관광관련단체로 소개한 단체들은 주로 보승회였다. 보
승회의 활동은 주로 지방의 명승고적을 보존, 보호하는 것이었으나 실제 보승
회가 이러한 일에만 종사한 것 같지는 않다. 고유섭은 보승회란 것이 자칫하면
관광회와 혼동되어 마땅히 보유하여야만 할 품위를 俗惡한 선전과 유치로 誤
導되어 뜻있는 인사의 반감을 사는 예가 왕왕 있다고 하였던 것이다.(고유섭,「高
麗舊都 開成의 古蹟」,『高裕燮全集』4, 1993, 403~404쪽). 따라서 향후 식민
지 조선의 근대관광과 보승회의 관련성에 대한 연구가 필요하다고 할 것이다.

鮮印象記)」(영문), 「금강산 인상(金剛山の印象)」, 1917년 3월호에는 「금
강산의 눈(金剛山の雪)」를 게재하여 조선과 금강산관광에 대해 일본내
외에 선전하였다.[41] 그리고 1919년 7월호에는 '조선여행에 대한 일반주
의'와 '만주여행에 대한 일반주의'를 게재하여 조선과 만주여행에 대해
안내하고 있음을 알 수 있다. 실제 일본여행협회는 동협회가 발간하는
일본여행안내서에 조선·만주·중국·대만 등의 여행계획을 병기[42]하
기로 하였다. 이러한 결과 1917년 나가사키(長崎)안내소의 경우 조선과
만주방면에 대한 여행문의가 혼슈(本州)에 대한 문의와 함께 가장 많았
던 것이다.[43]

　'조선여행에 대한 일반주의'의 내용은 조선의 여름은 기온이 일본과
대략 비슷하지만 조석의 기온차가 크기 때문에 크게 준비할 것은 없지
만 7, 8월에는 비가 많이 내리므로 레인 코트와 오바 슈즈(덧신)가 필요
하다고 하였다. 또 일반 휴대품은 특별히 필요한 것이 없으며, 학구적이거
나 전문적인 여행이 아닌 경우 앞의 『An Official Guide to Eastern Asia』의
만주·조선편이나 만철경성관리국이 발행한 『Chosen』, 『Keijo』, 『Fusan』,
『Kongo-san』, 『조선여행안내(朝鮮旅行案內)』, 『남선의 풍광(南鮮の風
光)』, 『경성급부근(京城及附近)』, 『서선의 산천(西鮮の山川)』, 『금강산
탐승안내(金剛山探勝案內)』 등을 이용하라는 안내가 있었다. 이외에도
도쿄 마루노우치(丸の内)의 만철 선만안내소, 오사카 출입교(出入橋)
만철출장원대기소, 용산만철경성관리국 등에서 무료로 안내 받을 수 있
음을 알리고 있다. 그리고 '음울한 방', '불결한 침구'로 묘사되는 여관은
조선 여행에서 가장 불쾌감을 느끼는 시설로 묘사하고 있다.[44] 따라서

41) 『ジャパンツーリストビューロー大正5年度事業報告』, ジャパンツーリストビュー
　　ロー, 41~51쪽.
42) ジャパンツーリストビューロー, 『回顧錄』, 1937, 81쪽.
43) 『ジャパンツーリストビューロー大正6年度事業報告』, ジャパンツーリストビュー
　　ロー, 84쪽.

숙박시설을 제외한 조선 여행은 크게 문제없음을 선전하고 있다.

다른 한편 1912년 12월 1일 설치된 일본여행협회 조선지부는 사업을 홍보하기 위한 방안을 다음과 같이 강구하였다.

1. 조선철도에 의뢰하여 각 역장, 부산과 신의주정거장 호텔 주임 및 초량과 평양영업과 파출원에 대하여 뷰로의 목적과 사업의 대강을 알리고 조선에서 외객유치 및 안내 등에 관해서는 뷰로를 이용하도록 하는데 노력함과 함께 뷰로에 대해 상당한 편의를 제공한다.
2. 경성 기타 각 주요지의 신문사에 의뢰하여 지부 및 안내소의 개설과 그 목적 등에 관해 기사를 게재하도록 한다.
3. 각 영업소에는 일정한 간판을 만들어 보기 쉬운 장소에 걸어놓는다.
4. 지부전보약호를 'Tourist Ryuzan'으로 정하고 작년 12월 12일 그 등기를 끝냄.[45]

이와 함께 일본여행협회 조선지부는 '조선'이라 쓴 간단한 영문 폴더 2,000부를 제작하여 세계 주요지의 기선회사, 만국침대회사대리점, 토마스 쿡상회 등에 배포하는 등 해외에 조선관광을 선전하였다.[46]

그리고 1914년 최초의 안내소회의 석상에서 일본여행협회의 사업계획이 발표되었다. 이 계획 중 조선과 관련된 것만을 보면 다음과 같다.

1. 1915년 홍콩에서 개최될 奈馬開通紀念大博覽會에 일본관을 설치하고 일본·朝鮮臺灣滿洲 등의 사진과 기타를 출품한다.
2. 내외 각 요지에 설치한 안내소에 일본·朝鮮臺灣滿洲 등의 천연풍경의 정수를 모아 컬러사진으로 비치한다.
3. 正金銀行에 교섭하여 일본·朝鮮臺灣滿洲에만 공통으로 사용할 수

44) 『ツーリスト』 38, 1919년 7월, 21~23쪽.
45) 『過去一年間に於けるジャパンツーリストビューロー』, 43쪽.
46) 『過去一年間に於けるジャパンツーリストビューロー』, 43~44쪽.

있는 여행자 수표를 발행하여 正金銀行[47]과 뷰로가 공동책임으로 실행한다.[48]

이 결정에 기초하여 조선지부는 내마개통기념대박람회(奈馬開通紀念大博覽會) 기간 중 그림엽서 1만조를 제작[49]하여 배포하였다. 그런데 여행자 수표의 발행에 관해서는 일본여행협회와 쇼긴(正金)은행이 합의하여 실행하기로 하면서 조선과 만주는 은시세의 변동이 있으므로 실행방법에 적지 않은 곤란이 있을 것[50]이라 하였으나, 1939년 여행자 수표(JTB Check)가 일본여행협회 안내소, 호텔, 쿠폰 가맹점, 일본우선회사의 선박 내에서 사용[51]되는 것으로 보아 여행자 수표의 사용은 실현된 것으로 판단된다.

다음으로 조선지부의 활동을 살펴보자. 조선지부의 활동에 대해서는 그리 많이 알려진 것이 없다. 즉 1914년 1월 칼라로 영문판 경성지도를 출판[52]하였고, 1915년에는 금강산·모란대 등의 풍경을 3색으로 인쇄한 3매 1세트의 그림엽서를 제작[53]하였으며, 1916년에는 러시아에 금강산을 소개하여 러시아 관광객 약 3,000명을 유치[54]하는 한편 영문 『경

---

[47] 正金銀行의 정식명칭은 요코하마쇼긴긴코(橫浜正金銀行)로서 1879년 국립은행조례에 의해 설립되었으나 1946년 폐쇄되어 같은 해 설립된 동경은행에 업무가 인계되었다.
[48] ジャパンツーリストビューロー, 『回顧錄』, 37~44쪽.
[49] ジャパンツーリストビューロー, 『回顧錄』, 75쪽.
[50] ジャパンツーリストビューロー, 『回顧錄』, 44쪽.
[51] ジャパンツーリストビューロー, 『案內所實務』, 7쪽.
[52] 「朝鮮支部の京城地圖出版」, 『ツーリスト』 5, 日本旅行協會, 1914년 2월, 39쪽.
[53] 社團法人ジャパンツーリストビューロー(日本旅行協會), 『回顧錄』, 87쪽.
[54] 『ジャパンツーリストビューロー大正5年度事業報告』, 2쪽. 1910년대 중반에는 러시아 관광객의 일본여행이 붐을 이루었다. 그리하여 일본여행협회 본부에서도 『金剛山案內』를 비롯하여 『日本の溫泉』, 『箱根案內』, 『雲仙案內』 등의 노문 여행안내서를 1915년과 1916년에 발행하였다.(『回顧錄』, 83쪽).

성안내(京城案內)·영문『조선수렵안내(朝鮮狩獵案內)』·영문『금강
산안내(金剛山案內)』·노문『금강산안내(金剛山案內)』·그림엽서 수
종을 발간하였다.[55] 이는 서구인의 조선관광을 유치하기 위한 것이었
다. 특히 노문 안내서의 발행은 국경을 마주하고 있는 러시아 관광객을
유치하기 위한 노력이었다. 그리하여 1917년에도 러시아에 금강산을 소
개하여 러시아 관광객 약 3,600명을 유치[56]할 수 있었다고 판단된다. 또
한 1917년에는 진남포와 신의주까지를 포함하는 영문『평양안내(平壤案
內)』·영문『조선사진첩(朝鮮寫眞帖)』·조선 풍경 그림엽서·영문『경
성안내(京城案內)』·영문『조선수렵안내(朝鮮狩獵案內)』·영문『금강
산안내(金剛山案內)』·노문『금강산안내(金剛山案內)』·그림엽서 수종
을 발간하여 조선관광객뿐만 아니라 각 지부, 일본, 중국, 남양, 호주,
미국 등의 유명한 호텔이나 클럽 등에 배포하였다.[57] 이러한 활동의 결
과 1917년 경성안내소와 부산안내소의 알선에 의해 조선을 여행한 관광
객의 수는 〈표 5〉와 같다.

〈표 5〉1917년 경성안내소와 부산안내소의 알선 관광객의 수(단위: 명)

안내소 \ 국적	영국	미국	러시아	프랑스	기타	합계
경성안내소	289	953	89	61	253	1,645
부산안내소	288	576	735	98	203	1,900

『ジャパンツーリストビューロー大正6年度事業報告』, ジャパンツーリストビューロー,
1918, 89쪽.

---

55) 『ジャパンツーリストビューロー大正5年度事業報告』, ジャパンツーリスト
    ビューロー, 55~56쪽.
56) 『ジャパンツーリストビューロー大正6年度事業報告』, ジャパンツーリスト
    ビューロー, 3쪽.
57) 『ジャパンツーリストビューロー大正6年度事業報告』, ジャパンツーリスト
    ビューロー, 47쪽.

〈표 5〉를 통해 볼 때 알 수 있는 것은 미국인 관광객의 수가 가장 많으며, 부산안내소의 경우 러시아 관광객의 수가 많다는 점이다. 미국인 관광객의 수가 많은 이유는 중국 거주 미국인의 조선관광이 증가하였기 때문이며, 부산에 러시아 관광객이 많았던 것은 러시아혁명으로 인해 귀국하던 러시아인이 귀로에 조선관광을 했기 때문이었다.[58]

이와 같이 일본여행협회 조선지부는 여행안내서, 그림엽서, 팜플렛, 리플렛 등 출판물의 발간과 배포를 통해 국내외에 조선관광에 대해 선전하고 관광객들에 대해서는 각종 편의를 제공하는 활동을 하였다.

4. 맺음말

이상에서 일본여행협회의 설치를 기점으로 한 일본의 근대관광의 성립과 일본여행협회 조선지부의 활동을 통해 식민지 조선의 근대관광에 대해서 간략히 살펴보았다. 그 결과 일본의 근대관광은 제국주의적 침략성을 갖고 탄생하였으며, 식민지 조선의 근대관광은 그 직접적인 영향으로 식민지성을 갖고 탄생하였음도 확인할 수 있었다. 이를 통해 다음의 몇 가지를 확인할 수 있었다.

첫째, 일본의 근대관광은 다른 제국주의 국가와 마찬가지로 제국주의의 발달과정과 그 궤를 같이 한다고 할 수 있다. 이것은 근대관광이 '보는' 주체로서의 제국주의가 '보여지는' 객체로서의 식민지를 여행하는 프로그램의 일환으로 발전했다는 사실을 통해서 확인할 수 있다. 그리하여 1904년 러일전쟁의 승리 이후 일본에서는 '승리의 전장(戰場)'을 보기 위한 일련의 여행들이 언론과 육군성의 후원으로 광범위하게 조직

---

58) 『ジャパンツーリストビューロー大正6年度事業報告』, ジャパンツーリストビューロー, 88쪽.

되었다. 특히 1906년의 만한순유단은 일본 최초의 해외단체관광여행으로서 조선과 만주의 전적지를 여행하였던 것이다. 그리고 이후 일본 내에서는 조선과 만주여행은 하나의 사회적 현상으로서 붐을 이룰 정도였던 것이다. 이는 조선과 만주여행이 일본의 제국주의적 발전과정에서 국가적 정체성을 확인, 강화하는 과정이었다는 의미를 갖는 것이기도 하지만 단순히 관광이라는 관점에서만 보면 일본 근대관광의 시점을 여기에서 찾을 수 있을 것이다.

둘째, 1910년대 초반은 제1차 세계대전이 발발하기 직전으로서 유럽이 전쟁에 휩쓸리면서 미국의 관광객들이 동양으로 눈을 돌릴 때였다. 이러한 시기에 일본에서는 전근대적인 여행단체였던 키힌카이가 해체되고 1912년 근대적인 관광단체인 일본여행협회가 조직되었다. 일본여행협회의 사업목적은 외국인 관광객의 유치를 통하여 일본에 대한 인식을 제고하는 한편 하나의 산업으로서의 관광산업이 국가경제에 기여하는 것이었다. 이러한 목적하에 일본여행협회는 외국인의 일본관광을 알선, 안내하기 위하여 여행안내소를 일본 내는 물론이고 식민지 조선, 대만, 만주 등에 설치하였고, 서구에도 촉탁안내소를 두어 일본여행에 대해 안내하였다. 그리고 영문과 노문을 비롯한 언어로 일본여행안내서를 출판하여 외국인이 보다 편리하게 일본을 여행할 수 있도록 편의를 제공하였다. 특히 일본여행협회는 여행자 수표(JTB Check)를 사용할 수 있도록 함으로써 현금 휴대에 따른 불편을 최소화하고자 하였다.

셋째, 일본여행협회가 발간한 여행안내서에 수록된 대표적인 관광지는 주로 일본의 근대문물을 상징하는 곳이었다. 즉 고등학교 이상의 상급 학교와 근대 산업시설이었다. 이는 일본을 아시아의 다른 국가들과 동일시하는 서구인의 일본에 대한 인식을 바꾸고자 하는 것이었으며, 동시에 조선을 비롯한 아시아인에게는 일본의 선진문물을 견습시켜 일본 근대문물의 우수성과 자국 문화의 열등감을 각인시키고자 한 것이었다. 이러한 일본의 의도는 조선총독부가 파견했던 조선인 일본시찰단에서도 확인할 수 있다. 다만 이러한 일본에 대한 인식을 제고시키기 위한 활동은 3·1운동 이후 조선총독부의 임시행정위원회의 성격을 가졌던 조선정보위원회의 활동과 같은 일본정부의 적극적인 활동도 있었을 것이라 생각된다. 이에 대해서는 보다 전문적인 연구가 필요할 것이다.

넷째, 일본여행협회는 설립 직후 조선, 대만, 만주에 지부를 설치하였고 그 산하에는 여행안내소를 두어 관광객들에게 제반 편의를 제공하였다. 조선에는 경성과 부산에 설치되었는데 1910년대 여행안내소의 활동에 대해서는 알려진 바가 극히 적으며, 그 활동도 여행안내서의 출판이나 관광객의 알선 등과 같이 일본여행협회 본부의 활동과 크게 다르지 않다. 다만 1939년 일본여행협회 조선지부에서 기관지로 창간한 『관광조선』을 통해 전시체제기의 일본여행협회 조선지부의 활동을 대략 알 수 있을 뿐이다.[59]

결론적으로 볼 때 일본여행협회는 1930년 철도성 산하에 국제관광국이 설치되기 이전 제국 일본의 관광사업을 총괄하는 기구였으며, 조선지부는 그 산하기관으로서 식민지 조선의 관광사업을 담당하였다고 할 것이다.

조성운 ▎경기대학교 전통문화콘텐츠연구소 연구원

[59] 전시체제기 일본여행협회 조선지부의 활동에 대해서는 조성운의 연구(「1930년대 식민지 조선의 근대관광」)을 참조 바람.

제7장

철도의 부설과 근대관광의 형성

1. 머리말

　인류의 역사에서 관광[1]은 예나 지금이나 늘 존재하였다. 그것이 장사를 하기 위한 것이든지 종교순례를 위한 것이든지. 그렇지만 근대라는 의미에서의 관광은 철도가 등장하면서 새로운 모형으로 창출되었다.[2] 철도가 등장하기 이전의 관광은 말이나 마차였고, 경우에 따라서는 걸어서 하는 경우가 대부분이었다. 우리의 경우 조선시대에 말이나 가마를 이용한 사대부들의 금강산관광은 서울에서 금강산까지 약 1주일 정도 소요되었다. 이와 같은 여유와 시공간의 개념이 적었던 근대

---

[1] 근대 이전의 관광은 엄밀하게 본다면 여행이라 할 수 있다. 관광은 개인보다는 '단체'를 통해서 형성되었다고 할 수 있다. 이러한 점에서 근대관광은 철도를 통해서 형성되었으며, 토머스 쿡이 설립한 '토마스 쿡 앤 선'이라는 여행사의 단체관광을 통해서 형성되었다. 그러나 본고에서는 넓은 의미에서 관광으로 일반화하였다.

[2] 철도와 관광에 관련된 일반적인 내용은 볼프강 쉬벨부쉬, 박진희 옮김, 『철도 여행의 역사』, 궁리, 2007 ; 빈프리트 괴쉬부르크, 이민수 옮김, 『여행의 역사』, 효형출판, 2003을 참조할 것. 이 책은 주로 유럽과 미국의 여행의 역사에 대해 그려지고 있지만, 일반적인 철도와 여행의 형성과 변화에 대해 이해하는 데는 매우 유익하다.

이전의 관광은 철도가 등장하면서 새로운 양상으로 변모하였다.

근대사회에 들어 철도가 등장하면서 사회적 변화는 적지 않았다. 산업과 운송뿐만 아니라 관광에도 적지 않은 영향을 주었다. 철도 등장 이전의 관광은 번잡한 세속을 떠나 내적 수양을 찾아 떠나는 수행자나 심신단련이나 치병, 상행위 과정에서 이루어지는 것이 대부분이었다. 조선시대의 경우 금강산 등의 명승지를 관광할 수 있는 것은 사대부나 일부 계층의 몫이었다. 그러나 근대문명의 산물인 철도와 그 위를 달리는 기차가 등장하면서 관광은 점차 대중화되었다. 뿐만 아니라 관광은 단체화, 상업화되면서 오히려 시공간에 얽매이게 되었다.[3] 그러한 점에서 철도는 관광의 본질을 바꾸어 놓기도 하였다. 즉 교통수단의 하나였던 철도는 지금까지 비교적 저렴한 운임, 안전성과 신속성, 그리고 대량수송으로 기간산업의 건설과 고도의 경제성장을 유도하는데 주도적 역할을 하였다. 뿐만 아니라 관광객 운송에 있어서도 중요한 역할을 담당해 왔다.

한국의 근대관광은 일본의 영향을 적지 않게 받았다. 이는 일제에 의해 철도가 부설되면서 일본의 식민지성 관광이 그대로 한국에 이식되었기 때문이다. 일제는 강점 이전부터 경인선, 경부선, 경의선 등 철도가 부설되자 일본인을 위한 관광안내서를 발행하여 한국으로 관광을 적극 권장하였고, 강점 이후에도 이러한 기조를 확대해 나갔다. 또한 일제는 이른바 '내지시찰단'을 조직하여 일본의 근대도시와 문화유적지를 관광시킴으로서 식민지 조선[4]과 일본과의 우열 비교를 통해 조선에 대해서

---

[3] 부산근대역사관, 『근대, 관광을 시작하다』, 2007, 186~189쪽. 근대관광은 단체화·산업화가 진행됨에 따라 일정한 시간과 장소, 즉 '일정'에 얽매이게 되었는데, 정해진 일정에 따라 움직여야 한다는 제한성을 엄격하게 지켜져야만 하기 때문이다. 이는 근대 이전의 관광과 큰 차이를 보이고 있다. 근대 이전의 관광은 언제든지 어디든지 시간이나 공간에 얽매이지 않았다. 이는 오늘날 '단체관광'과 '자유여행'과 비교할 수 있다.
[4] 본고에서 일반적인 상황에서는 '한국'이라고 하였으나 당시 시대적 상황을 표현할 때는 '식민지 조선'이라고 표기하였다.

는 열등의식을, 일본에 대해서는 우월성을 인식케 하였다.[5] 또한 1914년 대정박람회와 1922년 동경평화박람회의 시찰, 식민통치의 치적을 확인시키기 위해 마련한 1915년 조선공진회와 1929년 조선박람회 등은 식민지 조선에서 관광 분위기를 조성시키는데 일조를 하였다. 이와 더불어 금강산의 관광지 개발은 일제의 관광정책과 맞물려 식민지 조선인에게 적지 않은 관광 붐을 조성하였다. 더욱이 간선철도망과 이를 연결하는 지선이 확충되면서 관광은 점차적으로 일상화되었다.

앞서 언급하였듯이 한국은 1899년 철도가 부설되면서 근대적 관광이 유입되었다. 개항 이후 한국은 개화와 보수의 갈등을 겪으면서도 국가 경제 발전에 중요한 역할을 하는 철도부설에 대해 본격적으로 논의되었다. 그렇지만 철도부설은 착수도 하기 전에 일본을 비롯하여 영국, 프랑스, 미국 등 제국주의 국가에 부설권을 탈취 당하였다. 그렇지만 일제의 침략적 정략에 의해 경인선, 경부선, 경의선이 차례로 부설되었다. 이후 일제강점기에는 남북을 잇는 종관철도 중시정책에 따라 간선철도망과 이를 연결하는 지선이 확충되었다.[6] 이에 따라 철도연선을 중심으로 다양한 관광지가 새롭게 탄생하였다. 이에 본고에서는 철도의 부설에 따른 관광지의 형성과 '테마관광' 및 관광열차의 운행에 대하여 살펴보고자 한다. 첫째로는 경인선을 비롯하여 경부선, 경의선 등 철도가 부설

5) 일본시찰단에 대해서는 이경순, 「1917년 佛敎界의 日本視察 연구」, 『한국민족운동사연구』 25, 한국민족운동사학회, 2000 ; 조성운, 「1910년대 日帝의 同化政策과 日本視察團-1913년 日本視察團을 中心으로-」, 『사학연구』 80, 한국사학회, 2005 ; 박찬승, 「식민지시기 조선인들의 일본시찰-1920년대 이후 이른바 '內地視察團'을 중심으로-」, 『지방사와 지방문화』 9-1, 역사문화학회, 2006 ; 조성운, 「1920년대 초 日本視察團의 파견과 성격(1920~1922)」, 『한일관계사연구』 25, 한일관계사학회, 2006 ; 조성운, 「1920년대 일제의 동화정책과 일본시찰단」, 『한국독립운동사연구』 28, 한국독립운동사연구소, 2007을 참조할 것.
6) 한말과 일제강점기 철도부설과 일본의 침략성에 대해서는 정재정, 『일제침략과 한국철도』, 서울대학교 출판부, 2004를 참조할 것.

개통됨에 따라 각 역을 중심으로 어떠한 명승지를 관광할 수 있는지를
살펴보고자 한다. 이는 일제강점기 관광문화의 성격을 파악할 수 있기
때문이다. 두 번째는 '테마관광'의 형성과 이를 연결하는 관광열차가 어
떻게 운행되고 있었는지를 살펴보고자 한다. 그리고 이를 위해 조선총
독부에서 발행한 철도 노선안내 책자와 조선철도협회에서 간행한 기관
지『철도협회회보』를 활용하고자 한다.

2. 철도의 부설과 관광지의 탄생

　영국에서 처음으로 철도가 등장한 후 19세기 중반부터 관광의 대중화
를 창출시켰을 뿐만 아니라 20세기 중반까지 관광수단으로서 가장 중요
한 역할을 하였다.[7]

　1870년대 들어 대한제국 정부는 서구에서 운행되고 있는 철도의 중요
성을 인식하고 철도부설을 검토하고 있었고, 1890년대 후반에 이르러서
는 우리의 힘으로 철도를 건설하려는 움직임이 있었다. 이러한 시기에
동아시아 지역에서 세력 확장의 기회를 노리고 있던 서구 열강과 일본
도 한반도에서 철도부설권을 차지하기 위해 치열한 다툼을 벌였다. 특
히 일본은 1885년부터 밀정을 파견하여 철도노선 예정지를 사전 답사하
는 한편 비밀리에 측량하였다. 이어 청일전쟁에서 승리함으로써 그 여
세를 몰아 경인선과 경부선의 철도부설권을 획득하였다. 이에 따라 한
국의 철도는 1897년 인천 우각현(牛角峴)에서 공사를 시작하여 1899년
제물포－노량진 구간과 1900년 노량진－서울 구간이 완공되면서 경인
선이라는 이름으로 첫발을 내딛었다.

7) 최영준,「철도여행의 개선에 관한 연구」,『관광레저연구』제10권 제1호, 한국
관광레저학회, 1998, 131쪽.

철도가 처음 등장했을 당시 육상교통수단으로 우마차, 가마, 인력거, 조랑말, 자전거 등이 고작이었기 때문에 거대한 몸체에 사람과 짐을 싣고 철로를 거침없이 달리는 기차의 등장은 일반인들에게는 적지 않은 충격이었다.

일제는 대륙침략의 발판으로 부산과 신의주을 연결하는 한반도 종단철도 건설에 주력하였다. 나아가 극동으로 진출하는 러시아를 견제하기 위해 러일전쟁을 일으켰으며, 경부선을 병참로로 활용하기 위해 철도부설에 진력하여 1905년 1월 영등포에서 초량을 잇는 경부선 철도를 개통하였다. 이어 러일전쟁을 치루는 동안 경의선 부설공사를 마치고 1905년 4월 용산과 신의주를 잇는 군용철도의 경의선 운행을 개시하였다. 그럼으로써 1908년 1월부터 한반도를 관통하여 부산과 신의주 사이를 잇는 열차 '융희호'가 운행을 개시하였고, 1911년 11월에는 압록강 가교가 준공되면서 만주의 안동까지 연장 운행이 가능해졌다. 이후 일제는 호남선, 경원선, 함경선, 황해선, 만포선, 동해북부선 등 한반도의 간선과 지선 철도를 확충하였다. 이 과정에서 철도 부지의 강압적인 수용과 가옥·분묘의 파괴, 노동력의 강제동원과 부역 등으로 적지 않은 저항을 받았다. 일제는 이를 철저히 탄압하였고 그 결과 많은 식민지 조선인의 희생이 뒤따라야만 했다.[8]

이러한 과정을 통해 철도가 전국적으로 확충되면서 사회경제의 중심이 개항장과 포구에서 철도 노선이 통과하는 정거장과 이를 기반으로 새롭게 형성된 신흥도시로 옮겨갔다. 철로가 놓임에 따라 노선에서 제외된 기존의 도시는 쇠락하는 반면 새로 철도역이 생긴 지역은 근대도시로 성장하였다. 또한 명승지가 있거나 가까운 곳은 관광도시 또는 관광지로 새롭게 부상하였다.

---

8) 이에 대해서는 정재정, 「일제의 한국철도 부설과 한국인의 저항운동」, 『일제의 침략과 한국철도』를 참조할 것.

철도는 산업개발, 인구의 증가, 도시 촌락의 개선 등에 직접적으로도 영향을 주었지만 명승지와 유람지를 제공하여 관광의 활성화를 도모하는데에도 적지 않은 영향을 주었다. 예를 들어 경원선이 개통되면서 금강산관광을 목적으로 하는 금강산전기철도주식회사가 철원에서 장안사까지 설치되었고, 중앙철도는 경주를, 서선식산철도는 황해도 장수산과 신천온천, 경남철도회사는 온양온천을 관광지로 조성한 것이 대표적이라 할 수 있다.[9] 뿐만 아니라 철도회사나 역에서는 자체적으로 관광객 유치를 위해 홍보를 하기도 하였지만, 수입 증가의 한 방법으로 관광안내서를 발행하기도 하였다.[10] 금강산의 경우에는 청년단체나 사회단체의 하계강습 개최를 적극 유도하기도 하였다.[11] 실제적으로 조선기독교청년회연합회는 금강산에서 하령회(夏令會)를 개최하기도 하였다.[12] 이러한 분위기가 형성되면서 1920년대부터는 관광은 점차 대중화되었고 각종 사회단체에서는 '탐승단' 또는 '관광단', '시찰단' 등을 조직하여 관광지를 탐방하였다.

1905년 경부선과 경의선이 개통되자 통감부는 1908년『조선철도안내』라는 책자를 발행하여 경부선과 경의선의 각 역과 주요 명승지를 소개하였다.[13] 이 여행안내서에는 여관, 요리점, 교통, 인력거 요금, 통신 등 여행과 관련한 각종 정보가 수록되어 있다. 강점 이후에도 일제는 조선총독부 철도국을 통해 각 지역 또는 철도가 개통된 후 철도 노선을 중심으로 지역을 소개하면서 관광이 가능한 명승지를 홍보하였다. 그런데

---

9) 賀田直治, 「철도와 유람지 경영」, 『철도협회회보』 1927년 10월호, 10~11쪽.
10) 조선총독부 철도국에서 간행한 관광안내서는 『西鮮案內』, 『南鮮案內』, 『滿浦線』 등이 있다. 이 외에도 한국철도협회에서 회보를 통해 철도연선을 통해 주요 도시와 관광지를 꾸준히 소개하고 있다.
11) 賀田直治, 「철도와 유람지 경영」, 14~15쪽.
12) 『동아일보』 1921년 7월 1일자.
13) 통감부 철도관리국, 『한국철도노선안내』, 일한인쇄주직회사, 1908.

이 홍보성 관광안내서는 식민지 조선인을 대상으로 한 것이 아니라 일
본인을 대상으로 한 것이었다. 그렇다 하더라도 이 안내서는 식민지 지
식층에서도 적지 않게 활용하였을 것으로 본다. 일제 강점 직후에는 식
민지 지배정책의 일환으로 道나 府·郡 등 관공서에서 관광단 또는 시
찰단을 조직하여 비교적 산업시설을 갖추었거나 발전한 지역을 견학하
였다.[14] 그러나 무엇보다도 1920년대 이후 각종 청년단체나 사회단체는
탐승단 또는 관광단 등을 조직하여 명승지를 탐방하였다. 이와 같은 시
찰단과 탐승단, 관광단의 활동은 관광을 재생산해 내고 있었다.[15] 이렇
게 재생산된 관광, 즉 관광의 대중화에는 철도가 가장 크게 기여하였다.
　전국적으로 철도가 부설되면서 새로운 관광 환경을 형성한 것은 역
이었다. 역은 그 지역의 중심지로 부상하면서 관광지를 잇는 중요한 매
개체로서 그 역할을 담당하였다. 본고에서는 각 철도 노선의 역을 중심
으로 어떠한 관광지가 형성되었는지를 살펴보기로 한다. 경부선, 경인
선, 마산선, 경의선은 1908년 통감부 철도관리국에서 간행한 『한국철도
노선안내』를, 그 이외의 철도 노선에 대해서는 조선총독부 철도국에서
간행한 지방 안내와 철도 안내 홍보용 안내서, 그리고 조선철도협회의
기관지 『조선철도협회회지』를 활용하고자 한다.
　서울과 부산을 잇는 경부선이 개통되면서 종전의 서울에서 부산까지
가는 시간거리는 크게 단축되었다. 1905년 1월 경부선 개통 당시 두 편
의 열차가 운행되었는데, 야간운행의 위험성으로 소요시간은 약 30시간
이었으나 실제 주행시산은 17시간 4분이었다. 그렇지만 이해 5월 운전
시간을 조정하여 직통 급행열차가 14시간 만에 주파를 하였다. 그 후 혼
합열차가 서울과 부산을 하루 2회 운행하였고, 서울과 대구, 대전과 부

---

14) 이에 대해서는 김정훈, 「'한일합병' 전후 국내관광단의 조직 그 성격」, 『전남사
　　학』 25, 전남사학회, 2005를 참조할 것.
15) 일제강점기 국내 탐승단의 조직과 성격에 대해서는 다음 기회에 살펴보기로 한다.

산을 각각 1회 운행하였다. 이듬해 1906년 4월 급행열차 융희호가 서울
에서 부산을 11시간이면 갈 수 있었고, 1908년 4월부터 야간열차를,
1912년 8월부터 1등 침대칸이 운행되기 시작하였다. 이후 1936년 12월에
운행시간이 개정되면서 서울과 부산을 오가는 특별 급행열차가 배치되
어 여행시간은 6시간 45분이 되었으며, 1940년에는 6시간 30분으로 단축
되었다.16) 경부선의 각 역을 통해 관광할 수 있었던 관광지를 살펴보면
다음과 같다.17)

경부선의 시발 지점인 부산은 1876년 개항 이래 여객과 화물의 집산
으로 나날이 번성하고 있으며, 일본거류민이 1만여 명에 달하며 완연한
일본의 도시임을 밝히고 있다. 주요 관광지로는 부산역을 중심으로는
용두산을 비롯하여 용미산 · 절영도 · 동래운천을, 초량역은 진강성태군
초혼비(津江成太君招魂碑)를, 부산진역은 부산진성 · 소서성지(小西城
趾) · 영가도(永嘉島) · 동래부 · 범어사 · 부산수원지(釜山水源池)를, 구포
역은 김해 · 낙동강 · 서봉산(鼠峰山) 폭포, 원동역은 용산을, 물금역은
통도사를, 삼랑진역은 작원관(鵲院關)을 각각 소개하고 있다. 부산권을
지나 밀양역에 이르면 영남루(嶺南樓), 밀양강 일대 향어의 산지와 역
부근의 풍광 좋은 곳도 함께 소개하고 있다.18) 유천역은 역에서 남쪽으
로 2리 정도 떨어져 있는 적천사(磧川寺)와19) 메기로 유명한 유천천(榆
川川)을, 청도역은 청도성(淸道城)과 약수농(藥水瀧), 그리고 문묘(文
廟)를 소개하고 있다.

---

16) 김영성, 「국토의 시공간 수렴: 1890년대~1990년대」, 『지리학연구』 27, 국토지
리학회, 1996, 45~46쪽.
17) 경부선의 역과 관련된 관광지는 통감부 철도관리국, 「경부선의 部」, 『한국철도
노선안내』, 1~106쪽에서 정리하였다.
18) 제1월 淵隆道, 제2월 淵隆道, 제1防川隆道, 제2防川隆道, 밀양강 철도가교 등
이다.
19) 磧川寺는 현재 청도군에 있으며 보조국사가 심은 800년 수령의 은행나무와 원
효대사가 공부한 토굴로 유명하다.

대구에 이르러 초입에 있는 경산역에는 경흥사(慶興寺)와 고산서재 (孤山書齋), 풍광이 좋은 금호강(琴湖江), 그리고 성암(聖岩)을 소개하고 있으며, 대구역은 대구 시내의 달성공원·공자묘·영귀정(詠歸亭)· 칠석정(七星石)·팔공산, 그리고 신라 고도의 경주와 영일만을 곁들이고 있다. 왜관역에서는 마성산(磨城山)과 인동부(仁洞府)와 역에서 동쪽으로 1리 정도 떨어져 있으며 수백 년의 노송이 우거진 매원(梅院), 그리고 경남서로의 요충지인 성주 대석탑을 안내하고 있다. 김천을 조금 못 미쳐 있는 금오산역은 금오산, 김천역과 관련된 명승지로는 직지사, 추풍령역은 덕대산(德大山)·장지현비(張智賢碑)·도기제조갱(陶器製造坑)을, 황간역은 한천팔경(寒泉八景)과 교촌(校村)을 각각 소개하고 있다.

충청지역을 들어서 첫 번째 맞는 영동역은 서금성산(西錦城山)의 낙화대(落花臺)를, 심천역은 옥길폭포(玉吉瀑布)와 금강(錦江)을, 이원역은 은행나무로 유명한 영국사(寧國寺)를, 옥천역은 용암사(龍岩寺)·이지당(二止堂)·마니산성(摩尼山城), 신라와 백제의 전투현장이 있는 양산(陽山)과 '만산기암괴석돌올(滿山奇巖怪石突兀)'의 속리산과 속리사(俗離寺)를 소개하고 있다. 특히 속리산은 벚나무로 유명하여 벚꽃관광으로 유명한 곳이기도 하였다. 경부선이 개통되면서 교통의 요지로 성장하는 대전역은 유성온천, 계룡사, 호남 3대 거물의 하나인 철부(鐵釜), 관촉사의 은진미륵, 염전과 해산물로 풍부한 강경을 소개하고 있다. 대전을 지나 신탄진역에는 계족산(鷄足山) 정상의 고성지(古城趾)와 입암(立岩)을, 공주와 연기, 그리고 문의를 잇는 부강역에는 관월(觀月)과 관설(觀雪)로 유명한 부용산(芙蓉山)과 부용사(芙蓉寺), 금강 하류의 조망권이 좋은 독락정(獨樂亭), 금광으로 유명한 광죽암(廣竹岩), 대가람으로 문의군 전체를 조망할 수 있는 현사(懸寺)와 백제의 고도 공주와 강경을 소개하고 있다. 조치원역은 보살사(菩薩寺)와 용화사(龍華寺),

당산신당(堂山神堂)으로 널리 알려진 청주와 조헌사적비(趙憲事蹟碑), 청주객사의 은행나무, 상당산성(上黨山城), 속리산 북록 만산송수(滿山松樹)의 낙영산(落影山)과 화양동(華陽洞)을 소개하고 있다. 충청권의 끝자락에 위치한 소정리역은 충남 제일의 고찰로 불리는 광덕사(廣德寺)를, 천안역은 온천의 가장 오랜 역사를 가지고 있는 온양온천(溫陽溫泉)을, 성환역은 청일전쟁과 관련된 월봉산(月峰山)과 안성(安城)나루, 그리고 임진왜란과 관련이 있는 직산(稷山)을 소개하고 있다.

경기도 초입의 평택역은 청일전쟁의 고전장(古戰場)과 곡물시장으로 유명한 안촌(安村), 쌀과 소금으로 알려진 둔포(屯浦)가 있다. 병점역에서는 임진왜란 때 적을 속이기 위해 쌀로 말을 씻겼다는 세마대(洗馬臺)와 독산성지(禿山城趾)를, 수원역에서는 팔달산을 중심으로 용화전(龍華殿)·화성장대(華城將臺)·화양루(華陽樓)·문묘(文廟)·미로문정(未老聞亭)·병암간수(屛岩澗水)·화성행궁(華城行宮)·낙남헌(洛南軒)·화령전(華寧殿)·강무당(講武堂)·칠간수(七澗水)·방화수류정(訪花隨柳亭)·용연(龍淵)·연무대(練武臺)·매향교(梅香橋)·구간수(九澗水)·구산(龜山)·봉녕사(奉寧寺)와 광교산(廣敎山)의 청련암(靑蓮庵)과 백운사(白雲寺)를 소개하고 있다. 이와 더불어 수원팔경[20]도 함께 안내하고 있다. 이 외에도 근대농업시설인 권업모범장과 농림학교, 농상공부임업과 종묘원도 포함하고 있다. 군포장역은 정조가 거닐었던 지지대, 시흥역은 관악산과 산 정상에 있는 호압사(虎壓寺)를 각각 소개하고 있다.

한강을 건너 맞이하는 노량진역은 한강과 남한산·삼막사(三幕寺)·월파정(月波亭)·사충서원(四忠書院)을, 용산역은 공덕리 대원군 구능(舊陵)·용산공원으로 불리는 만리창(萬里倉)·동작나루와 용나루를 보

---

[20] 수원팔경은 八達霽景, 西湖落照, 花山杜鵑, 華虹觀漲, 光敎積雪, 北池賞蓮, 南堤長柳, 螺閣待月이다.

여주고 있다. 경부선의 종착역인 남대문역과 서대문역은 조선의 수부 경성의 중심지로 왕궁인 창경궁을 비롯하여 창덕궁 · 경복궁 · 경희궁 · 경운궁 · 파고다 공원과 13층 석탑 및 귀비(龜碑) 등을 소개하고 있다. 경부선에서 가장 관광할 명승지가 많은 관광지는 수원과 경성이었다. 앞서 살펴본 경부선의 각 역을 중심으로 소개하고 있는 관광지를 정리하면 〈표 1〉과 같다.

〈표 1〉 경부선의 역과 주요 관광지

역명	명승지	비고
부산	용두산, 용미산, 절영도, 동래(온천)	
초량	津江成太君招魂碑	일본 유적
부산진	부산진성, 小西城趾, 永嘉臺, 동래부, 범어사, 釜山水源池	
구포	김해(가야), 낙동강, 폭포(鼠峰山)	
물금	통도사	
원동	龍山	
삼랑진	鵲院關	
밀양	嶺南樓	
유천	磧川寺, 楡川川	
청도	淸道城, 藥水瀧, 문묘	
경산	慶興寺, 孤山書齋, 금호강, 聖岩	
대구	달성공원, 팔공산, 공자묘, 詠歸亭, 七星石, 慶州, 영일만	
왜관	磨城山, 仁洞府, 梅院, 星州(大石塔)	
금오산	금오산	
김천	직지사	
추풍령	德大山, 張智賢碑, 陶器製造坑	
황간	寒泉八景, 校村(공자묘, 駕鶴樓)	
영동	落花臺	
심천	玉吉瀑布, 錦江	
이원	寧國寺	

옥천	龍岩寺, 二止堂, 摩尼山城, 陽山, 속리산, 俗離寺	
대전	유성온천, 계룡사, 鐵釜, 은진미륵, 江景	
신탄진	古城趾, 立岩	
부강	芙蓉山, 芙蓉寺, 廣竹岩, 懸寺, 公州, 江景	
조치원	청주, 趙憲事蹟碑, 鴨脚樹, 上黨山城, 落影山, 華陽洞	
소정리	廣德寺	
천안	온양온천	
성환	月峰山, 安城渡, 稷山	
평택	古戰場(素砂), 安村, 屯浦	
병점	洗馬臺, 寶積寺	
수원	龍華殿, 華城將臺, 華陽樓, 문묘, 未老閣亭, 屏岩澗水, 華城行宮, 洛南軒, 華寧殿, 講武臺, 七間水, 訪花隨柳亭, 龍淵, 練武臺, 梅香橋, 九間水, 龜山, 奉寧寺, 靑蓮庵, 白雲寺, 水原八景, 勸業模範場, 農林學校, 農商工部林業科苗種園	
군포장	遲遲臺	
시흥	관악산	
노량진	漢江, 南漢山, 三幕寺, 月波亭, 四忠書院	
용산	공덕리 대원군 舊陵, 萬里倉, 銅雀津, 龍津	
남대문 서대문	창경궁, 창덕궁, 경복궁, 경희궁, 경운궁, 대리석13층석탑(원각사13층탑), 龜碑(파고다공원 내), 파고다공원, 보신각, 萬歲門, 訓練院, 東廟, 北廟, 文廟, 奬忠壇, 淸凉里, 角山, 北漢山城, 太古寺, 文殊庵, 僧加寺, 天然亭, 獨立門, 獨立館, 碧帝館, 石波亭, 洗劍亭, 蕩臺城, 濟川亭, 梨泰院, 南廟, 侍衛聯隊跡, 圜丘壇, 倭城臺, 南山	

　　두 번째로는 경인선과 마산선의 각 역을 통해 형성된 관광지를 살펴보면 다음과 같다.

　　오류동과 인천항을 잇는 경인선의 역과 연결된 명승지는 그리 많은 편은 아니었다. 경인선은 오류동역을 기점으로 소사역, 부평역, 축현역, 인천항으로 이어지는데, 이 중 축현역과 인천항만 명승지가 있었다. 축현역은 벚꽃으로 유명한 도산공원(桃山公園)과 관측소를, 인천항은 해

안선을 끼고 풍광과 수목으로 울창한 일본공원, 행화(杏花)로 탐승객을
유혹하는 월미도(月尾島), 강화도의 제일문인 영종도와 강화도, 정족산
(鼎足山), 인천팔경 등을 소개하고 있다.[21]

그리고 부산과 마산을 잇는 마산선은 낙동강역, 진영역, 창원역, 마산
역이 설치되었다. 이 중 명승지가 있는 역은 창원역과 마산역이었다. 창
원은 근주성지(近珠城趾)와 공자묘(孔子廟)·증봉(甑峰)이 있으며, 마
산은 기후가 온화하고 풍광이 아름답고 물이 깨끗해 한국 유일의 피서
피한지로 최적의 조건을 가지고 있는 곳으로써 월영대(月影臺), 저도
(猪島), 근위구(近衛丘), 광산사(匡山寺), 구산진(龜山鎭), 가조도(加助
島), 웅사(熊寺), 선인굴마산성지(仙人窟馬山城趾), 몽고정호(蒙古井戶)
등의 명승지가 있었다. 인접한 진해는 벚꽃으로 일찍부터 유명하여 상
춘객을 모았다. 그리고 진영역은 일본인 무라이 키치베에(村井吉兵衛)
가 경영하는 무라이농장(村井農場)을 소개하고 있다.[22] 무라이농장(村
井農場)은 일본의 근대농업기술을 보여주고자 하는 의도가 담겨져 있
었다. 경인선과 마산선의 각 역과 관광지를 정리하면 〈표 2〉와 같다.

〈표 2〉 경인선과 마산선의 역과 관광지

철도노선	역명	명승지
경인선	축현	桃山公園, 觀測所
	인천항	日本公園, 月尾島, 永宗島, 江華島, 鼎足山, 仁川八景
마산선	진영	村井農場事務所
	창원	近珠城趾, 孔子廟, 甑峰
	마산	月影臺, 猪島, 近衛丘, 匡山寺, 龜山鎭, 加助島, 熊寺, 仙人窟, 馬山城趾, 蒙古井戶

21) 통감부 철도관리국, 「경부선의 部」, 『한국철도노선안내』, 108~120쪽.
22) 통감부 철도관리국, 「경부선의 部」, 120~127쪽.

세 번째로 경의선의 역과 관광지를 살펴보면 다음과 같다.[23] 경의선의 기점인 수색역의 명승지는 난지도(蘭芝島)이다. 난지도는 한강 한가운데 위치하고 있는데, '풍경절가 하계납량(風景絕佳 夏季納凉)'으로 적당한 곳으로 알려졌다. 일산역의 명승지는 고봉산성(高峯山城)으로 역으로부터 동북 10여 정 떨어진 유일한 고산(高山)으로 고려 때 축조한 성으로 천연의 승경(勝景)이었다. 문산역에 이르면 태평산사(太平山寺)와 파주군 대덕리에 있는 대원군의 묘가 기다리고 있다. 대원군의 묘는 원래 용산 공덕리에 있었는데 1908년 1월 이곳으로 옮겼다. 임진강역에는 여름 휴양으로 최적지인 임진강과 임진나루가 있으며, 장단역에는 최영의 묘가 있는 덕적산(德積山)이라는 명승지가 있었다. 덕적산에 오르면 한강과 임진강, 그리고 용진강을 한눈에 조망할 수 있는 아름다운 명승이었다.

고려의 옛 수도 개성은 인삼으로 유명하였지만 경의선이 개통되면서 관광도시로 발돋움하였다. 개성은 고려의 왕도로써 문화유적이 많아 다양한 볼거리를 제공하였다. 관광안내서에 의하면 개성의 명승지로 가장 먼저 박연폭포를 소개하고 있다. 박연폭포는 일명 산성폭포(山城瀑布)로 불렸는데, 가을의 단풍으로도 유명하였다. 송악산(松嶽山)의 절경으로는 자로동(紫露洞), 부산동(扶山洞), 채하동(彩霞洞)과 고려의 궁터 만월대(滿月臺), 정몽주가 최후를 마친 선죽교(善竹橋), 조선을 창업한 이성계가 등극한 수창궁(壽昌宮), 고려 유신 72명의 절개가 살아있는 두문동(杜門洞) 등이 함께 소개되고 있다. 이 외에도 정몽주저(鄭夢周邸), 남문루(南門樓), 관덕정(觀德亭), 군자정(君子亭), 고려태조 현릉(高麗太祖 顯陵), 화장사(華藏寺), 성균관(成均館), 관제묘(關帝廟), 목청전(穆淸殿), 태평관(太平舘), 불조현(不朝峴) 등이 있다.

---

[23] 통감부 철도관리국, 「경의선의 部」, 1~64쪽.

토성역에서는 고려의 유적지로 풍광이 뛰어난 왕릉과 산성, 계정역에서는 경기도와 황해도의 경계이며 한국수비대가 주둔하였던 춘석관(春石關), 송림으로 우거진 잠성역에서는 진달래꽃으로 유명한 잠성척촉(岑城躑躅), 피부병과 화류병에 특효가 있는 온정원온천(溫井院溫泉)과 금릉관(金陵舘), 충렬현(忠烈峴), 무동산(舞童山) 등이 있다. 한포역에서는 철도여행 중 차창으로 조망할 수 있는 희귀한 백사벽류(白沙碧流)와 녹초강변(綠草江邊)의 풍광을 담고 있는 용진강(龍津江)과 고려 때 축성한 태백산성지(太白山城趾)를, 봉산군의 흥수역에서는 고려 멸망할 때 왕이 잠시 피난하였던 귀진사(歸眞寺), 사리원역에는 기암절벽에 자리잡은 경암사(景岩寺)와 해주가도와 이어지는 신천온천(信川溫泉), 의주가도와 연결되는 풍광 좋은 봉산천(鳳山川)도 아울러 소개하고 있다.

황주군의 심촌역에는 기암절벽과 폭포 등이 조화를 이뤄 경치가 아름다우며 특히 꽃나무들로 유명한 정방산(正方山)과 성불사(成佛寺)·원통암(圓通菴)·안국사상원암(安國寺上院菴)의 4대 사찰을, 황주역에서는 물 맑고 여름 피서지로 알려진 황주천, 천여 년의 역사를 간직한 황주성과 월파루(月波樓)가 있다. 중화군 중화역의 주천정(朱泉亭)과 흑동의 공자묘와 도원(桃園) 일대는 배나무로 둘러 싸여 꽃이 필 무렵에는 최고의 미관을 자랑하고 있다.

경의선의 중간에 위치하고 북선 최고 최대의 도시인 평양은 고조선과 고구려의 도읍지로 역사도시로서 널리 알려졌다. 그중에서도 관광명소로서는 평양을 휘감고 있는 대동강과 대동문(大同門), 연광정(練光亭)과 대동관(大同舘), 선교리(船橋里), 모란대(牡丹臺)와 을밀대(乙密臺), 부벽루(浮碧樓), 토산(兎山)의 기자능(箕子陵), 풍경궁(豊慶宮), 경의선창설기념비(京義線創設紀念碑), 기자정(箕子井), 만경대(萬景臺), 그리고 평양팔경[24]을 소개하고 있다. 그리고 임산부의 순산에 효험이 있다고 알려진 평양 서천(西川) 서포역 냉천의 망덕산(望德山)과 산 정상의 고송(古松)으로 유명한 봉오산(烽伍山)도 볼만한 명승지이다.

평양을 지나 숙천군의 숙천역은 광천약수로 알려진 오룡동(五龍洞), 정원기석(庭園奇石)과 진달래와 황매화(黃梅花)로 절경인 신당산(神堂山), 단오축제가 열리는 당산(堂山)을, 안주군의 신안주역은 서희가 거란의 침입에 대비하여 축성한 안주성(安州城)과 성내의 백상루(百祥樓)를, 정주군 운전역은 청천강과 대령강이 합류하는 하일리포(何日里浦)를, 정주역은 고려 공민왕과 관련된 어필성적비(御筆聖蹟碑), 강헌왕과 소경왕을 기념하는 양성기적비(兩聖紀蹟碑), 충혼비(忠魂碑), 공묘(孔廟)와 주희묘(朱熹廟), 조선 고조에게 제를 지내는 신안관(新安舘), 장대개축기념비(將臺改築紀念碑), 달천교(㺚川橋) 등을 명승지로 소개하고 있다.

선천군 동림역의 명승지는 물 맑고 물살이 거세지만 여름 피서지로 각광 받는 청강천(淸江川), 옛 무기고와 산 전체를 단풍나무로 물들이는 금산(金山), 동림진성지(東林鎭城趾)와 6척의 물줄기와 기암괴석이 솟은 동림폭포(東林瀑布) 등이 있으며, 철산군의 남시역은 용골산(龍骨山)과 서림진성지(西林鎭城趾), 용천군의 양책역은 양책관(良策舘)이 있다.

경의선의 끝자락에 위치하고 있는 의주부의 비현역은 풍광이 수려한 구령산(龜嶺山), 백마역은 병자호란 때 임경업이 지켰던 백마산성(白馬山城), 중국 구련성과 마주보고 있으며 풍광이 웅대한 압록강변의 통군정(統軍亭), 산자수명(山紫水明)으로 절승인 삼교천(三橋川)을, 경의선의 마지막 역인 신의주역은 의주부(義州府)와 압록강 목재 채취로 유명한 혜산진(惠山鎭)과 압록강 하류목재의 집산지인 용암포(龍岩浦) 등을 명승지로 알렸다. 경의선의 각 역에서 관광할 수 있는 관광지를 정리하면 〈표 3〉과 같다.

---

24) 平壤八景은 永明寺尋僧, 浮碧玩月, 乙密賞春, 馬灘春潮, 蓮臺聽雨, 東門泛舟, 龍山晚翠, 普通送客이다.

〈표 3〉 경의선 역과 관광지

역명	명승지
수색	蘭芝島
일산	高峰山城
문산	太平山寺, 파주군 大德里(대원군묘)
임진강	臨津鎭, 臨津江
장단	德積山(德物山)
개성	朴淵瀑布紫露洞, 滿月臺, 善竹橋, 敬德宮, 杜門洞, 滿月臺, 鄭夢周邸, 南門樓, 觀德亭, 君子亭, 高麗太祖顯陵, 華藏寺, 成均館, 關帝廟, 穆淸殿, 壽昌宮, 不朝峴, 太平館
토성	高麗王墳墓
계정	春石關
잠성	岑城燈燭, 溫井院溫泉, 金陵館, 忠烈峴, 舞童山
한포	龍津江, 太白山城趾
흥수	歸眞寺
사리원	景岩寺, 鳳山, 載寧, 信川(溫泉)
심촌	正方山
황주	黃州川, 黃州城
중화	朱泉亭, 黑洞, 眞泉
평양	大同江, 大同門, 練光亭, 大同樓, 船橋里, 牡丹臺, 乙密臺, 浮碧樓, 箕子陵, 豊慶宮(離宮), 京義線創設紀念碑, 箕子井, 萬景臺, 平壤八景, 鎭南浦
서포	望德山, 烽伍山
숙천	五龍洞, 神堂山, 堂山
신안주	安州城, 百祥樓, 日露戰役紀念碑
운전	何日里浦
정주	御筆聖蹟碑, 兩聖紀念碑, 俒川橋, 忠魂碑, 孔子廟, 朱熹廟, 新安舘, 將臺改築紀念碑
동림	淸江川, 金山, 東林鎭城趾, 東林瀑布
남시	龍骨山, 西林鎭古城趾
양책	良策舘
비현	龜嶺山

| 백마 | 白馬山城, 統軍亭, 三橋川 |
| 신의주 | 義州府, 惠山鎮, 龍岩浦 |

네 번째로 호남지역의 역과 관광지를 살펴보자.

호남지역 철도는 경부선 대전역을 기점으로 하여 목포항까지 잇는 호남선, 군산선, 전라선, 그리고 경남서부선이 있다. 군산선은 호남선의 지선으로 이리에서 군산항으로 이어지며, 전라선은 전주, 남원, 순천을 경유하여 여수항에 잇고 있다. 경남서부선은 송정리에서 분기하여 광주, 화순, 보성, 벌교를 경유하여 순천을 잇고 있다.[25]

호남선의 관광지로 경부선과의 분기점인 대전은 경부선에서 살펴본 바 있다. 경부선과 마찬가지로 유성온천과 계룡산, 공주가 있다. 그런데 『호남지방』에는 철도역은 없지만 백제의 왕도인 부여에 대해 상세하게 설명하고 있는데, 이는 호남선을 이용할 수 있는 최고의 관광지였기 때문이다. 백제의 왕도 부여는 부소산(扶蘇山)을 비롯하여 유인원기공비(劉仁願紀功碑), 영월대(迎月臺), 군창지(軍倉趾), 송월대(送月臺), 사비루(泗沘樓), 낙화암(落花巖), 고란사(皐蘭寺), 조용대(釣龍臺), 부산(浮山), 대재각(大哉閣), 자온대(自溫臺), 수북정(水北亭), 평제탑(平濟塔)과 석불(石佛), 부여박물관(扶餘博物館), 능산리고분(陵山里古墳) 등이 있다. 부여를 관광하기 위해서는 논산역이나 강경역을 이용할 것을 소개하고 있다. 논산역의 경우 부여 관광 이외에도 당시 국내 최대의 석불이 있는 관촉사도 아울러 소개하고 있다. 부여관광 코스로는 부여박물관→유인원비→영월대→군창지→송월대와 사비루→낙화암→고란사→부소산과 대재각→수북정→평제탑→왕릉을 소개하고 있다.

호남선의 정읍역을 이용한 관광명소로는 변산반도 외에 조선팔경의 하나인 내장산(內藏山)과 백양사(白羊寺)를 소개하고 있다. 내장산에는

---

25) 조선철도국, 『호남지방』, 년도 미상, 2쪽.

내장사(內藏寺), 백련암(碧蓮庵)을 백양사는 약사암(藥師庵)·영천굴(靈泉窟)·운문암(雲門庵)·청류암(淸流庵)을 각각 포함하고 있다. 그 외에도 천진암·백련암·지장암·구암사 등도 아울러 권유하고 있다. 그리고 호남선의 끝 역인 목포역에서는 송도공원, 유달산, 목포대(木浦臺)를 소개하고 있다.

호남선과 관련하여 특이한 점은 비록 철도 노선과는 직접적으로 관련이 없지만 제주도 한라산을 함께 소개하고 있다. 한라산의 주요 탐승지로는 호남선 종착지인 목포에서 제주도까지 조선기선회사의 기선이 매일 운항하고 있는데, 전라선 종착지 여수에서도 광양기선회사의 배를 이용할 수 있었다.

호남선의 지선인 군산선의 경우 종착역인 군산항역은 군산공원과 불이농촌(不二農村)을 소개하고 있으며, 근거리의 변산반도를 곁들이고 있다. 변산반도에는 내소사(來蘇寺)래), 직소폭포(直沼瀑布), 실상사(實相寺), 월명암(月明庵), 채석강(彩石江), 적벽강(赤壁江), 변산해수욕장 등의 명소를 소개하고 있다. 변산반도를 관광하기 위해서는 정읍역, 김제역, 신태인역을 이용할 수 있는데, 관광코스로는 등산코스와 해변코스 두 방향이 있다. 등산코스는 정읍역에서 줄포→내소사→직소폭포→실상사→월명암→해수욕장→부안→김제 또는 부안→신태인으로, 해변코스는 김제를 출발하여 부안 또는 신태인→해창→해수욕장→격포→채석강→적벽강→격포→내소사→줄포→정읍역으로 각각 안내하고 있다.

전라선의 관광지는 전주와 남원, 구례, 여수 등이 있다. 호남의 수부였던 전주는 다가공원(多佳公園)을 비롯하여 경기전(慶基展)·한벽루(寒碧樓)·오목대(梧木臺)가 있으며, 남원에는 남원역에서 약 350미터 광한루(廣寒樓)가 있다. 또한 남원역과 구례구역을 이용할 수 있는 지리산도 조선팔경의 하나로 소개하고 있다. 지리산은 호남선뿐만 아니라 진주방면에서도 관광이 가능하였다. 지리산에서 당시 관광이 가능하였던 명소는 화엄사(華嚴寺)를 비롯하여 노고단(老姑壇), 천은사(泉隱寺), 반야봉(般若峰), 세석평전(細石平田), 천왕봉(天王峰), 쌍계사(雙磎寺), 칠불암(七佛庵), 대원사(大願寺), 실상사(實相寺), 벽송사(碧松寺) 등이 있다. 주요 관광코스의 하나로 천황봉, 노고단 등반 노선이 있는데, 이를 정리하면 〈표 4〉와 같다.

〈표 4〉 지리산 탐승로

등반지	경유지	1일차	2일차
천왕봉	白武洞	남원 – 마천 – 백무동	백무동 – 천왕봉
	碧松寺	남원 – 마천 – 벽송사	벽송사 – 천왕봉
	대원사	진주 – 석남리 – 대원사	대원사 – 천왕봉
노고단	화엄사	구례구 – 구례읍 – 화엄사	화엄사 – 노고단
	전은사	구례구 – 천은사	천은사 – 노고단

전라선의 종착지인 여수는 전라좌수영의 봉화대가 있는 종고산(鐘皷山)과 이순신 장군의 전투지로 유명한 장군도(將軍島)의 명승지를 소개하고 있다. 그리고 여수에서 경남 삼천포를 잇는 한려수도가 있다. 한려수도에 대해서는 "풍광으로, 사적으로 남해 특유의 풍물로 한려수도의 매력은 한이 없으며 전망이 좋고 여유롭다"라고 표현하고 있다. 한려수도에는 노량진, 삼천포, 사천신안, 한산도, 통영을 각각 소개하였다.

호남선 송정리에서 분기하여 순천으로 이어지는 경남서부선 광주의 명승지로는 무등산, 증심사(證心寺), 광주공원이 있다. 그밖에도 철도국에서 운영하는 국영 자동차선의 경승지로 동복의 적벽(赤壁), 순천의 송광사(松廣寺)와 선암사(仙巖寺)를 아울러 소개하고 있다. 그런데 『호남안내』에는 주요 명승지만 간략하게 소개하고 있는데, 『남철연선사』는 보다 다양하게 관광지를 소개하였다.[26] 여수항역의 해운대(海雲臺)와 이순신 비각, 미평역의 흥국사(興國寺), 율촌역의 송도(松島)와 신성

포(新城浦), 득양역의 해창해수욕장과 오봉산(五峰山), 보성역의 율포
해수욕장, 능주역의 다탑봉(多塔峰)과 송석정(松石亭), 화순역의 적벽
(赤壁)과 물염(勿染), 구암약수(龜岩藥水), 만연농(萬淵瀧), 남평역의 나
주적벽(羅州赤壁) 등이 있다. 호남지역의 각역과 관광지를 정리하면
〈표 5〉와 같다.

〈표 5〉 호남지역 각 철도 노선 역과 주요 관광지

철도노선	역명	명승지	비고
호남선	대전	유성온천, 계룡산, 공주	
	논산	은진미륵, 관촉사	
	논산 강경	부소산, 유인원기공비, 영월대, 군창지, 송월대, 사비루, 낙화암, 고란사, 작용대, 부산, 대재각, 자온대, 수북정, 평제탑과 석불, 부여박물관, 능산리고분	부여 일대
	정읍	내장산, 백양사	변산 일대
		내소사, 직소폭포, 실상사, 월명암, 채석강, 적벽강, 변산해수욕장	
	목포	송도공원, 유달산, 목포대	
전라선	전주	다가공원, 경기전, 한벽루, 오목대	
	남원	광한루	
	남원 구례구	화엄사, 노고단, 천은사, 반야봉, 세석평전, 천왕봉, 쌍계사, 칠불암, 대원사, 실상사, 벽송사	지리산 일대
	순천	송광사, 선암사	
	여수	종고산, 장군도, 해운대, 이순신비각	
		노량진, 삼천포, 사천신안, 한산도, 통영	한려수도
경남서부선	광주	무등산, 증심사, 광주공원	
	미평	흥국사	
	율촌	송도, 신성포	
	득양	해창해수욕장, 오봉산	

26) 片岡議 편저, 『南鐵沿線史』, 片岡商店, 1933.

	보성	율포해수욕장	
	능주	다탑봉, 송석정	
	화순	적벽, 물염, 구암약수, 만연롱	
	남평	나주적벽	
국영자동차선	동복	적벽	

　다섯 번째로 경원선과 함경선의 관광지를 살펴보자. 경원선과 함경선은 원래 지하자원을 수송하기 위해 부설된 철도로 관광명승지는 많은 편은 아니었다. 그렇지만 당시 식민지 조선의 대표적인 관광지가 적지 않았다. 경원선과 함경선의 각 역을 통해 관광할 수 있는 명승지는 다음과 같다.

　경원선에서 가장 주목을 받은 곳은 철원과 삼방, 그리고 원산이었다. 철원은 궁예가 세운 태봉의 도성으로 사면이 "산악중첩(山岳重疊)으로 마치 일본의 갑비신농(甲斐信濃)과 유사하다"고 하고 있으며,[27] 영년의 기승을 탐승하기에 최고라고 평가하고 있다.[28] 그러나 무엇보다도 중요한 것은 당시 세계의 명산으로 인식되었던 금강산을 관광하는 관문이기도 하였다. 삼방은 50여 미터의 높이와 150여 개의 절벽을 타고 떨어지는 삼방폭포와 삼방약수로 유명하였다.[29] 뿐만 아니라 삼방은 겨울철 스포츠인 스키장으로도 널리 알려졌다.[30] 경원선의 종착지인 원산은 원산만의 풍광을 한눈에 조망할 수 있는 장덕산과 백사청송(白沙青松)으로 하계 피서지 중 식민지 조선에서 제일 유명한 송도원해수욕장이 있다.[31] 그리고 석왕사(釋王寺)도 관광지로 유명하였다.

27) 小西榮三郞, 『朝鮮・滿洲・支那案內』, 聖山閣, 1930, 95쪽.
28) 萩森茂, 『조선의 도시』, 대륙정보사, 1931, 85쪽.
29) 萩森茂, 『조선의 도시』, 85쪽 ; 「조선 각지 폭포관」, 『별건곤』 31호, 1930.8, 138쪽 ; 『동아일보』 1926년 12월 20일자.
30) 『동아일보』 1932년 12월 14일자.
31) 「함경선」, 『조선철도협회회보』, 191~193쪽.

　함경선의 기점인 원산을 지나서 첫 번째 맞는 문평역은 역 앞의 망덕산(望德山) 고성지(古城趾), 문천역은 이균성지(伊均城址), 이성계의 증조인 익조의 능 숙릉(淑陵), 계곡의 풍광과 운치가 뛰어난 운림폭포(雲林瀑布), 영흥역은 이성계가 태어난 영흥본궁(永興本宮)과 고려 때 축성한 장성(長城), 함남 최대의 도시인 함흥역에는 만세교(晩歲橋), 송림으로 우거진 반룡산(盤龍山), 이성계가 유년생활을 하였던 경흥전(慶興殿), 관북 불교의 본산 귀주사(歸州寺), 환조의 능 정화능(定和陵), 본궁역은 이성계의 옛집 함흥본궁(咸興本宮), 서호진역은 서호진해수욕장, 퇴조역은 윤관이 여진족을 정벌하기 위해 축조한 퇴조성지(退潮城址)와 해안선을 따라 이어지는 서호진과 삼호 사이의 수도(隧道), 전진역은 해안 조망의 절승지 송도(松島)와 해안 암벽에 있는 해월정(海月亭), 험준고산의 함관령(咸關嶺), 신포역은 말의 귀와 닮았다는 마양도(馬養島)와 신포공원(新浦公園), "일본의 후지산(富士山)을 닮았다"는 신포부사(新浦富士), 신포와 탄령을 이어주는 수도(隧道) 등이 있다.

　북청군의 속후역은 발해의 고도지(古都趾)와 여진의 磨光山, 북청 남대천 철교가 있으며, 신북청역은 고려시대 척성한 북청성지(北青城趾), 기암역은 해면으로 돌출되어 나온 기암괴석을 차창으로 조망할 수 있는 곡구(谷口), 기암(奇巖) 부근의 해빈(海濱)과 수도(隧道), 단천역에는 단천공원, 성진역은 성진공원과 난도신(卵島蜃)의 기루(氣樓), 마천령(摩天嶺), 농성역은 사냥을 겸할 수 있는 송흥온천, 업억역은 기암괴석과 행화(杏花), 진달래로 풍광이 좋은 세천온천(細川溫泉), 길주역은 윤관이 축조한 길주읍성과 길주의 금강이라고 불리는 남대계(南大溪), 고참역은 칠보산(七寶山), 용평역은 장연호(長淵湖)와 무계호(武溪湖)·팔경대(八景臺)·수중대(水中臺) 등이 있다. 주을역에는 조선의 벳부(別府)라 불리는 주을온천, 경성역에는 경성읍성, 송수울울한 승암산(勝岩山), 윤관이 여진족과 전투에서 전승한 원수대(元帥臺), 해수욕장으로

유명한 독진항(獨津港), 나남역은 함경북도 도청소재지가 있던 땅속에
서 분출되는 증기를 이용한 증탕(蒸湯), 수서역은 임진왜란 때 전적지
인 회안역, 고무산역의 고무산성지(古茂山城趾), 종착지인 회령역에는
현충사비(顯忠祠碑)와 오국성지(五國城趾) 등이 있다.[32] 경원선과 함경
선의 주요 관광지는 근대문화의 상징인 공원과 자연미를 그대로 살리고
있는 기암절벽, 그리고 유명한 해수욕장 등이 대표적이라 할 수 있다.
경원선과 함경선의 연선 주요 관광지를 정리하면 〈표 6〉과 같다.

<표 6〉 경원선과 함경선 연선의 주요 관광지

철도노선	역명	명승지
경원선	철원	태봉 도성, 山岳重疊
	삼방	삼방폭포, 삼방약수
	석왕사	석왕사
	원산	장덕산, 송도원해수욕장
함경선	문평	망덕산 고성지
	문천	이균성지, 숙능, 운림폭포
	영흥	영흥본궁, (천리)장성
	함흥	만세교, 반룡산, 경흥전, 귀주사, 정화능
	본궁	함흥본궁
	서호진	서호진해수욕장
	퇴조	퇴조성지, 해안선 隧道,
	전진	송도, 해월정, 함관령
	신포	마량도, 신포공원, 신포부사, 신포탄령 隧道
	속후	발해고도지, 마광산, 남대천철교
	신북청	북청성지
	기암	海濱과 隧道
	단천	단천공원
	성진	성진공원, 난도진 기루, 마천령

---

32) 「함경선」, 『조선철도협회회보』, 191~215쪽.

	농성	송흥온천
	업억	세천온천
	길주	길주읍성, 남대계
	고참	칠보산
	용평	장연호, 무계호, 팔경대, 수중대
	주을	주을온천
	경성	경성읍성, 승암산, 원사대, 독진항
	나남	증탕
	수서	회안역
	고무산	고무산성지
	회령	현충사비, 오국성지

끝으로 금강산전기철도주식회사의 금강산선이다. 금강산전기철도주식회사는 다른 철도와는 달리 순수한 관광을 목적으로 부설 개통하였다. 금강산관광은 내금강과 외금강의 두 가지 코스가 있다. 내금강은 경원선 철원역에서 하차하여 금강산전기철도주식회사로 환승하여 창도역에서 내린 다음 자동차로 장안사까지 이동하였다.[33] 그리고 외금강은 경원선 원산역에서 하차하여 뱃길로 장전까지 이동하거나 자동차로 온정리까지 이동하여 관광하였다.[34] 참고로 금강산관광 일정을 보면 〈표 7〉과 같다.

〈표 7〉 금강산관광 일정[35]

관광일정	일차	주요일정
내외금강 순유 10일 여정	1일	경성(철도)→철원(전차)→창도(자동차)→장안사
	2일	장안사→명경대→영원암→망군대→장안사
	3일	장안사→표훈사→만폭동→마하연→백운대→마하연
	4일	마하연→비로봉→마하연

33) 금강산전기철도는 이후 장안사 입구까지 연장되었다.
34) 松本武正·加藤松林, 『金剛山探勝案內』, 龜屋商店, 1926, 23~24쪽.
35) 小西榮三郎, 『朝鮮·滿洲·支那案內』, 107~109쪽.

	5일	마하연→내무재령→음선대→만경동→유점사
	6일	유점사→백천교→송림사→12폭→송림사
	7일	송림사→백천교→(자동차)→삼일포→해금강
	8일	해금강 유람→온정리
	9일	온정리→신계사→옥통동→구룡연→온정리
	10일	온정리→한하계→만물상→온정리→장전→원산→경성
내외금강 순유 6일 여정	1일	경성→원산→장전→해금강 유람→온정리
	2일	온정리→구룡연→온정리
	3일	온정리→만물상→신풍리→장안사
	4일	장안사→명경대→표훈사→만폭동→마하연
	5일	마하연→묘길상→비로봉→마하연→장안사
	6일	장안사→창도→철원→경성
외금강 관광 3일 여정	1일	경성→원산→장전→해금강 유람→온정리
	2일	온정리→구룡연→온정리
	3일	온정리→만물산→온정리→장전→원산→경성(익일 새벽)
내금강 관광 3일 여정	1일	경성→철원→창도→장안사
	2일	장안사→명경대→표훈사→마하연→장안사
	3일	장안사→창도→철원→경성

　이상으로 철도 노선에 따른 역과 관광명승지를 살펴보았다. 이들 관광지의 유형을 크게 네 가지로 분류할 수 있다.

　첫째는 역사 유적지이다. 역사 유적지로는 신라의 수도였던 경주, 고조선과 고구려의 수도였던 평양, 고려의 수도였던 개성, 태봉의 수도였던 철원, 백제의 수도였던 부여와 공주, 그리고 조선의 수도였으며 당시 정치 · 경제 · 행정의 중심지였던 경성이 대표적이라 할 수 있다. 이밖에 고찰이나 성터가 있었던 곳은 철도가 부설되고 역이 생기면서 새로운 관광지로 조명받기 시작하였다.

　둘째는 자연경승지이다. 자연경승지로는 금강산, 장수산, 지리산 등이 대표적이라 할 수 있다. 이들 자연경승지는 철도가 놓이기 전에는 지역 주민들에게만 개방되었지만 철도가 부설되고 역이 생김에 따라 전국적으로 유명한 관광지로 새롭게 탄생하였다. 철도가 부설되고 주변에 역이 개설됨으로서 이제는 누구든지 시간에 구애받지 않고 관광할 수 있게 되었다.

셋째는 근대산업 또는 문화시설이다. 이들 시설은 수원의 권업모범장과 농림학교, 진영의 촌정농장 등이 대표적이라 할 수 있다. 일제의 우월성과 일본인의 자긍심을 불러일으키는 근대산업시설을 보여주기 위한 것이었다. 또한 근대문화 시설의 하나인 공원이 도시 중심에 들어섬에 따라 새로운 볼거리를 제공하였다. 그럼으로써 공원은 전국적 관광지로 급부상하게 되었다.

넷째는 일본 관련 유적지이다. 일본 관련 유적지는 초량의 청강성태군초혼비 등으로 많은 편은 아니었지만, 일본인들에게 정체성을 확인시켜주는 역할을 하기도 하였다.

3. '테마관광'과 관광열차의 운행

오늘날 우리가 살고 있는 21세기 현대산업사회는 디지털시대 또는 정보화시대라고 부르며, 과거와 전혀 다른 삶을 요구하고 있다. 그러면서도 현대사회는 국민소득의 향상과 여가시간이 증대하게 되어 관광활동이 대중화되었다. 그러한 가운데 관광객의 욕구와 동기 또한 다양하게 변화하고 있다.

그러한 다양한 관광인식의 변화요구에 부응하여 철도는 관광의 급격한 발전을 위한 전제조건을 보다 폭넓게 만들어주었다. 기차의 속도와 정확성, 그리고 갈수록 좋아지는 성능 덕분에 여행은 변하였다. 열차는

한꺼번에 많은 사람을 왕복으로 운송할 수 있는 최초의 교통수단이었
다. 이러한 조건은 조직적인 관광여행의 뿌리를 내리도록 도와주었다.[36]
동시에 저렴한 여행비용으로 폭넓은 계층이 여행을 할 수 있었다.

이러한 분위기에 맞추어 '테마관광'이라는 프로그램이 다양하게 개발
되고 있다. 하지만 이러한 '테마관광'의 의미를 지니고 있는 관광프로그
램은 철도가 부설되면서 이미 시작되었다. 비록 오늘날과 같은 '테마관
광'은 아닐지라도 이미 일제강점기부터 '테마관광'이 적지 않았다. 그중
대표적인 것이 '꽃 관광', '달맞이관광', '석탄절관광', '피서관광', '스키관
광', '탐승관광' 등이다. 그리고 이 테마관광을 위해 철도국에서는 임시
또는 특별열차를 편성하여 관광객을 유치하거나 관광객의 편의를 도모
하였다.

꽃 관광은 당시 '벚꽃' 또는 '복숭아꽃' 관광이 가장 유명하였다. 벚꽃
관광지로 널리 알려진 곳은 인천 월미도, 원산 송전만, 광주공원, 진해,
경성 우이동, 개성 송도, 군산 등지였다. 그리고 벚꽃관광 계절이 되면
'관도열차(觀桃列車)', '관앵열차(觀櫻列車)', '관화열차(觀花列車)', '도화
열차(桃花列車)'라는 특별 또는 임시관광열차를 편성하였다.

개성 벚꽃관광은 고려의 왕도로써 역사적 문화유적도 적지 않아 1910년
대부터 많은 관광객이 찾아들었다. 이에 따라 철도국에서는 특별관광열
차를 편성하였고,[37] 개성유지들은 좀더 많은 관광객을 유치하기 위해
관앵회(觀櫻會)를 조직하기도 하였다.[38] 1912년에 개설된 개성 벚꽃관
광열차는 남대문역을 오선 9시 출발하여 10시 45분에 개성역에 도착하
였는데, 꽃구경과 역사유적지를 둘러보고 오후 3시 15분 개성역을 출발
오후 6시 남대문역으로 돌아왔다.[39] 1920년에 편성된 임시관광열차는

---

36) 빈프리트 뢰쉬부르크, 이민수 옮김, 『여행의 역사』, 201~202쪽.
37) 『매일신보』 1912년 5월 1일자, 「開城桃와 臨時列車」.
38) 『매일신보』 1913년 5월 4일자, 「開城觀桃 特別列車」.

갈 때는 남대문역에서 오전 9시 8분에 출발하여 10시 5분에 개성역에 도착하였고, 돌아올 때는 개성역을 오후 4시 10분에 출발하여 오후 6시에 남대문역에 도착하였다. 요금은 왕복으로 대폭 할인하였는데, 3등칸은 1원 50전, 2등칸은 2원 50전이었다.[40] 또한 1921년 편성된 관광열차는 용산역에서 출발하였는데, 용산역에서 오전 8시 15분 출발, 남대문역은 8시 40분에 경유하여 개성역에는 10시 35분에 도착하였다.[41]

우이동 벚꽃관광은 남대문역, 용산역과 경원선 창동역을 이용할 수 있는데, 매년 5월경 벚꽃이 만개하면 철도국에서 3월부터 관광열차를 준비하였다.[42] 1915년에 편성된 관광열차는 남대문역을 오전 8시 43분 출발하여 용산역에는 8시 52분, 창동역에는 오전 9시 25분에 도착하였다. 그리고 돌아오는 열차는 창동역을 오후 4시 24분 출발하여 용산역에는 오후 5시 3분, 남대문역에는 오후 5시 19분에 도착하였다. 대략 한 시간 정도 걸렸다. 관앵열차(벚꽃놀이열차)를 이용할 경우 운임도 남대문에서 창동역은 64전에서 54전으로, 용산역에서 창동역은 54전에서 45전으로 대폭 할인하였다. 뿐만 아니라 관광객의 편의를 위해 나무 아래 천막을 치는 등 휴게시설을 마련하기도 하였다.[43] 그리고 1920년에 편성된 관광열차는 남대문역을 오전 8시 45분 출발하여 창동역에는 오전 9시 40분에 도착하였다. 그리고 돌아오는 관광열차는 창동역을 오후 4시 20분에 출발, 오후 5시 35분 남대문역에 도착하였다.[44] 1921년 운행된 관광열차는 기존의 남대문역과 용산역, 그리고 창동역에 청량리역이 추가되었다. 운행시간을 보면 남대문역을 오전 8시 45분 출발, 용산역은

39) 『매일신보』 1912년 5월 1일자, 「開城桃와 臨時列車」.

40) 『동아일보』 1920년 5월 2일자, 「臨時桃花列車」.

41) 『동아일보』 1921년 4월 27일자, 「觀桃列車 運轉」.

42) 『매일신보』 1917년 3월 8일자, 「觀櫻列車 準備」.

43) 『매일신보』 1915년 4월 20일자, 「觀櫻列車」.

44) 『동아일보』 1920년 4월 21일자, 「觀櫻列車 運轉」.

8시 58분, 청량리역은 9시 31분에 경유하여 창동역에는 9시 46분에 도착
하였다. 그리고 돌아오는 시간은 창동역을 오후 4시 15분에 출발하여
청량리역은 4시 35분, 용산역은 5시 5분에 경유하여 남대문역에는 5시
15분에 도착하였다.[45] 당시 청량리역이 추가된 것은 관광객이 그만큼
많이 늘었다는 것을 의미한다고 볼 수 있다.

광주공원의 벚꽃 또한 유명하여 밤의 관광객을 위해 전등을 가설하
기도 하였다.

> 호남지방에서 꽃동산으로 유명한 광주(光州) 공원의 벚꽃은 벌써부터
> 피기 시작하였으므로 17, 8일경에는 만개되리라 한다. 그런데 이곳 동산에
> 다가 수만 족의 전등을 가설하였으므로 그야말로 금상첨화의 장관을 이루
> 어 매일 매야 수만 관객의 발자취가 끌지 아니 한다고 한다. 철도국에서
> 와 남조선철도주식회사에서는 일반 관객의 편의를 돕기 위하여 전남 도내
> 어느 지방에서든 물론하고 광주 왕복에는 3할인을 할 뿐 아니라 16일부터
> 20일까지에는 광주에서 발 9시 반에 떠날 수 있도록 임시열차를 운전한다
> 고 한다.[46]

광주공원의 벚꽃관광은 철도국과 남조선철도주식회사에서 꽃이 만개
하기 이전인 16일부터 20일까지 5일 동안 임시관광열차를 편성하여 보
다 많은 관광객을 유치할 뿐 아니라 야간에 전등을 설치하여 관광객으
로 하여금 보다 관광의 흥미를 불러일으키게 하였다.

뿐만 아니라 이들 지역 외에도 벚꽃으로 유명한 곳은 원산 송전만이
었다. 송전만은 원산만 북쪽에 있는 호도반도의 남서각과 송전반도의
주항만 사이에 형성되어 있으며, 자연적으로도 "해수가 깊이 침입하여
연하묘애(煙霞杳靄)한 것은 구름인가 바다인가 하는 의심을 생케 한

---

45) 『동아일보』 1921년 4월 19일자, 「觀花列車運轉」.
46) 『동아일보』 1933년 4월 15일자, 「광주 벚꽃 17, 8日 滿開」.

다"[47]라고 하여, 자연경관이 매우 뛰어난 곳이었다. 이곳이 벚꽃관광으로 주목받기 시작한 것은 1930년대부터였다. 동아일보 진흥지국은 창간 10주년을 맞는 1930년 4월 독자와 더불어 격의 없는 간담으로 의의 있게 보내기 위해 '송전만견학단'을 조직하였다. 송전만견학단의 규정은 다음과 같다.

1. 일시: 1930년 4월 27일(음 3월 29일, 일요일) 오전 7시 鎭興發(집회는
   본 지국으로) 당일 귀환.
1. 장소: 송전만감화원
1. 신청: 4월 23일(음 3월 25일)까지
1. 회비: 매인당 1원씩(신청시 첨부할 일, 점심 제공)[48]

진흥지국은 이후 연례행사로 송전만 앵화관광단을 조직하여 벚꽃관광을 하였다.[49] 1932년 진흥지국의 송전만 벚꽃관광은 경원선 마장역의 후원으로 영흥학교에서 관앵대회(觀櫻大會)라는 명칭으로 실시하였으며,[50] 1936년에는 영흥지국과 공동으로 진행하였다.[51] 송전만 벚꽃관광은 동아일보 고원지국에서도 관앵단(觀櫻團)을 조직하였는데,[52] 오전 6시 30분

[47] 김춘국, 「대육적 경취로 본 원산항의 풍광」, 『개벽』 54호, 1924.12, 90쪽.
[48] 『동아일보』 1930년 4월 16일자, 「櫻花로 有名한 송전만견학단」.
[49] 『동아일보』 1931년 4월 9일자, 「櫻花觀光團 募集」 ; 『동아일보』 1931년 4월 19일자, 「鎭興서 募集하는 櫻花觀光團」 ; 『동아일보』 1931년 5월 1일자, 「櫻花觀光團」 ; 『동아일보』 1932년 4월 26일자, 「송전만 영흥교 櫻花觀光大會」 ; 『동아일보』 1932년 5월 1일자, 「송전만 견학 성황」 ; 『동아일보』 1934년 5월 2일자, 「송전만관앵단 모집」(광고) ; 『동아일보』 1936년 5월 2일자, 「櫻花觀光團 募集」.
[50] 『동아일보』 1932년 4월 26일자, 「송전만 영흥교 관앵대회 개최」 ; 『동아일보』 1931년 4월 9일자, 「櫻花觀光團 募集」 ; 『동아일보』 1931년 5월 5일자, 「송전만 견학 성황」.
[51] 『동아일보』 1936년 5월 2일자, 「松田灣觀櫻團 募集」(광고).
[52] 『동아일보』 1936년 5월 4일자, 「송전만감화원 관앵단 募集」.

고원역을 출발하여 오후 8시 돌아오는 코스였다.[53]

그러나 무엇보다도 벚꽃관광은 진해가 가장 유명하였다. 진해는 벚꽃 1만여 그루를 10여 거리에 나란히 심어 조성하였는데, 벚꽃이 활짝 필 때는 "하(霞)와 여(如)하고 설(雪)과 여(如)한 화(花)의 터널"이라고 하였다.[54] 진해 벚꽃관광은 주로 부산이나 마산, 창원 등 남부지역에서 많은 관광객이 찾았다. 1929년 동아일보 김해지국에서 모집한 벚꽃관광단 관련 기사를 보면 다음과 같다.

> 본보 경남 김해지국에서는 來 4월 望間 萬和가 方暢할 時期를 擇하여 지방인사의 觀光團을 조직하여 馬山, 鎭海, 釜山 등지의 觀櫻 및 勝地를 見學하겠다는데, 중간노정 및 숙박은 최초 당지에서 자동차로서 楡林驛을 향하여 마산방면을 구경하고, 오후 汽船으로 진해로 향하여 1박 후, 그 익일에 해군 요새 일반을 견학하고 그날 오후 부산으로 향하야 溫泉場에서 1박 후 부산형무소 기타 관청, 회사, 연락선, 항만을 일주견학한 후 오후 4시 반 열차로 歸金할 예정인 바, 좌기 요령에 의하여 신속신청을 요망한다더라.
> 1. 출발일정 4월 15일(변경이 유할 시는 다시 발표)
> 1. 신청 4월 10일까지 본보 지국으로
> 1. 회비 매인 6원씩
> 1. 인원 성년 이상 남녀 약 30명[55]

진해 벚꽃관광은 벚꽃 구경뿐만 아니라 마산, 진해, 부산 등지의 명승지와 해군시설, 관공서, 온천장 등 다양한 볼거리와 기차, 배, 자동자 등의 다양한 교통수단을 이용한 종합적인 테마관광이었다. 이 관광단의

53) 『동아일보』 1936년 5월 7일자, 「松田灣觀櫻단 募集」(광고).
54) 小西榮三, 「조선철도연선안내」, 『朝鮮·滿洲·支那案內』, 84쪽.
55) 『동아일보』 1929년 3월 28일자, 「진해, 부산 등지의 관광단 모집」 ; 『동아일보』 1929년 4월 2일자, 「觀櫻及見學團 募集」(광고).

비용은 처음에는 6원이었으나 조기에 신청할 경우에는 50전을 할인하여 5원 50전으로 내리기도 하였다.[56] 동아일보 마산지국과 근우회 마산지회에서는 부인견학단을 조직하여 진해 벚꽃관광에 나서기도 하였다.[57]

이 외에도 관북 서수라의 앵화산(櫻花山),[58] 대전의 유성온천,[59] 그리고 성진, 부산, 평양도 꽃 관광으로 유명하였으며, 임시 또는 특별열차를 편성하여 관광객을 유치하였다.[60] 또한 서울의 비원, 우이동, 장충단 등지의 벚꽃도 유명하여 지방에서 관광단을 조직, 열차를 이용하여 상경한 후 관광하기도 하였다.[61]

그런데 벚꽃관광에는 불미스러운 일이 발생하기도 하였는데, 바가지 상혼과 호객행위였다. 당국에서는 관광객에게 바가지를 씌우거나 호객행위를 하는 경우 강력한 단속을 하기도 하였다. 나아가 관광지에는 맥주 1병 75전, 사이다 1병 30전, 일본 비빔밥 1인분 50전, 점심 상등 1원 보통 70전, 좌석값 30전, 과자 1인분 30전 등으로 각각 물건 값을 정하기도 하였다.[62]

'테마관광' 중 가장 인기 있고 유명한 것은 금강산관광이었다. 금강산이 근대적 관광지로 개발된 것은 일본에 의해서였다. 하나는 금강산철도의 부설이고, 다른 하나는 다양한 금강산관광 안내서와 탐승기였다. 금강산철도의 부설은 1914년 경원선이 완성됨에 따라 보다 구체적으로

---

56) 『동아일보』 1929년 3월 31일자, 「부산관광단 회비를 감하」.
57) 『동아일보』 1929년 4월 10일자, 「제2회 마산 진해 부인견학단원 모집」(광고).
58) 『조선중앙일보』 1935년 5월 25일자, 「관북 탐승 성황」.
59) 『조선중앙일보』 1934년 4월 29일자, 「앞을 다투는 探花客 유성온천에 운집」.
60) 『조선중앙일보』 1935년 3월 17일자, 「봄소식! 꽃시절을 앞두고 쇄도할 관광객」.
61) 『동아일보』 1921년 4월 21일자, 「觀花時節의 團束」 ; 『조선중앙일보』 1934년 4월 24일자, 「京城觀櫻團 募集」 및 「京城視察團圓 募集」 ; 『조선중앙일보』 1935년 4월 17일자, 「서울로 서울로 관광객 사태」 ; 『조선중앙일보』 1935년 4월 21일자, 「부산 대구에서 관광객 천오백」.
62) 『동아일보』 1921년 4월 21일자, 「觀花時節의 團束」.

추진되었다. 금강산관광을 위해 1919년 8월 금강산전기철도주식회사가
설립되었고,[63] 1923년 8월 1일 개통되면서[64] 금강산관광이 보다 대중화
되었다. 금강산관광 안내서는 1926년『금강산탐승안내』를[65] 비롯하여『금
강산』,[66]『금강산탐승안내기』[67] 등 다양한 안내서가 쏟아져 나왔다. 뿐
만 아니라 이광수의『금강산유기』,[68]『조선금강산탐승기』[69] 등 금강산
여행기도 잡지[70] 또는 단행본으로 다양하게 소개되었다.[71] 특히 이광
수와 최남선의 금강산여행기는 금강산관광에 적지 않은 영향을 주었다.
　금강산철도가 개통되기 전에는 경원선 고산역에 하차하여 자동차로
장안사로 가는 방법과 원산역에서 내려 배를 이용 장전으로 가서 온정
리를 이용하는 방법이었다.[72] 그러나 금강산철도가 온정리까지 개통되

63) 『朝鮮總督府官報』1919년 8월 15자 ; 중촌진오, 『선내철도연선요람』, 공성당
인쇄소, 1932, 155쪽.
64) 『朝鮮總督府官報』1924년 8월 2일자 ; 『조선철도40년사』, 조선총독부철도국,
1940, 538쪽.
65) 松本武正·加藤松林, 『金剛山探勝案內』, 龜屋商店, 1926. 이 책은 금강산관
광에 대한 상세한 정보를 제공하기 위한 실용적 안내서로서, 금강산의 각종 경
승에 대한 짤막한 소개는 물론이고 서울과 일본, 만주 등지에서 금강산을 탐승
할 수 있는 교통과 내외 금강 및 해금강 각지의 숙식에 관한 정보를 제공하고
있다.
66) 前田寬, 『금강산』, 조선철도협회, 1931.
67) 大熊瀧三郎, 『금강산탐승안내기』, 谷岡商店印刷部, 1934.
68) 이광수는 1921년 여름과 1923년 여름, 두 차례 금강산을 여행한 바 있고 1922
년 「금강산유기」를『신생활』지에 연재한 후 1924년 단행본으로 시문사에서 간
행하였다. 이 책에 대해서 "세계에 이름 있는 명산을 정평 있는 춘원의 영롱한
필치로 그려낸 기행문이니 누구든지 일독할 가치가 있는 것이다"라고 소개하고
있다(『동아일보』1924년 10월 31일자, 「신간소개」).
69) 竹內直馬, 『조선금강산탐승기』, 富山房, 1914.
70) 해동초인, 「세계의 절승 금강산」, 『신문계』42호, 1916.9 ; 「금상산탐승기행」,
『반도시론』1~8, 1917.11 ; 박석윤, 「산수자랑-우리의 산수미」, 『별건곤』12·13
호, 1928.5 등 이 외에도 많이 있다.
71) 최남선도 1924년 가을 금강산을 여행하고 「풍악기유」를『시대일보』에 연재한
바 있고, 1928년 단행본으로 『금강예찬』을 간행하였다.

면서 철도를 이용하는 관광객이 점차 늘어났다. 특히 1920년대 들어 '금
강산 탐승단'이 적지 않게 조직되었는데, 금강산관광을 대중화하는데
적지 않은 영향을 미쳤다.73) 1921년 9월 현재 전년도보다 장안사와 온
정리 양 호텔의 경우 3배 이상의 투숙객이 증가한 바 있다.74) 1927년에
는 6월 1일부터 10월 3일까지 5개월간 7,625명으로 전년도 같은 기간에
대비해 볼 때 2배가 증가하였다.75) 그리고 1933년에 이르러서는 1년간 2만
2,417명이 금강산을 관광하였다.76) 1920년대 조직된 금강산관광단을 정
리하면 〈표 8〉과 같다.

〈표 8〉 1920년대 금강산관광단 조직 현황77)

명칭	주최/후원	일정	비고	전거
금강산탐승단	영흥분국	음력 추석 익일	비용 16원	1921.9.11
금강산탐승단		1주간	金贊善 등 의주인사 10인	1922.6.6
금강산탐승단	나주역	10일간	비용 55원	1923.7.29
금강산탐승대	공주지국/공주청년 수양회	8월 15일 출발	비용 40원, 28명	1923.8.2
금강산탐승대	조선청년회연합회	9월 상순 2주간		1923.5.24 1923.7.11
금강산 유람여행단	만철경성관리국	6월 15일 발, 3일간	금강산 탐승객 장려를 위해 시설, 할인 등 점검, 비용 18원	1923.6.11

72) 『동아일보』 1921년 7월 5일자, 「금강탐승 자동차」 ; 『동아일보』 1921년 7월 16
일자, 「만철탐승 자동차」.
73) 『동아일보』 1921년 9월 11일자, 「金剛山探勝客多數」.
74) 『동아일보』 1921년 9월 14일자, 「登山熱의 勃興, 金剛山探勝客 激增」.
75) 『동아일보』 1927년 11월 15일자, 「금강산탐승객 7천 6백 20명」.
76) 『조선중앙일보』 1934년 2월 11일자, 「금강탐승객 2만 2천여 명」.
77) 1920년대 금강산탐승단은 『동아일보』의 기사 및 광고 등에서 정리하였다.

금강산탐승단	부산지국	8월 8일 출발 14일간	비용 35원	1924.7.28
금강산탐승대	통영, 마산지국	8월 상순 2주간	비용 2등 80원, 3등 52원, 21인 이상	1925.6.1 1925.6.22 1925.7.14
금강산 수학여행	보석고등보통학교	7월 9일 출발	80명	1925.7.12
금강산탐승단	진영 실업가	8월 16일 발, 1주간	14인	1925.8.14
금강산탐승단	축현역	8월 29일~ 9월 2일	비용 23원, 10인 이상	1925.8.28
금강산탐승단	김천역	9월 25일~30일	비용 15원 64전	1925.9.24
금강산탐승단	조선, 동아 여주지국	5월 25일 발, 2주간	비용 35원	1926.4.26
금강산탐승단	마산지국	6월 8일 출발 15일간	비용 60원, 2인 이내	1926.5.21
금강산탐승대	거창지국	6월 8일 출발 14일간	비용 50원, 20인 이상	1926.5.28
금강산탐승단	동아, 부산 울산지국	8월 5일 출발 11일간	비용 45원	1926.7.31
금강산탐승대	인천소년군	7월 30일 출발 3주간	곽상훈 단장 11명	1926.7.31
담양군시찰단	면장과 유림	9월 28일 출발	비용 1,500여 원, 20여 명, 수원 신의주 원산 등	1926.10.10
수학여행	개성학당상업학교	10월 11일~18일	학생 21명	1926.10.14
금강산탐승단	인천역	6월 10일~15일	비용 44원	1927.5.27
수학여행	개성 호수돈 여자고등보교	6월 6일 출발 1주일	24명	1927.6.8
금강산탐승단	수원지국	10월 10일 출발	비용 25원	1927.10.2
금강산탐승단	양책역	2주간	비용 40원, 10인 이상	1928.5.29
금강산탐승단	매일 홍원분국	6월 9일 출발 8일간	비용 27원	1928.5.30

금강산탐승단	부산지국	8월 5일 출발	비용 40원	1928.6.21
금강산탐승단	수원지국/수원역	7월 12일 출발 6일간	비용 25원	1928.7.1
금강산탐승단	부산지국	8월 25일 출발 12일간	비용 40원, 30명	1928.6.25
금강탐승단	거창지국	7월 23 출발 12일간	비용 40원	1928.7.3
금강산탐승단	대구지국	7월 26일~ 8월 9일	비용 50원	1928.7.5 1928.7.15
금강산탐승단	공주지국	8월 1일 출발 10일간		1928.7.18 1928.7.21
금강산탐승단	정주지국	8월 15일 출발	비용 30전, 20명	1928.7.23 1928.7.29
금강산탐승단	남원지국	8월 15일 출발 15일간	비용 50원, 20인 이상	1928.8.3
금강산탐승단	이리 유지 일동	8월 18일 출발		1928.8.13
금강산탐승단	김제지국	5월 19일 출발	10인 이상	1929.5.17
금강산탐승단	문산지국	6월 10일~16일	비용 30원	1929.6.5 1929.6.9
금강탐승단	신풍분국, 서흥지국	8월 1일 출발 5일간	비용 24원	1929.7.28
금강산탐승단	청주지국	9월 30일 출발 6일간	비용 30원	1929.9.18

　〈표 8〉에서 본 바와 같이 1920년대 『동아일보』 기사 또는 광고를 통해 확인할 수 있는 금강산관광단은 37건에 이르고 있다. 『동아일보』 이외의 신문에서 확인할 경우 더 많은 금강산관광단이 조직되었을 것으로 보인다. 금강산관광은 주로 단풍이 드는 10월이 절경이지만 봄과 여름을 구별하지 않고 관광단을 조직하였다.

　단풍 시즌을 맞아 금강산을 관광하는 관광객이 늘어나자 만철경성관리국은 '관풍열차(觀楓列車)'라는 관광열차를 증편하여 편의를 도모하였다. 1922년에는 10월 14, 15 양일간 경원선 남대문역과 석왕사역까지 임시관광열차를 운행하였고,[78] 1928년에는 6월 1일부터 철원역과 김화역 간 금강산전철 급행열차를 운행하였다.[79] 1932년에는 10월 1일과 2일 양일간 휴일로 지정됨에 따라 관광객이 크게 늘어 740여 명에 이르자 9월 31일부터 10월 3일까지 임시열차를 왕복으로 운행하였다. 구체적인 열차운행은 다음과 같다.

· 경성역 발 9월 31일 오후 10시 30분, 외금강 착 10월 1일 오전 7시.
· 외금강 발 10월 2일 밤 8시 15분, 경성 착 10월 3일 오전 6시 40분.[80]

그리고 임시열차는 3등 침대차 2량과 3등차 2량으로 경성역을 출발한 후 복계역에서 3등차 1량을 증편하여, 외금강까지는 직통으로 운행하였다. 그리고 내금강까지는 임시열차를 운행하지는 않았지만 보통열차 3등차 4량을 증편하여 운행하였다.

1933년에는 철도국에서 9월 22일 오후 10시 경성역을 출발하여 23일 오전 7시 30분 외금강에 도착하고, 24일 오후 7시 30분 외금강역을 출발하여 25일 오전 6시 경성역에 도착하는 특별열차를 운행하기도 하였다.[81] 당시 금강산관광객은 단체관광객만 600명이 넘었으며, 숙박시설이 모두 만원이 됨에 따라 철도국은 외금강역에 3등 침대차 2량을 긴급 유치 140명을 수용하는 임시열차호텔을 개설하기도 하였다.[82] 뿐만 아니라 철도국은 금강산관광객과 지방교통의 편의를 도모하기 위해 7월 26일부터 10월 말일까지 원산역과 고성역 간을 매일 왕복하는 임시열차

78) 『동아일보』 1922년 10월 3일자, 「경원선 관풍임시열차」.
79) 『중외일보』 1928년 6월 5일자, 「금강산전철 임시열차 운전 6월 1일부터」.
80) 『동아일보』 1932년 9월 30일자, 「내외 양 금강에 탐승임시열차」.
81) 『동아일보』 1933년 9월 12일자, 「23, 4일에 금강산유람 특별열차 운전」.
82) 『동아일보』 1932년 9월 20일자, 「가을의 금강산 탐승객 사태 열차호텔 급설」.

를 운행하였다.[83]

　단풍관광열차는 금강산 외에도 서울 근교의 소요산과 자재암의 단풍관광을 위해 편성되기도 하였다. 1921년에는 9월 15일부터 말일까지 경원선 소요산과 자재암 앞에 임시정거장을 설치하고 임시열차를 운행하였다.[84] 이듬해인 1922년에는 소요산 단풍관광객의 편의를 위해 9월 15일부터 10월 말일까지 동두천과 전곡 사이에 임시정거장을 설치하고 하루 2회 관풍열차를 운행하였다. 그리고 남대문역과 용산역, 그리고 인천역에서 할인 왕복승차권을 발매하였다.[85] 1932년에는 10월 1일부터 한 달 동안 일요일과 공휴일에 한하여 경성역을 오전 7시 48분, 10시 15분, 전곡역을 오후 4시 52분에 출발하는 관광열차를 각각 편성하고 요금도 할인하였다.[86] 1933년에는 망월사와 소요산을 운행하는 임시관광열차를 운행한 바 있는데, 시간은 다음과 같다.

　　◇ 망월사행
　1. 경성이나 용산에서 의정부 왕복 90전(어린이 반액)
　1. 현장 입구에 정차하는 열차: 987, 991, 989, 986, 988, 522, 992 열차.

　　◇소요산행
　1. 경성 용산이나 청량리에서 전곡 왕복. 前車는 1원 60전, 後車는 1원 40전(어린이는 반액)
　1. 현장 입구에 정차하는 열차: 978, 501, 989, 986, 988, 522 열차.[87]

　이처럼 임시로 편성한 관광열차는 꽃 관광과 단풍관광뿐만 아니라

83)『동아일보』 1932년 10월 29일자, 「원산－고성간의 임시열차 계속 운행」.
84)『동아일보』 1921년 9월 21일자, 「자재암에 임시열차 경원선 승객의 편의」.
85)『동아일보』 1922년 9월 9일자, 「觀楓列車 運轉 경원선 소요산에」.
86)『동아일보』 1932년 9월 30일자, 「소요산 열차 운전」.
87)『동아일보』 1933년 8월 31일자, 「망월사와 소요산 임시열차장 개시」.

수원 西湖 달맞이 관광, 삼방폭포 관광, 석탄설 석왕사 관광, 무창포 해
수욕장, 삼방 스키 관광, 공진회 관광 등에도 있었다.

　중추절 가장 아름다운 달을 구경할 수 있는 수원 서호 관월열차(觀月
列車)는 1921년 9월 17일 서호에 임시정거장을 마련하고 오후 6시 30분 남
대문역을 출발, 오후 11시 45분에 도착하였다. 운임은 3등칸은 90전, 2등
칸은 1원 50전으로 800명이 참가할 정도로 성황이었고 기념엽서도 나누
어주었다.[88] 관월열차는 수원 서호 외에도 밀양에서도 운행되었다.[89]

　삼방폭포 관광열차는 오전 7시 10분 원산역을 출발하여 9시 50분 삼
방약수 입구 임시정거장에 도착하였으며, 돌아올 때는 오후 4시 50분 출
발하여 7시에 원산역에 도착하였다.[90] 삼방은 여름철 피서지로도 각광
받고 있었는데, 청량리역에서 삼방역을 6월 25일부터 10월 말일까지 2등
왕복 5원 29전, 3등 왕복 3월 92전으로 각각 임시왕복 할인승차권을 발
행하기도 하였다.[91] 1922년에는 14일간 관풍열차(觀楓列車)를 운행하
기도 하였는데, 열차시간은 남대문역을 오후 11시 15분에 출발하여 용
산역을 11시 35분, 삼방역에는 다음날 오전 7시 21분에 도착하였다. 폭
포 입구는 오전 10시, 석왕사는 11시 15분에 도착하였다. 귀로는 석왕사
를 오후 4시 10분에 출발하여 삼방역을 5시 26분, 용산역을 10시 11분에
경유하여 남대문역에는 10시 20분에 도착하였다.[92]

　삼방은 폭포와 약수뿐만 아니라 겨울철이면 스키관광열차가 편성되
었다. 일요일과 공휴일에 운행되는 스키관광열차는 오후 10시 55분 경
성역을 출발하여 다음날 오전 7시 27분 삼방임시역에 도착하였다. 그리

[88] 『동아일보』 1921년 9월 17일자, 「觀月列車 運轉」 ; 『동아일보』 1921년 9월 20
　　일자, 「京管局의 遊山列車」.
[89] 『동아일보』 1921년 9월 20일자, 「京管局의 遊山列車」.
[90] 『동아일보』 1925년 6월 27일자, 「삼방탐승열차」.
[91] 『동아일보』 1926년 7월 13일자, 「청량리 삼방간 할인차권 발매」.
[92] 『동아일보』 1922년 10월 11일자, 「삼방 觀楓列車」.

고 돌아가는 열차는 오후 6시 12분 삼방임시역을 출발하여 10시 25분 경성역에 도착하였다.[93]

석가탄신일을 맞아 석왕사를 찾는 관광객의 편의를 위해 임시열차가 운행되기도 하였는데, 남만철도에서 2, 3일간 원산역과 석왕사역 간 또는 청량리역과 석왕사역 간 임시열차를 편성하였다.[94] 임시열차 시간은 원산역은 오전 9시 5분에 출발하여 석왕사 임시역을 10시 10분에 경유하여 석왕사역에 10시 25분에 도착하였다. 그리고 돌아오는 열차는 석왕사역을 오후 5시 35분에 출발하여 5시 50분에 석왕사 임시역을 경유하여 6시 55분에 원산역에 도착하였다.[95]

여름철 피서를 위한 해수욕장 임시열차가 운행되기도 하였다. 임시열차가 운행된 해수욕장은 충남 대천과 무창포로, 경남철도회사에서 매일요일마다 2, 3회의 임시열차를 운행하였다.[96] 임시열차 시간은 왕로(往路)는 경성역을 오후 10시 30분 출발하여 대천역은 익일 오전 6시, 웅천역은 오후 6시 32분, 귀로(歸路)는 오후 5시 36분 웅천역을 출발하여 대천역은 5시 58분, 경성역은 오후 11시 15분에 도착하였다.[97]

그 밖에도 사리원 봉양기자단의 주최로 1927년 8월 27일 경암산 아래 광장에서 시민위안을 위한 납량연화대회(納凉煙花大會)를 개최하기로 한 바, 이날 신천 및 재령의 관광객 편의를 위해 조선철도회사에서는 오후 10시 30분 사리원역에서 출발하는 임시열차를 운행키로 하였다. 그리고 20명 이상 단체에 대해서는 2할을 할인하였다.[98] 또한 경성에서

93) 『동아일보』 1931년 2월 8일자, 「삼방스키 – 장소 임시열차 변경」 ; 『동아일보』 1932년 1월 17일자, 「삼방 적설 스키열차 운전」 ; 『동아일보』 1933년 3월 7일자, 「삼바에 적설량」.
94) 『동아일보』 1921년 5월 7일자, 「석왕사 석존강탄회」 ; 『동아일보』 1922년 4월 28일자, 「釋誕參拜列車」 ; 『동아일보』 1925년 4월 30일자, 「釋元間 臨時列車」.
95) 『동아일보』 1922년 4월 28일자, 「釋誕參拜列車」.
96) 『동아일보』 1932년 8월 18일자, 「임시열차 운전 대천 웅천간에」.
97) 『동아일보』 1933년 7월 18일자, 「충남 해수욕장행 직통열차 운전」.

개최하는 박람회와 조선미술전람회의 지방 관광객을 위해 경부선의 부산역을 비롯하여 대구역, 대전역, 경의선의 평양역과 신의주역, 경원선의 원산역, 함경선의 함흥역을 출발하는 임시열차를 편성하였다.[99] 그리고 성진에서 개최하는 경성 이남 4군 물산품평회를 기해 성진역에서 단천역과 길주역을 왕복하는 임시열차를 운행하기도 하였다.[100] 1921년 9월 23일부터 25일까지 경성승마구락부(京城乘馬俱樂部)에서 추기경마대회를 여의도에서 개최키로 하였는데, 이때 특별관람객을 위해 남대문역과 노량진역 간에 임시열차를 운행한 바도 있었다.[101]

테마관광은 명산, 고적, 폭포, 약수, 온천, 동굴, 사찰, 섬 등에 대해서도 활발하게 이루어졌다. 명산관광은 설악산,[102] 장수산,[103] 지리산,[104] 두류산,[105] 칠보산,[106] 묘향산,[107] 관악산,[108] 연화산,[109] 황해 소금

98) 『동아일보』 1927년 8월 25일자, 「南涼煙花大會 임시열차 운전」.

99) 『동아일보』 1926년 5월 19일자, 「임시열차운전 박람회를 위해」.

100) 『동아일보』 1926년 10월 29일자, 「품평회장 준공과 성진축항 기념기공식」.

101) 『동아일보』 1921년 9월 14일자, 「경마와 임시열차, 남대문 노량진 간에」.

102) 『동아일보』 1929년 5월 28일자, 「인제 설악산탐승원 모집」(광고).

103) 『동아일보』 1923년 5월 8일자, 「서선의 소금강 장수산탐승대회」 ; 『동아일보』 1925년 10월 13일자, 「양보 지국 주최 장수산 관풍대회」 ; 『동아일보』 1925년 10월 18일자, 「장수산관풍대회」(광고).

104) 『동아일보』 1928년 8월 11일자, 「지리산 탐승」 ; 『동아일보』 1928년 4월 1일자, 「능주 지리산탐승단 조직」(광고).

105) 『동아일보』 1933년 4월 28일자, 「두류산탐승대 모집」(광고).

106) 『동아일보』 1925년 8월 5일자, 「칠보산탐승단원 모집 내용」 ; 『동아일보』 1925년 8월 18일자, 「칠보산탐승단」 ; 『동아일보』 1926년 9월 23일자, 「칠보산탐승단원 모집」(광고) ; 『동아일보』 1928년 10월 2일자, 「칠보산탐승단 성진서 모집」 ; 『동아일보』 1929년 5월 17일자, 「함북승지 칠보산탐승단원 모집」, 『동아일보』 1929년 4월 18일자, 「명산 칠보산탐승단 모집」(광고) ; 『동아일보』 1929년 10월 4일자, 「각단체연합 칠보산 탐승」 ; 『동아일보』 1929년 10월 15일자, 「성황이룬 칠보산 탐승」.

107) 『동아일보』 1929년 7월 14일자, 「묘향산탐승단 모집」(광고).

108) 『동아일보』 1929년 4월 18일자, 「관악탐승대 인하청년회 주최」.

109) 『동아일보』 1928년 7월 22일자, 「연화산탐승 상남농우회서」.

강,110) 학가산,111) 월출산,112) 와암113) 등이 있었으며, 사찰관광으로는 안양사,114) 송광사,115) 통도사,116) 해인사,117) 대원사,118) 구암사와 내장사,119) 백양사120)가 있었다. 그리고 온천관광으로는 온양온천,121) 신령온천(神靈溫泉),122) 갈산온천(葛山溫泉),123) 동래온천,124) 신천온천125) 등이, 약수관광으로는 세포 은선동약수(洗浦 隱仙洞藥水),126) 이천약수(伊川藥水)127) 등이, 역사유적관광으로는 경주,128) 부여,129) 통영130) 등

---

110) 『동아일보』 1928년 7월 19일자, 「황해 소금강탐승단원 모집」 ; 『동아일보』 1928년 7월 23일자, 「황해 소금강탐승단 모집」(광고).

111) 『동아일보』 1928년 5월 16일자, 「학가산탐승단 모집」(광고).

112) 『동아일보』 1928년 5월 3일자, 「월출산 도갑사 탐승단원 모집」.

113) 『동아일보』 1927년 6월 4일자, 「와암탐승단원 모집」(광고).

114) 『동아일보』 1927년 5월 25일자, 「안양사탐승원 모집」(광고).

115) 『동아일보』 1929년 4월 25일자, 「사찰탐승단 병영지국이 모집」.

116) 『중외일보』 1930년 5월 11일자, 「명찰 통도사 탐승단원 모집」.

117) 『동아일보』 1925년 5월 31일자, 「해인사탐승단」(광고) ; 『동아일보』 1925년 6월 13일자, 「자연미에 도취, 해인사 탐방」.

118) 『동아일보』 1928년 4월 6일자, 「지리산 대원사 탐승단원 모집」.

119) 『동아일보』 1927년 10월 2일자, 「탐승대원 모집 22일로 연기」.

120) 『동아일보』 1927년 9월 12일자, 「내장, 백양 양사 탐승대원 모집」.

121) 『동아일보』 1929년 4월 26일자, 「부인 온천견학단」.

122) 『동아일보』 1929년 5월 26일자, 「신령온천의 탐승단 모집」.

123) 『동아일보』 1927년 4월 10일자, 「갈산온천탐승단원 모집」(광고).

124) 『동아일보』 1928년 5월 15일자, 「동래온천, 범어사 탐승대회」(광고).

125) 『동아일보』 1925년 10월 28일자, 「신천온천각희대회」.

126) 『동아일보』 1926년 5월 29일자, 「은선동약수 먹기 참가신청 답지」.

127) 『동아일보』 1927년 8월 28일자, 「중추 15일에 이천약수 탐방」 ; 『동아일보』 1927년 9월 1일자, 「이천약수 탐승원 모집」(광고).

128) 『동아일보』 1923년 10월 7일자, 「금천은행래경」 ; 『동아일보』 1927년 3월 9일자, 「천년고도 경주탐방단 모집」 ; 『동아일보』 1927년 5월 31일자, 「경주탐승단 모집」 ; 『동아일보』 1927년 7월 3일자, 「경주탐승단원 모집」(광고) ; 『동아일보』 1927년 7월 15일자, 「경주탐승단 모집」(광고).

129) 『동아일보』 1928년 7월 17일자, 「부여탐승단」 ; 『동아일보』 1925년 8월 22일자, 「백제고도 부여탐승」 ; 『동아일보』 1925년 8월 23일자, 「백제고도 부여탐승단원 모집」.

이, 섬관광으로는 신미도(身彌島),131) 폭포관광으로는 박연폭포,132) 운림폭포,133) 고음폭포134) 등이, 해수욕장으로 황해도 장연의 명사십리135)가 있었다.

이상으로 1920년대를 중심으로 테마관광에 대하여 살펴보았다. 이들 테마관광의 관광지는 크게 네 가지로 분류할 수 있다. 첫째는 명산의 단풍이나 폭포, 달빛, 섬 등 자연의 있는 모습을 그대로 관광하는 자연 테마관광, 둘째는 피서나 온천 등지를 찾는 휴양지테마관광, 셋째는 박람회나 품평회 등 산업시설을 관람하는 산업테마관광, 넷째는 경주와 부여, 사찰 등 문화유적지를 관광하는 문화테마관광 등이다.

4. 맺음말

이상으로 철도의 부설과 그에 따른 관광지의 형성과 오늘날 테마관광이라고 불리는 다양한 형식의 꽃 관광, 단풍관광 등과 관광열차의 운행에 대하여 살펴보았다.

철도는 산업과 운송의 수단이었지만 관광에도 커다란 영향을 미쳤으며, 근대관광이라는 새로운 틀을 만들었다. 철도가 부설됨에 따라 역이 들어서고, 이 역을 매개체로 하여 관광지가 탄생되기도 하였다. 이들 관

---

130) 『동아일보』 1928년 5월 29일자, 「통영고적탐승대회」(광고).
131) 『동아일보』 1929년 8월 17일자, 「신미도탐승단 모집」; 『동아일보』 1928년 8월 4일자, 「신미도탐승단 모집」; 『동아일보』 1928년 7월 19일자, 「지신미도탐승단 모집」.
132) 『중외일보』 1930년 8월 3일자, 「박연폭포탐승단」(광고).
133) 『동아일보』 1929년 8월 11일자, 「운림폭포탐승단 본보 문천지국의 모집」; 『동아일보』 1929년 8월 13일자, 「운림폭포탐승단 모집」.
134) 『동아일보』 1925년 8월 7일자, 「풍류산탐승단」.
135) 『동아일보』 1925년 7월 15일자, 「명사십리 탐승」.

광지 중에는 이미 관광지로서 알려진 곳도 있지만 철도가 부설됨으로써 전국적인 관광지로 새롭게 부상되었다. 이러한 관광지는 크게 네 부류로 나누어 볼 수 있다.

첫째는 역사 유적지이다. 역사 유적지로는 신라의 수도였던 경주, 고조선과 고구려의 수도였던 평양, 고려의 수도였던 개성, 태봉의 수도였던 철원, 백제의 수도였던 부여와 공주, 그리고 조선의 수도였으며 당시 정치 · 경제 · 행정의 중심지였던 경성이 대표적이라 할 수 있다. 이밖에 고찰이나 성터가 있었던 곳은 철도가 부설되고 역이 생기면서 새로운 관광지로 조명받기 시작하였다.

둘째는 자연경승지이다. 자연경승지로는 금강산, 장수산, 지리산 등이 대표적이라 할 수 있다. 이들 자연경승지는 철도가 놓이기 전에는 지역 주민들에게만 제한적으로 관광되었지만 철도가 부설되고 역이 생기면서 전국적으로 유명한 관광지로 새롭게 탄생하였다. 셋째는 근대산업 또는 문화시설이다. 이들 시설은 수원의 권업모범장과 농림학교, 진영의 촌정농장 등이 대표적이라 할 수 있다. 일제의 우월성과 일본인의 자긍심을 불러일으키는 근대산업시설을 보여주기 위한 것이었다. 넷째는 일본 관련 유적지이다. 일본 관련 유적지는 초량의 청강성태군초혼비 등으로 많은 편은 아니었지만, 일본인의 정체성을 확인시켜주는 역할을 하기도 하였다.

그리고 철도가 부설됨에 따라 새로운 형식의 테마관광이 등장하였다. 벚꽃관광 등의 꽃 관광을 비롯하여 달맞이관광, 단풍관광 등이 유행하였다. 이러한 테마관광은 오늘날까지도 그 명맥을 유지하고 있다. 가장 대표적인 것이 벚꽃관광과 단풍관광이다.

테마관광의 등장으로 보다 많은 관광객을 유치하고 수익사업의 일환으로 관광열차가 운행되었다. 테마관광의 유형으로는 첫째는 명산의 단풍이나 폭포, 달빛, 섬 등 자연의 있는 모습을 그대로 관광하는 자연테마관광, 둘째는 피서나 온천 등지를 찾는 휴양지테마관광, 셋째는 박람회나 품평회 등 산업시설을 관람하는 산업테마관광, 넷째는 경주와 부여, 사찰 등 문화유적지를 관광하는 문화테마관광 등으로 분류할 수 있다.

이와 같이 철도의 부설과 관광지의 형성, 그리고 테마관광을 통해 관광에 대한 인식은 일반화 대중화되기 시작하였다. 철도가 등장하기 전에는 관광은 특수한 계층의 소요거리로 인식되었지만, 철도가 부설되고 지선이 확충됨에 따라 관광은 점차 보편적 현상으로 바뀌었다. 그래서 각종 관광단이 조직되었고, 이를 통해 관광은 재생산되고 대중화되었다. 비록 일제강점기라는 암울한 시기였지만 관광을 통해 심신의 여유로움을 찾고자 하였다. 그러면서도 금강산이나 역사유적지를 관광함으로써 한민족의 자긍심을 갖기도 하였을 것이다. 관광은 역사의식을 올바르게 인식시키는 방안의 하나이기도 했다.

성주현 ▮ 경기대학교 전통문화콘텐츠연구소 연구원

제8장

일제시대 조선총독부박물관의
식민지적 성격에 대한 연구

1. 머리말

조선총독부박물관은 1915년 12월 1일 설립되었다. 이것은 선행 연구에 의해 밝혀졌듯이 '시정 5년 공진회'의 산물로 일제의 식민통치를 위한 역사 교육 공간으로 출범했다.

한국에 있어 일제식민 통치의 상징적인 한 공간인 이 조선총독부박물관에 대해서는 1990년대 이후에 연구가 본격적으로 시작되었다. 그것은 주로 인류학과 미술사학, 고고학 등을 연구하는 사람들에 의해 주도되었고, 최근에는 교육학과 국가기록학, 박물관사적인 측면에서 연구되고 있다.[1]

---

[1] 조선총독부박물관과 관련하여 주요 연구 성과는 다음과 같다.(최석영, 『일제의 동화이데올로기의 창출』, 서경문화사, 1997 ; 전경수, 「한국박물관의 식민주의적 경험과 민족주의 실천 및 세계주의적 전망」, 『한국인류학의 성과와 전망』, 집문당, 1998 ; 李成市, 「黑板勝美(구로이타 가쯔미)를 통해 본 식민지와 역사학」, 『한국문화』 23, 1999 ; 목수현, 「일제하 박물관의 형성과 그 의미」, 서울대학교 대학원 석사학위 논문, 2000 ; 金度亨, 「日帝下 總督府 博物館 文書와 管理體制」, 『記錄學研究』 3, 2001.4 ; 국성하, 「일제 강점기 박물관의 교육적

물론 그 이전부터 한국의 박물관 내부에서 자신의 역사의 한 부분으로 주목하기도 했다. 이난영은 일찍이 한국 박물관의 역사를 고대부터 현대까지 포괄적으로 서술하여, 이 분야에 초석을 놓았다.[2] 또한 강우방은 조선총독부박물관이 고고조사에 편중되어 박물관의 기능에 충실하지 못했던 점을 지적하고 있다.[3]

본격적인 조선총독부박물관에 대한 연구는 '전통의 창출'이라는 측면에서 다룬 최석영부터이다.[4] 그러나 이 연구는 조선총독부박물관의 여러 사업 중 고적조사에만 주목했다. 이후 그는 근대적 유산으로의 대한 제국기 '이왕가박물관'과 함께 조선총독부박물관에 개괄적으로만 서술하고 있다. 목수현도 박물관의 형성이라는 관점에서 '이왕가박물관'과 함께 조선총독부박물관의 기구 변화에 주목했다.[5] 그리고 국성하는 박물관 교육과 관련하여 조선총독부박물관에 대해 언급하고 있다.[6] 최근 필자는 한국 국립 박물관의 전사로서의 조선총독부박물관에 대해 서술한 적이 있다.[7]

국제박물관협회(ICOM)의 정관 제1조 2항에 따르면, 박물관은 인류와 인류 환경의 물적 증거를 연구 · 교육 · 향유의 목적으로, 이를 수집 · 보존 · 연구 · 교류 및 전시하는 비영리적이고 항구적인 기관으로서, 대중에게 개방되고 사회와 사회의 발전에 이바지하는 기관이다.[8] 실제로 박

의미 연구」, 연세대학교 대학원 박사학위 논문, 2002 ; 최석영,『한국 박물관의 '근대적' 유산』, 서경문화사, 2004 ; 김인덕,『식민지시대 근대 공간 국립박물관』, 국학자료원, 2007.

2) 李蘭暎,『博物館學入門』, 三和出版社, 2001.

3) 姜友邦,「國立博物館 50年 略史」,『國立博物館의 役割과 位相』, 國立中央博物館, 1996.

4) 최석영,『일제의 동화이데올로기의 창출』과『한국 박물관의 '근대적' 유산』참조.

5) 有光敎一,「私と朝鮮考古學」 2,『季刊三千里』41호, 1985.2, 157쪽.

6) 국성하,「일제 강점기 박물관의 교육적 의미 연구」 참조.

7) 김인덕,『식민지시대 근대공간 국립박물관』;「1915년 조선총독부박물관 설립에 대한 연구」,『鄕土서울』 71, 2008.

물관은 설립의 과정, 구성원과 유물의 성격, 전시의 성격 등에 따라 그 이미지가 구성된다고 할 수 있다.

필자는 조선총독부박물관에 대한 기존의 연구는 조선총독부박물관 자체에 대한 전면적인 문제 제기를 하지 못했다고 생각한다. 이에 따라 필자는 조선총독부박물관이 갖고 있는 본질적인 문제에 주목할 필요가 있다고 생각하고, 그 출발점이 바로 식민지성이라고 생각한다.

필자는 조선총독부박물관의 식민지성에 대해 논증하기 위해 본고를 다음과 같이 구성한다. 첫째, 조선총독부박물관 설립의 식민지적 성격을 밝히고 이에 기초해 역사적 한계를 서술하겠다. 둘째, 조선총독부박물관 의 주요 구성원을 통해 식민 통치의 말단 기구로서 조선총독부박물관의 성격을 밝혀 보겠다. 그리고 셋째로 조선총독부박물관의 주요 전시와 유물의 유입 경로에 대해 고찰하여 조선총독부박물관의 식민지성을 구체적으로 천착해 보겠다. 일제 36년 동안 우리 역사와 문화의 중심기관으로 존재한 조선총독부박물관의 실상, 즉 식민지성을 파악하는 것은 식민지배의 구체적인 실상에 새롭게 접근하는 또 다른 방법이라고 할 수 있다.[9]

2. 식민지 문화통치와 조선총독부박물관의 설립

1) 식민지 문화통치

1910년 일제는 조선을 강제로 병합했다. 이후 1919년 8월까지 10년 동안은 이른바 일본군과 헌병경찰의 무력에 의해 지배되는 무단통치기로,

---

[8] 김인덕, 「국제박물관협회 전문직 윤리 강령」, 『식민지시대 근대공간 국립박물관』, 216쪽.
[9] 한편 본고의 작성시 채택한 국립중앙박물관 소장 조선총독부박물관 문서는 비공개로 되어 있어, 관련 문서에 대한 기록은 삭제한다.

조선 민중은 정치적 자유가 박탈된 상태에 놓여졌다. 일제는 토지조사의 명목으로 토지 약탈과 지세 징수를 강제했고, 동시에 철도, 육해교통, 화폐, 금융 등 경제 기구 전체를 지배하며, 민족 문화와 교육을 말살하기 시작했다.[10]

　1919년 3·1운동으로 큰 타격을 받은 일제는 종전의 헌병경찰제도에 기초하는 무단통치로부터 문화통치로 통치방식을 바꿨다. 그러나 문화통치도 본질적으로는 폭압정치적인 성격을 띠고 있었다. 이렇게 일제가 무단통치를 문화통치로 바꾼 것은 식민지 지배를 완화하기 위한 것이 아니라 정반대로 식민지 지배를 강화하기 위해서였다.

　이러한 문화통치는 식민지 지배에 있어 경제적 수탈 못지않게 중요하다. 장기간에 걸친 타민족의 지배는 단순히 무력에 의한 억압만으로는 가능하지 않으며, 또한 식민지배의 궁극적인 목적인 경제적 수탈도 토착사회의 문화에 대한 충분한 이해가 없으면 효율적으로 이루어낼 수 없기 때문이다. 이에 따라 일제는 문화통치의 일환으로 동화주의를 적극 표방했다. 그것은 뒤늦은 일본의 제국주의적 진출에 우려와 경계를 나타내고 있는 서구 제국주의 국가들에 대해 보다 발달된 식민정책을 수행한다는 정치선전용 효과를 의식한 때문이었다. 그리고 중국·조선 등 문화적으로 유사한 전통을 지닌 지역을 식민지로 만든 일본으로서는 동일문화권 내의 단결, 통합을 통해 서구 열강의 침략에 대해 대항하자는 명분을 내세워 피식민국 민족들의 저항을 무마하고 지배를 용이하게 하고자 하는 의도가 숨어 있었다. 그러나 식민침략 자체가 인종차별주의에 기초한 것이므로, 인종차별주의적 인식과 동화는 논리적으로 모순관계에 있을 수밖에 없었다.[11]

　일반적으로 제국주의 국가의 식민지 침략에는 각종 조사가 선행되었

10) 박경식,『일본제국주의의 조선지배』, 청아출판사, 1986, 21쪽.
11) 문옥표,「일제의 식민지 문화정책」,『한국의 사회와 문화』14, 1990, 3쪽.

다. 제국주의 국가들의 식민주의자들은 연구 성과를 바탕으로 다양한
식민통치 전략을 수립해 갔다. 1919년 이전 일제의 식민지 문화정책은
1916년의 고적 및 유물보존규칙을 통해 알 수 있다. 이 제도는 그 골간
이 헌병경찰제도에 기초하는 수탈적 문화재정책이었다.[12] 그 내용은 약
탈적인 고분발굴과 민족문화재의 반출 등에서 확인하는 것이 어렵지 않
다고 생각한다.

이미 1910년 일제는 조선의 역사와 민족문화를 말살하기 위해 고적,
고분 및 사료의 조사사업에 착수했다. 즉, 1910년부터 1912년에 걸쳐 조
선총독부 취조국에서는 구관제(舊官制)도 조사했다. 그리고 내무부를
중심으로 고적조사, 학무국을 중심으로 사료조사를 추진했다.[13] 그리고
이와 연동해서 조선총독부박물관을 설치했던 것이다.

일제의 조선에 대한 식민지배는 무단통치로 시작되어, 경제적 착취로
이어졌고, 문화적 지배로 연계되었다. 그리고 근대의 이미지를 조작하
는 각종 공진회가 개최되었으며, 이 과정에서 조선총독부박물관이 출현
했다.

2) '시정 5년 공진회'와 조선총독부박물관의 설립

(1) '시정 5년 공진회'의 개최와 전시

전술했듯이 조선총독부박물관은 1915년 12월 1일 개관했다. 개관 초
기에는 본관인 석조건물 158평과 부속건물 25평의 창고가 전부였다. 본
관 이외에 수정전, 사정전, 근정전과 회랑, 자경전을 사무실로 사용했
다.[14] 이 조선총독부박물관이 만들어지게 되는 계기는 1910년 합병 이

12) 오세탁, 「일제의 문화재정책-그 제도적 측면을 중심으로-」, 『문화재』 29, 1996,
266~268쪽.
13) 박경식, 『일본제국주의의 조선지배』, 157쪽.
14) 李蘭暎, 『博物館學入門』, 85쪽.

후 이른바 '조선총독부의 시정 5년'을 선전하기 위한 '시정 5년 기념 조선물산공진회'[15]였다.

일제는 1907년부터 1945년 동안 전국 단위의 박람회와 공진회를 20여 차례 개최했다. 이 가운데 조선총독부는 시정을 기념하는 대규모 박람회를 시정 5 · 20 · 30년에 열었다.[16] 1915년 '시정 5년 공진회'는 만들어진 홍보공간이었다. 따라서 찬란한 조선의 문화보다는 열등한 조선의 문화, 제국주의적 권위에 압도된 조선의 왕권, 일본의 발달된 근대의 모습을 학습하는 장소였다.

이른바 박람회를 비롯한 전시회는 기획자인 큐레이터의 생각을 전시된 유물을 통해 관람객에게 전달하는 이벤트이다. 일제시대 한국의 경우도 공진회를 통해 식민지 지배자인 조선총독부는 '시정(施政)'의 내용을 널리 선전하고자 했다.

'시정 5년 공진회'는 경복궁을 훼손하고, 임시로 마련된 장소에서 열렸다. 결국 경복궁은 이 '공진회'에 의해 왕실의 권력이 사라졌고, 그 자리에 역사적 유래가 분명한 유물을 전시함으로 시간과 공간의 관리자가 누구인가를 증명해 주는 기념비로 만들어졌다.[17]

이렇게 만들어진 식민지배의 공간인 조선총독부박물관은 일본 문화의 우월성을 과시하면서 민족적 열등감을 조장했다. 그것은 일제의 민족의식을 말살시키기 위한 동화정책의 차원에서 1910년 합방 직후부터 진행되었던 통치술에 따른 것이다. 특히 미술분야의 경우, 한일 간의 작품을 함께 비교, 진열하는 전람회가 정책적으로 개최되었는데, 1915년 10월 경복궁의 '시정 5년 공진회'에서도 그것을 엿볼 수 있다. 이 공진회

---

15) 이하 '시정 5년 공진회'와 '공진회'로 약칭한다.
16) 신주백, 「박람회 ─ 과시 · 선전 · 계몽 · 소비의 체험공간」, 『역사비평』 통권 67호, 2004년 여름, 387~394쪽.
17) 이성시, 「조선왕조의 상징 공간과 박물관」, 『국사의 신화를 넘어서』, 휴머니스트, 2004, 285쪽.

의 한 공간으로 마련된 미술관은 조선인과 일본인의 작품들이 함께 전
시되었다.[18]

'시정 5년 공진회'의 전시장은 대규모 전시 공간으로 규모가 72,800평
이었다. 전시장 조성에 약 24만 원의 공사비가 투여되었다. 진열관의 규
모도 약 5,352평이었다. 이러한 '시정 5년 공진회'의 전시물품을 위해 조
선총독부는 1915년 1월 18일 '공진회'에 출품하는 물품의 통관규정을 고
시하고, 7월 초순에는 관람자 및 출품인들이 기차나 배를 이용할 경우
에 대비하여 출품물의 운임 할인을 알렸다. 이와 함께 조선총독부는 각
도에 공진회 출품과 전시에 관련된 비용에 대해 보조금을 지불한다는
취지를 고지하면서 출품의 편의까지 제공했다.[19]

이 공진회에 전시물을 출품한 인원은 총 18,976명이며, 각 분야, 각 전
시관에 전시된 출품물의 총수는 42,026점이었다. 총 제13부 이외에 공진
회에는 심세관, 참고관, 미술관, 동척특별관, 철도관, 기계관, 영림관 등
7개의 특별관이 별도로 마련되어, 이른바 '근대적인 문물'이 집중적으로
전시되었다.

이후 조선총독부박물관의 중심이 되는 유물은 수집·출품된 전시품
가운데 제13부의 자료는 미술 및 고고자료로, 328명이 제출한 1,221건이
었다.[20] '공진회'는 진열품 중에 미술, 고고자료를 제13부로 분류했고,
출품된 미술자료는 고고자료와 함께 전시되었다. 이 가운데 미술자료를
살펴보면, 45류로 이를 대분해 보면 회화류와 조각류이었다. 회화류는
서양화와 동양화로 출품총수는 151점이었다. 동양화는 98점, 서양화는
36점, 조각류는 17점이었다. 이들 작품을 제작한 사람들은 일본인의 경

18) 정호진, 「일제의 식민지 미술정책」, 『한국근대미술사학』 7, 1999, 청년사, 160쪽.
19) 朝鮮總督府, 『朝鮮彙報』 1915年 9月 1日號, 7쪽.
20) 朝鮮總督府, 『朝鮮彙報』 1915年 11月 1日號, 73~74쪽 ; 朝鮮總督府, 『施政五年記念朝鮮物 産共進會報告書』 第1卷, 1916, 85~89쪽.

우 동양화 52점, 서양화 28점, 조각 14점이고, 조선인의 경우는 동양화 46점, 서양화 8점, 조각류 3점이었다.[21] 이 미술품은 고미술 및 고고자료와 함께 미술 본관, 강녕전 등지에 전시했다.

이후 조선총독부박물관의 중심 공간이 되는 미술관은 '시정 5년 공진회' 때에는 다른 특설관과 함께 이왕직특설관 부근에 설치되었다. 당시 다른 건물들이 거대한 규모임에도 불구하고 행사가 끝나면 없어지는 임시 건물이었던 것에 비해 근정전의 동쪽, 조선시대에는 왕세자의 거처인 동궁이 있었던 자리의 이 미술관은 2층 벽돌의 영구적인 건물로 지어졌다. 이 건물은 정면에 열주를 배치하고 지면에서 계단을 통해 쳐다보면서 올라가 입구에 들어가도록 되어 있어, 규모는 그리 크지 않으나 제국주의적 권위가 강조된 건물이었다. 따라서 처음부터 한국적인 것이라고는 하나도 찾아 볼 수 없는 공간이었다. 이 '시정 5년 공진회'의 미술관을 박물관으로 상설화시킨 것은 후술하겠지만 데라우치 마사다케 (寺內正毅)의 명령으로, 계획된 것이었다.[22]

구체적인 '시정 5년 공진회'의 전시를 보면, 고미술품과 고고자료는 전술했듯이 준비된 공간인 미술관에 전시되었다. 미술관의 정면 1층에서 보면 경주 남산의 약사여래좌상이 놓였다.[23] 그리고 뒤로는 좌우에 역시 경주 감산사터의 미타여래와 미륵보살이 있었다. 그리고 건물의 천장에는 평안남도 강서군 우현리 고구려 고분벽화의 주악천녀상도 그려졌다. 1층의 동쪽으로는 고려청자와 신라시대의 유물로 장신구, 문양전, 삼국의 토기 등이 있었고, 서쪽으로는 금속기로 신라와 고려의 청동 범종, 청동 방울 등, 조선시대의 목가구, 철제와 동제 유물 등이 전시되

---

21) 朝鮮總督府, 『施政五年記念朝鮮物産共進會報告書』 第2卷, 1916, 555쪽.
22) 이성시, 「조선왕조의 상징 공간과 박물관」, 278쪽.
23) 이하 유물과 전시실 분위기는 다음의 글을 참조한다(『朝鮮彙報』 1915年 10月 1日號, 16~27쪽).

었다. 이렇게 1층은 불교문화로 우리 문화를 설명하기 시작했다. 그리고 일본인의 기호에 맞추어 골동품으로 우리의 문화재를 전시하고 있다. 즉, 우리 역사에 대한 설명은 전혀 의도하지 않았다.

미술관의 2층은 동쪽으로 조선시대 김명국의 산수도, 김홍도의 신선도, 김정희의 글씨 등의 서화류가 전시되었다. 서쪽은 금동불상과 대장경 등의 불교문화재와 조선시대의 인쇄 관련된 활자와 책자가 전시되었다. 2층은 조선시대 회화를 통해 우리 문화를 규정하고 미정리 상태의 활자와 각종 서적을 전시했다. 아울러 불교문화의 진수로 대장경 전시를 시도했다. 이와 함께 신작 미술품의 경우는 강녕전과 그 부속건물인 연생전, 경성전, 응지당 등에 미술분관으로 전시되었다.

그리고 개성, 원주, 이천 등지에서 가져온 석탑, 부도, 불상 등이 경복궁 안의 정원으로 옮겨졌다.[24]

이러한 미술관의 유물은 조선총독부의 행정력 없이는 수집이 불가능한 것이었다. 특히 석조물의 경우는 역사성을 없애면서 조직적으로 민족문화를 말살한 예로 설명할 수 있다.

조선총독부박물관이 되는 '시정 5년 공진회'의 미술관은 준비된 공간이었다. 이곳에 전시된 미술품의 수집도 조직적이었다. '시정 5년 공진회'는 새로운 물품을 출품하여 전시하는 것이 그 취지에 맞는데, 고미술품과 고고자료가 '시정 5년 공진회' 미술관의 성격을 규정지었다. 이것은 그대로 조선총독부박물관으로 이어졌다.

(2) 조선총독부박물관의 설립

전술했듯이 조선총독부박물관은 '시정 5년 공진회'의 성과에 기초하여 만들어졌다. 그리고 조선총독부는 조선총독부박물관을 설립하면서 관련 법률을 제정했다. 1915년 조선총독부는 고시 제296호로 「조선총독

[24] 목수현, 「일제하 박물관의 형성과 그 의미」, 45쪽.

부박물관 설치의 건」[25]을 공포하고, 그해 12월 1일부터 일반인들에게
관람을 허락했다. 이에 따르면 1915년 12월 1일부터 일반 관람이 가능하
며, 5월 1일부터 9월 30일까지는 오전 8시부터 오후 4시까지, 10월 1일부
터 다음해 4월 30일까지는 오전 9시부터 오후 4시까지 열람이 가능했다.
그리고 제일과 축일의 다음날과 월요일 및 12월 26일부터 다음해 1월 3일
까지 휴관이었다.

이 조선총독부박물관의 건립은 잘 알려져 있듯이 데라우치 마사다케
에 의해 주도되었다. 이것은 그가 조선총독이었기 때문에 가능한 일이
었고, 조선문화에 대한 데라우치 마사다케의 관심에 기인한 부분도 없
지 않았다. 이 데라우치 마사다케에게는 당대 대표적인 미술사가 오카
쿠라 텐신(岡倉天心)의 조언이 주요하게 작용했다.[26] 오카쿠라 텐신은
초대 조선총독 데라우치 마사다케를 만나 미술의 필요와 미술사 속의
한일관계, 박물관의 필요성, 고적 조사, 미술품제작소, 공업전습소 등의
중요성을 역설했다. 데라우치 마사다케는 '시정 5년 공진회'를 개최할
때 일본의 내국권업박람회처럼 미술관을 영구 건물로 지어 후에 박물관
으로 사용했는데, 이것은 오카쿠라 텐신이 제안했기 때문이었다.[27]

물론 데라우치 마사다케의 '열성'이 있었던 것은 부정할 수 없는 사실
이지만,[28] 그것은 지배자로서 왜곡된 문화재관에 따른 것이었다. 그의
왜곡된 문화재관을 엿볼 수 있는 한 단면은 기증받아 개인 소유로 총독
관저에 갖고 있던 반가사유상을 일본의 총리대신이 되어 돌아가던 때인

25) 朝鮮總督府 編, 『朝鮮法令輯覽』 下, 1916, 137쪽.

26) 강민기, 「조선물산공진회와 일본화의 공적 전시」, 『한국근대미술사학』 16, 2006,
49쪽. 1910년 이전에 이토 히로부미(伊藤博文)가 통감으로 조선에 와서 박물관
건립에 관심을 갖고 추진한 것도 오카쿠라 텐신의 영향이라고 한다.

27) 淺川伯敎, 「朝鮮の美術工藝に就いての回顧」, 『朝鮮の回顧』, 近澤書店, 1945,
262~280쪽.

28) 齊藤忠, 「朝鮮に於ける古蹟保存と調査事業に就いて」, 『史蹟名勝天然記念
物』 1518, 1940년 8월, 91쪽.

1916년 4월 18일 조선총독부박물관에 기증한 사실이다.[29] 당시 영전하는 데라우치 마사다케로서는 조선의 국보급 문화재를 밀반출할 수는 없었던 것이다. 당시 그가 기증했던 주요 유물은 고려청자, 화화, 탁본, 금동제 유물 등이었다. 이 가운데 사위인 미야케 쵸사쿠(三宅長策)[30]가 수집한 물품도 있었다. 이러한 사실을 통해 데라우치 마사다케의 식민지 지배자로서의 한계를 인식할 수 있다. 데라우치 마사다케는 조선총독으로서 조선의 문화유산을 갖고 일본으로 돌아가기 힘들었던 것이다.

이 데라우치 마사다케는 조선의 문화재 보호에 있어 제도의 정비와 고적조사위원회의 설치, 조선총독부박물관의 설립 등에서 업적을 남겼다고 한다. 그러나 그는 6년 동안 재임하면서 각종 문화재와 미술품을 수집 혹은 진상을 받아 일본으로 빼돌린 후, 자기의 고향에 조선관이라는 개인 수집품 진열관까지 세웠다.[31] 현재 일본 야마구치현립대학(山口縣立大學) 도서관에 데라우치 마사다케가 수집했던 약 18,000여 점을 수장한 데라우치문고(寺內文庫)가 이를 증명하고 있다.[32]

한편 데라우치 마사다케가 재임한 기간 동안 전개된 문화재조사사업은 전국 각지의 고적조사를 통한 고적도보의 발간, 금석문·고문헌·고문서[33] 등 각종 사료의 조사와 수집, 해인사 고려대장경판의 보수·복각 등으로 조선의 문화재를 수집하고 정리함으로써 일정 정도 우리 문화재를 정비하는 계기가 되었다. 그러나 문제는 이 일련의 각종 사업이 일제의 침략과 결부된 동화정책의 한 방편으로, 궁극적으로는 조선의

29) 이구열, 『한국문화재 수난사』, 돌베개, 1996, 132쪽.
30) 데라우치 마사다케의 첫째 사위이다(김봉렬, 「『寺內文庫』 韓國關係 文獻의 考察」, 『사학연구』 57, 1999, 183쪽).
31) 이홍직, 「재일 한국문화재 비망록」, 『사학연구』 18, 1964, 참조.
32) 김봉렬, 「『寺內文庫』 韓國關係 文獻의 考察」, 213쪽.
33) 각종 조선문화 관련 자료 수집은 데라우치 마사다케가 총독으로서의 절대적 지위와 권한을 이용했다(김봉렬, 「『寺內文庫』 韓國關係 文獻의 考察」, 『사학연구』 57, 190쪽).

식민통치 수행을 원활히 하고 영구히 하기 위한 황국신민화 정책의 일환이었던 점이다.[34]

일제시대 조선총독부박물관의 건립은 식민지 문화정책에서 출발했다. 따라서 일제의 정책 입안자나 학자들에 의해 첫 출발부터 왜곡되어 있었다. 따라서 각종 문화재 조사는 동화정책에 기인했고, 결과는 조작될 수밖에 없었다. 그리고 기록하지 않은 발굴조사, 실험적인 문화재 관련 법률의 시행, 약탈적인 도굴과 밀반출은 일제 식민통치 전 기간에 걸쳐 계속 진행되었다.[35] 이후 조선총독부박물관은 우리 역사 왜곡의 중심에서 식민지 문화를 창출·유지하는 중추 기관으로서 기능한다.

3. 조선총독부박물관의 조직과 운영

1) 조선총독부박물관의 기구 변화와 구성원

일제는 1910년 조선 통치를 시작하면서 조선총독부 산하로 사법부, 농상공부, 탁지부, 내무부, 총독관방을 두었다. 여기에서 조선총독부박물관은 총독관방 총무국에 속해 있었다.[36] 그리고 1919년 3·1운동으로 조선총독부는 8월 19일 관제를 개정하면서 부제(部制)가 폐지되고 국제(局制)로 변했다. 이에 따라 내무부 산하의 학무국이 정식으로 국으로 승격되면서[37] 조선총독부박물관은 총무국에서 학무국으로 그 소속이 옮겨갔다. 이때 학무국 산하 고적조사과가 설치 운영되었다. 당시 고적

---

34) 김봉렬, 「『寺內文庫』 韓國關係 文獻의 考察」, 189쪽.
35) 이인범, 「한국 박물관제도의 기원과 성격」, 『미술사논단』 14, 2002. 상반기, 45쪽.
36) 藤田亮策, 「朝鮮古蹟調査」, 『古文化の保存と研究』, 吉川弘文館, 1953, 335쪽.
37) 이명화, 「조선총독부 학무국의 기구변천과 기능」, 『한국독립운동사연구』 6, 1992, 47쪽.

조사과는 박물관 업무뿐만 아니라, 고적조사사업(古蹟調査事業), 고사사고건축보존(古社寺古建築保存), 명승고적천연기념물(名勝古蹟天然記念物)에 관한 사무를 관장했다.[38]

이 고적조사과 안에는 박물관계, 고적계, 사사(社寺)계, 명승천연물계, 그리고 서무계가 업무를 분장하고 있었다. 특히 박물관계는 소장품의 진열ㆍ보관ㆍ수리, 진열품의 구입ㆍ기증ㆍ기탁ㆍ교환, 진열품의 평가ㆍ해설ㆍ안내, 박물관 안내기ㆍ도감ㆍ엽서 등의 출판, 매장물의 처리, 박물관협의회에 관한 건을 담당했다. 그리고 고적계는 고적의 조사ㆍ발굴ㆍ유물수집ㆍ실측, 고적의 보존ㆍ수리, 고적의 등록, 등록사무, 고적도서ㆍ고적 조사보고의 편집ㆍ인쇄, 기타 고적유물의 보존사무 등을 담당했다.[39]

전술했던 조선총독부박물관은 설립 한 달 전에 직원을 임명한 것으로 보인다. 1915년 11월 조선총독부박물관의 정식 직원은 오다 칸지로(小田幹次郎), 바바 제이이치로(馬場是一郎)였다.[40] 조직이 출범한 이후 조선총독부박물관은 1916년 7월에 사와 준이치(澤俊一), 같은 해 9월 다니이 세이이치(谷井濟一), 오바 츠네키치(小場恒吉), 오가와 케이이치(小川敬吉), 노모리 켄(野守健) 등을 임용했다.[41] 이 조선총독부박물관의 실제 운영은 주임이 책임을 맡았는데, 주임에 임명된 사람들은 1945년 일제가 패망할 때까지 조선총독부박물관의 책임자로 근무했다. 이렇게 조선총독부는 조선총독부박물관을 별도의 독립기관으로 규정하지 않았고, 따라서 관장을 따로 임명하지 않았다.

그런가 하면 고적조사과의 1923년 과장은 오다 쇼고(小田省吾)가 맡

---

38) 이명화, 「조선총독부 학무국의 기구변천과 기능」, 75쪽.
39) 「朝鮮ニ於ケル博物館事業ト古蹟調査事業史」(국립중앙박물관 소장), 68~70쪽.
40) 오다 칸지로는 박물관 주임, 바바 제이이치로 박물관의 서무주임으로 임명되었다(「朝鮮ニ於ケル博物館事業ト古蹟調査事業史」(국립중앙박물관 소장), 72~73쪽).
41) 자세한 내용은 다음의 책을 참조(김인덕, 『식민지시대 근대공간 국립박물관』, 52~55쪽).

고 있었고, 고적조사과 사무는 주로 촉탁으로 고용된 후지다 료사쿠(藤
田亮策)·오바 츠네키치·노모리 켄·야나우치 히로에(山內廣衛)·이
케다 이키나리(池田直然)·양세환·후지다(藤田整助)·고이즈미 아키오(小
泉顯夫)·모로가 히데오(諸鹿央雄) 등이 담당하고 있었다. 이 고적조사
과는 1924년 말 폐지되었고, 과장·감사관 및 촉탁 등은 감원되었다. 그
리고 고적조사과의 업무는 다시 종교과로 이관되었다. 당시 종교과 분실
은 경복궁 내에 있었는데 종교과 경복궁분실의 1925년 4월 직원은 후지
다 료사쿠(주임), 다나카 쥬조(田中十藏), 오가와 케이이치, 노모리 켄,
이케다 이키나리, 사와 준이치, 고이즈미 아키오, 모리 다메조(森爲三),
우메하라 스에지(梅原末治)[교토(京都) 근무], 모로가 히데오(경주 근무)
등이었다.

　이상과 같은 조직을 갖고 있던 조선총독부박물관은 또 다시 바람을 탄
다. 1932년 2월 13일 조선총독부 사무분장 규정이 개정되면서 학무국에
는 종교과가 폐지되고 내무국 산하 사회과가 새로이 학무국으로 이속되
었다. 그리고 폐지된 종교과에 속한 업무가 사회과로 이관되고, 사회과의
업무에 박물관에 관한 사항과 보물고적명승천연기념물 등의 조사와 보
존에 관한 사항 등이 부가되었다. 이에 따라 조선총독부박물관은 사회과
에서 관장하게 되었다. 사회과는 학무국 부서 중 가장 많은 인원이 소속
되어 업무를 담당하여 학무행정기구 중 비중이 가장 큰 기구가 되었다.[42]

　이후 1936년 10월 조선총독부 사무분장 규정이 개정되어 사회사업 업
무와 사회교육 업무가 구분되어 학무국에 사회교육과(社會敎育課)가 신
설되고, 사회사업 업무는 내무부로 이속되었다. 이때 사회교육과의 관
장사무에 사회 교화에 관한 사항과 보물고적명승천연기념물에 관한 사
항 등이 들어갔다. 이에 따라 조선총독부박물관도 사회교육과 관할에

---

42) 이명화, 「조선총독부 학무국의 기구변천과 기능」, 79쪽.

속하게 되었다. 〈표 1〉에서 알 수 있듯이, 1930년대 후반에서 1940년대 초 조선총독부 사회과의 과장은 모두 조선인으로 임명되었다.[43] 이러한 조치는 사회과 업무가 다른 학무국의 업무와 달리 일방적 시행기구가 아니고 조선의 향촌사회에까지 파고들어 가야 했기 때문이었다.

〈표 1〉 조선총독부박물관 관련 학무국 사회교육과 주요 직원[44]

연도	직원
1937	金大羽(과장), 米田美代治, 榧本龜次郎, 小川敬吉, 野守健, 有光教一, 齋藤忠, 田中十藏, 佐瀨直衛, 澤俊一
1938	金大羽(과장), 大坂金太郎, 米田美代治, 榧本龜次郎, 小川敬吉, 野守健, 有光敎一, 齋藤忠, 田中十藏, 佐瀨直衛, 澤俊一
1939	李源甫(과장), 大阪金太郎, 米田美代治, 榧本龜次郎, 小川敬吉, 野守健, 有光敬一, 田中十藏, 齊藤忠, 佐瀨直衛, 澤俊一
1940	李源甫(과장), 大坂金太郎, 米田美代治, 榧本龜次郎, 小川敬吉, 野守健, 有光敎一, 佐瀨直衛, 澤俊一
1941	桂珖淳(과장), 大阪金太郎, 米田美代治, 榧本龜次郎, 小川敬吉, 野守健, 有光敎一, 佐瀨直衛, 澤俊一

본격적으로 전시동원체제가 되면서 조선총독부박물관은 소속이 계속 이동되었다. 사회교육과 업무는 사정국(司政局) 사회과로 이속되는 것 같이, 일제 말기 조선총독부박물관은 조선총독부의 여러 부서를 옮겨가면서 고유 업무를 수행하기 힘들게 되었다. 이렇게 되자 일제는 전쟁 수행에 장애라고 생각하여 조선총독부박물관의 본관을 폐쇄했다. 1941년 조선총독부박물관 주임이 되어 실제적인 책임자였던 아리미츠 교이치(有光敎一)는 1945년 대규모의 공습이 예상되자 대형 방공호의 건설을 요청했다.[45] 이 요청을 조선총독부는 무시하고 전술했듯이 조선총독부박물

---

43) 과장은 유만겸, 엄창섭, 김대익, 이원포, 계광순이었다(이명화, 「조선총독부 학무국의 기구변천과 기능」, 61~62쪽).

44) 朝鮮總督府, 『朝鮮總督府及所屬官署職員錄』, 1938~1942 참조.

관을 폐쇄하며, 오히려 그 비용을 전쟁수행에 쓰고자 했다. 결국 20명의
직원은 지방 분관으로 이동했고, 소장품은 경주와 부여분관으로 옮겼다.

결국 사회교육과는 1942년까지 이 박물관 업무를 맡았는데, 이후에
사정국 사회과로 박물관 업무가 이관되었다.

2) 조선총독부박물관의 운영과 고적조사위원회

조선총독부는 조선총독부박물관에 박물관협의회와 고적조사위원회
를 두어 조선의 문화정책과 박물관의 주요 사항을 결정했다. 따라서 조
선총독부박물관은 이 두 조직을 통해 조선의 각종 문화정책과 대국민
교육을 시행했다.

박물관협의회는 식민지 조선의 박물관 관련 주요 사항을 결의하고, 집
행했다. 1916년 박물관협의원은 고다마 히데오(兒玉秀雄), 오기다(荻田悅
造), 오다 칸지로, 세키노 타다시, 쿠로이다 카츠미(黑板勝美), 이마니시 류
(今西龍), 도리이 류조(鳥居龍藏), 수에마츠 구마히코(末松熊彦), 아유카
이 후사노신(鮎貝房之進) 등이었다. 이들은 실제적인 조선총독부박물관
의 결정권자로, 이들에 의해 모든 사안이 정리, 운영되었다고 할 수 있다.[46]

이와 함께 고적조사위원회는 조선총독부가 1916년 4월 26일 고적조사
위원을 임명하고, 7월 4일 「고적조사위원회 규정」[47]을 공포하면서 출범
했다. 이 조직이 실제적인 조선 문화 관련 각종 사업의 실제적인 집행
기구였다. 위원장은 정무총감이 담당했다.

이 「고적조사위원회 규정」이 공포된 1916년 이후 고적 유물의 조사와
수집에 종사하는 역할의 위원이 실지 조사를 하는 경우에는 고적 소재
지의 지방청 및 경찰서에 협의하고, 그 조사 시에는 가능한 헌병 또는

45) 有光敎一, 「私の朝鮮考古學」, 『三千里』 41, 158쪽.
46) 「朝鮮ニ於ケル博物館事業ト古蹟調査事業史」(국립중앙박물관 소장), 79~80쪽.
47) 朝鮮總督府 編, 『朝鮮法令輯覽追錄』 참조.

경찰관의 입회를 요청했다.

조선의 고적조사 사업은 조선총독부박물관이 설립되자 1916년 4월 총무국으로 이관했다. 이 업무를 고적조사위원회에서 주관했다.[48] 즉, 고적조사의 업무를 조선총독부가 주관하고 조선총독부박물관과 긴밀하게 협의하여 사업을 진행했다. 1916년 고적조사위원회의 위원장은 야마가타 이사부로(山縣伊三郎), 위원은 세키야 데이자부로(關屋 貞三郎), 고오리야마 사토(郡山智), 우에바야시 케이지로(上林敬次郎),[49] 세키노 타다시, 쿠로이다 카츠미, 도리이 류조, 이케우치 히로시(池內宏), 이마니시 류,[50] 오다 쇼고, 유맹, 유정수, 구의서, 김한목, 아사미 헨타로(淺見偏太郎), 간사는 오다 칸지로였다.[51] 여기에는 조선 측 위원인 유맹, 유정수, 구희수 3명이 포함되었다. 이들은 위원 명단에만 들어가 있을 뿐 조사활동에 적극적인 참여는 제한되었다. 따라서 중심적인 역할은 일본 학자들이 맡았다. 이후에도 계속 고적조사위원회는 동일한 조직체제를 갖고 있었고, 부분적인 인원의 변화만 있었을 뿐이었다. 특히 1931년에는 박물관 관계의 학자로 타니이 세이이치, 바바 제이이치로가 참여하기도 했다.[52] 아울러 1932년에는 하마다 코우사쿠(濱田耕作), 하라다 요시토(原田淑人), 이케우치 히로시, 우메하라 스에지(梅原末治)가 위원으로 위촉을 받았다. 조선총독부에서 발간한『조선총독부급소속관서직원록(朝鮮總督府及所屬官署職員錄)』(1938)의 1938년 고적조사위원회 위원의 명단은 다음과 같다.

---

[48] 목수현은 그의 논문에서 1922년부터 고적조사위원회가 활동을 시작했다고 보는데, 1916년부터 관련 조직에 임명된 사람을 확인할 수 있다.

[49] 이상은 당연직이다.

[50] 이상은 촉탁이다.

[51] 「朝鮮ニ於ケル博物館事業ト古蹟調査事業史」, 80~86쪽.

[52] 朝鮮總督府,『朝鮮總督府及所屬官署職員錄』, 1932, 485쪽.

〈표 2〉 1938년 고적조사위원회[53]

직책	명단
회장	大野綠一郎(정무총감)
위원	池內宏, 鏑木外岐雄, 藤島亥次郎, 原田淑人, 天沼俊一, 梅原末治, 眞室亞夫, 大竹十郎, 水田直昌, 穗積眞六郎, 鹽原時三郎, 三橋孝一郎, 工藤義男, 山澤和三郎, 藤本修三, 金大羽, 立石巖, 최남선, 田中豊藏, 藤田良策, 森爲三, 植木秀幹, 三好學, 伊東忠太, 黑板勝美, 小田省吾, 이능화, 鮎貝房之進, 小場恒吉, 金容鎭
간사	金大羽
서기	長沼貞治郎, 崔華石, 小川敬吉

이러한 고적조사위원회는 고적조사비에 의해 조사, 보존, 등록, 출판의 일을 수행했다. 구체적인 업무의 내용은 다음과 같다. 첫째, 조사는 각 시대의 유적의 소재를 명확하게 하기 위해 이를 발굴, 촬영, 측도하고 상세한 학술적 보고서를 제출하는 것이었다. 둘째, 보존공사는 필요하다고 인정되는 유물을 실측하고, 중요한 것은 박물관원에 의한 공사설계에 의해 지방청의 경비를 배부해 시공하는 것이었다. 셋째, 등록은 고적과 유물의 주소, 명칭, 토지소유자, 유적의 크기, 유래전설의 각 항을 기록대장에 기재하여 정하는 것이었다. 넷째, 출판은 고적조사보고서와 특별조사보고서 등이 있었다.[54]

조선총독부박물관이 설립되기 이전의 고적조사는 조선총독부 내무부의 지방국과 총무국 참사관실 등에서 이루어졌다. 전술했듯이 조선총독부박물관이 생기면서 1916년 4월부터 조선총독부박물관이 이를 담당했다. 고적조사위원회의 계획에서 주목할 만한 것은 일반조사와 특별조사

---

53) 朝鮮總督府, 『朝鮮總督府及所屬官署職員錄』, 1938, 614쪽.
54) 藤田亮策, 「朝鮮に於ける古墳の調査及び保存の沿革」, 『朝鮮』 1931年 12月, 96~97쪽.

의 대상이었다. 일반조사에는 한사군과 고구려시대의 유적, 유사 이전의 유적을 조사대상으로 했으며, 특별조사는 시급함 때문에 1916년 안에 발굴조사를 해야 하는 경우와 박물관 진열품 수집을 위한 경우로 나누었다. 전자에는 개성군 능리고분, 강화 내하리고분, 나주 번남면고분, 금산군 내 고분, 경주 사천왕사지가 지정되었으며, 후자에는 개성과 강화의 고분 약 200기가 지정되었다.[55]

특히 초기인 1916년도 고적조사의 방침은, 태고(太古)의 유적은 사승(史乘)을 떠나 조사의 계획을 세우지 않으면 안 된다면서 한반도 초기역사를 사실로서 인정하지 않고 한반도의 역사를 한사군에 두고 타율적이며 외인론적인 역사로 규정했다. 구체적으로 그 내용을 보면 다음과 같다. 첫째, 평양 부근 및 황해도 황주, 봉산 등의 부근의 고적을 조사하고 점차로 지역을 넓혀 나갈 것, 둘째, 한사군의 시기에 남부에 삼한이 존재했으나 그에 대한 조사는 신라, 백제 등을 조사할 때 탐사할 것, 셋째, 한사군 지역과 지역적으로 거의 같은 용강 및 강서지역의 고구려유적을 조사할 것, 넷째, 조선시대에 속하는 조사는 이상의 지역을 조사할 때 편의상 실시할 것, 다섯째, 그밖에 시급을 요하거나 박물관 진열품의 수집을 위한 필요성이 있으면 조사 수집할 것이었다.[56]

이러한 조사방침에 따라서 한사군과 고구려의 유적·유물의 조사를 주로 하고 그 지역을 황해도, 평안남북도, 경기도, 충청북도로 정했다. 이렇게 한반도의 역사를 고고학적으로 해명하고자 하는 조선총독부의 5개년 계획이 한사군과 외인을 찾는 데에서 출발한 것은 우리 역사에 대한 외인론과 타율적인 측면을 먼저 확정하고자 하는 일제의 의도가 전제되었다.

---

55) 「大正五年度古蹟調査施行案」, 『朝鮮古蹟調査報告－大正五年度朝鮮古蹟調査報告－』, 朝鮮總督府, 1922 참조.
56) 김인덕, 「1915년 조선총독부박물관 설립에 대한 연구」, 275쪽.

1916년 이후 활발하게 전개된 고적조사사업은 조선총독부의 재정 긴축정책에 따라 1931년 부진해졌다. 이를 디개하기 위해 1931년 8월 조선고적연구회가 만들어졌다. 이 조선고적연구회는 고적조사 사업을 계속하기 위해 외부 조사자금을 모으는데 진력했다. 실제로 조선고적연구회는 정무총감을 이사장으로 하여 기부금에 의해 운영되었으며, 일본학술진흥회의 보조금, 궁내성(宮內省) 및 '이왕가(李王家)'의 하사금을 받을 수 있었다. 조선고적연구회는 발굴조사에 필요한 경비만을 지불하고, 전임(專任) 연구원을 두지 않았다. 대신 조선총독부박물관이나 제실박물관(帝室博物館)의 직원, 도쿄제국대학(東京帝國大學), 교토제국대학(京都帝國大學), 경성제국대학의 교수에게 여비를 주고 이들을 활용했다.[57]

조선총독부는 1930년대 후반 전시동원체제 아래 조사와 발굴의 현실적인 효용성에 문제를 제기했다. 이에 반해 고적조사와 발굴에 종사해왔던 식민지 조선의 재류 일본인 학자들은 현실적인 상황보다는 조사와 발굴을 지속하고자 하는 사람도 존재했다. 그러나 이것은 대세가 아니었다. 왜냐하면 시작부터 고적조사사업은 조선총독부의 계획적 동화정책의 일부에 지나지 않았기 때문이었다.

4. 조선총독부박물관의 유물과 전시

1) 유물

조선총독부박물관이 설립되었을 때 주요 유물은 '공진회' 인계물품, 내무부 및 회계과 보관고물, 내무부 편집과 조사 수집품, 참사관 분실

---

57) 국성하, 「일제 강점기 박물관의 교육적 의미 연구」, 176쪽.

보관 활자, 탁본서류, 고적조사물품, 구입품 등으로, 그 중심은 '공진회'
의 인계물품이었다.[58]

1915년 조선총독부 설립 당시 회계과를 통해 입수된 주요 유물은 철
제, 도자기류, 각종 회화류였다. 특히 1915년 12월 1일자로 조선주차군
사령부와 병기창으로부터 보관 전환되어 들어가거나, 다음해 조선총독
부 본부 참사관실에서 인계된 물건이 회계과의 인계물품들이었다. 또한
학무국 편집과에서는 조선과 만주(滿洲)의 사료조사물품과 채집물품이
들어갔다.[59] 이것은 석기류, 토기류, 철제류 등이었다. 발굴품으로는 토
기류와 고분 출품 유물이 주종이었다. 당시 '공진회'의 심세관에는 토기,
탑, 지류, 견직물, 도표, 모형 등 다양한 물품이 있었고, '공진회' 철도국
에서도 각종 모형과 회화, 사진, 도표 등이 전시되었다. 이런 '공진회' 물
품이 조선총독부박물관에 들어갔던 것은 당연하다. 이상과 같은 유물을
1915년 12월 조선총독부박물관은 종류와 무관하게 입수 순서에 따라 번
호를 부여하여 대장에 등재했다.[60]

1916년 7월 4일 총독부령 제52호로 「고적 및 유물보존규칙」[61]이 공포
되어 모든 유물을 등록하는데, 이 규칙은 7월 10일부터 시행되었다. 당
시 규칙에는 문화재를 다음과 같이 정의하고 있다.

　　고적이라 하는 것은 패총(貝塚)·석기·골각기류(骨角器類)를 포함하
　　는 토지 및 수혈(竪穴) 등의 선사유적, 고분 및 도성(都城), 궁전(宮殿), 성
　　책(城柵), 관문(關門), 교통로, 역참(驛站), 봉수(烽燧), 관부(官府), 단묘
　　(壇廟), 사찰(寺刹), 도요(陶窯) 등의 유지(遺址) 및 전적(戰蹟), 기타 사실
　　(史實)에 관계있는 유적을 말하고, 유물은 연대가 경과된 탑(塔), 비(碑),

58) 김인덕, 「1915년 조선총독부박물관 설립에 대한 연구」, 279쪽.
59) 「大正4年 12月 所藏品目錄」(국립중앙박물관 소장) 참조.
60) 「大正4年 12月 所藏品目錄」 참조.
61) 「古蹟及遺物保存規則」, 朝鮮總督府 編, 『朝鮮法令輯覽追錄』, 1917 참조.

종(鐘), 금석불(金石佛), 당간(幢竿), 석등(石燈)으로 역사, 공예, 기타 고고자료라고 할 수 있는 것을 말한다.

또한 유물을 관리하기 위하여 고적 및 유물대장을 조선총독부에 비치하여 고적 및 유물 중 보존의 가치가 있는 것들은 양식에 의해 기록하여 등록하도록 규정하고 있으며, 고적이나 유물을 발견한 사람은 현상을 변경하지 않고 3일 이내에 서면이나 구두로 경찰서장이나 경찰의 업무를 관장하고 있는 헌병대에 신고하도록 규정하고 있다. 그리고 대장에 등록한 물건은 소유자나 관리자에게 통지하고, 현상을 변경하거나 이동, 수선할 경우에도 관리자나 소유자가 경찰서장을 거쳐 조선총독부의 허가를 얻어야 했다.

이 법의 하위 규칙인 「고적 및 유물에 관한 건」(1916년 7월 4일, 조선총독부 훈령 제30호)과 전술했던 「고적조사위원회 규정」(동 훈령 제29호)에는 유물·유적 또는 고문서를 발견했을 경우 또는 현상변경을 해야 할 필요가 있을 때에는 조선총독부의 허가를 얻어야 하는 규정을 두었다.

그런가 하면 조선총독부박물관이 본격적으로 일반인들에게 개방됨에 따라 진열할 유물이 더욱 많이 필요하게 되었다. 이에 따라 일제는 일반 유물 소장자들로부터 유물을 기증·기탁받지 않을 수 없었다. 이를 위해 일제는 1917년 4월 총독부 고시 제90호로 「조선총독부박물관 진열품 기탁 주의사항」[62]을 공포했다. 이 고시는 12조로 되어 있었다. 이 규정을 보면, 조선총독부박물관에 유물을 기증하고자 하는 사람은 서면으로 물품의 명칭, 개수, 형상, 치수, 중량, 가격, 전래 기타 참고할 사항을 기재하여 제출하게 했고, 기탁은 모두 무보수로 했다.

설립 후 8년이 되는 1923년 5월 조선총독부박물관의 전시품 수는 미

62) 「朝鮮總督府博物館 陳列品 寄託 心得」, 朝鮮總督府 編, 『朝鮮法令輯覽追錄』, 8~9쪽.

술품 288점과 고고자료 1,061점이었다.[63] 1932년에는 12,908점,[64] 1935년
에는 13,752점의 유물이 있었다.[65] 이러한 조선총독부박물관의 유물 수
집은 초기부터 계획적으로 실시되었고, 고적조사위원회 설치 이후에 유
물의 조사 수집에 기초하여 보다 조직적으로 진행되었다.

한편 조선총독부박물관의 상설 전시유물은 『총독부박물관진열도감
(總督府博物館陳列圖鑑)』(1~17)을 통해 알 수 있다. 여기에 게재된 유
물은 총 200점이었다. 특히 한(漢) 및 당(唐)과 관련된 유물 38점, 조선
시대 유물 9점, 석기시대 · 금석병용기시대 · 삼국시대 · 고려시대의 유물
이 152점이었다. 문화별로 보면 불교 관계가 34.5%로, 이것은 일본의 불
교문화와 동질성 제시를 위한 목적에 따라 전시되었다.[66]

조선총독부박물관의 유물은 역사유물이 중심이었다. 이것은 조선총
독부박물관의 성격을 규정짓는 결정적인 요소로, 여기에 교육적 요소가
추가되면서 역사와 교육의 전당으로 조선총독부박물관이 만들어졌다.

2) 식민지적 전시

박물관은 문화적 공간이다. 박물관을 문화적 공간으로 만드는 것은
그 무엇보다 전시실이다. 따라서 박물관에서 가장 중요한 공간은 전시
실이라고 할 수 있다. 이 전시실은 문화정보가 발산되는 장소이다. 또한
전시실은 시민이 유물을 매개로 하여 전시한 자의 의도, 즉 박물관 측의
메시지를 읽어내는 장소이기도 하다.[67]

---

[63] 한결, 「경복궁박물관을 보고서」, 『동명』 1923.5.27, 6.3, 참조.
[64] 「彙報」, 『博物館報』 4, 1933.3.
[65] 「朝鮮の博物館と陳列館」(其一), 『朝鮮』, 1938年 6月, 94~96쪽.
[66] 최석영, 「조선총독부박물관의 출현과 '식민지적 기획'」, 『호서사학』 27, 1999,
114~120쪽.
[67] 김인덕, 『식민지시대 근대공간 국립박물관』, 60쪽.

특히 역사박물관의 전시는 한 나라의 역사 유물을 전시하는 공간이다. 다시 말해 역사박물관은 민족 또는 문화공동체의 역사를 물질적으로 입증하는 공간이다. 그러나 그것은 만들기에 따라서는 상정된 역사를 만들어내는 '조작'이 가능한 공간이기도 하다.[68]

조선총독부박물관도 만들어진 역사전시 공간이었다. 따라서 전시도 의도된 내용으로 채웠다. 조사된 고적과 발굴되거나 수습된 유물을 중심으로 역사 전시가 이루어졌다. 기본적으로는 역사 전시에서 보편적으로 사용하는 시대별 전시를 채택했고, 여기에 패널과 지도, 사진 등의 자료를 활용하여 전시의 효과를 높이고자 했다.

조선총독부박물관 초기의 전시는 1층에는 주로 삼국시대의 유물이 전시되었고, 2층에는 낙랑과 대방, 그리고 조선시대의 유물과 회화 및 벽화 등이 전시되었다.[69] 이러한 전시의 큰 흐름이 변하지 않았을 것으로 상정하면, 이후에도 기본적으로 6개의 내부 전시실과 부속의 황궁의 건축물인 근정전, 사정전, 천수전, 만춘전, 수정전 등에 전시가 진행되었다고 할 수 있다. 물론 야외에는 석조물이 위치했다. 특히 자경전은 박물관의 사무실로 활용되었다.[70]

전시의 핵심은 삼국시대의 유물을 통한 중국 한대의 낙랑군과 대방군, 일본과 연계 속의 신라, 백제, 임나의 역사였다. 즉, 중국과 일본을 통해 조선의 초기 역사가 형성되었다는 것을 입증하려고 했다. 아울러 식민사학의 타율성을 집단적으로 교육하려고 의도했다.

설립 이후 전시실의 부분적인 변화는 1층 동실에 낙랑, 대방 등에서 발굴된 유물이 전시되었다는 것과 수정전 등에 중국 신강성(新疆省)에

68) 전경수, 「한국박물관의 식민주의적 경험과 민족주의 실천 및 세계주의적 전망」, 664~666쪽.
69) 李蘭暎, 『博物館學入門』, 85쪽.
70) 『博物館報』 1-1, 朝鮮總督府博物館, 1926.4, 4~15쪽.

서 수집하여 온 유물이 전시되는 정도였다.

한편 오오타니(大谷)콜렉션은 근정전에서 1916년부터 진열하고 일반에 공개되었고, 1916년에 평양 주변에서 수집했던 한대(漢代)와 고구려시대의 출토품을 정리하여 본관 1층에 전시하려 했다. 1918년에는 근정전, 사정전, 만춘전, 천수전에 고적조사에서 수집된 유물을 진열하고, 동시에 전시물을 교체했다.[71]

1926년의 전시를 보면, 제1부터 제6전시실과 근정전, 사정전, 천수전, 만춘전, 수정전을 활용했고, 탑비류를 옥외 정원에 설치했다. 그리고 자경전을 박물관의 사무실로 사용했다. 이 가운데 중심은 본관 제1실의 전시로, 불교유물인 관음, 미륵상, 약사여래입상, 보살상, 금동미륵보살상, 약사여래좌상, 석굴암부조, 금동아미타여래불 등이 진열되었다.[72] 이러한 전시실의 큰 구성은 1933년, 1938년의 경우도 거의 유사하다.[73]

실제로 조선총독부박물관의 전시실은 요즈음 박물관과는 아주 다르다. 조선총독부박물관은 시작할 때 미술관으로 지어졌기 때문에 박물관의 기능을 제대로 할 수 없는 구조적 한계를 갖고 있었다. 따라서 채광을 비롯한 각종 설비가 불완전하여 1916년 이래 매년 증축안을 제출했다.[74]

1930년대 이후 조선총독부박물관 전시의 구성은 세키노 타다시의 『조선미술사(朝鮮美術史)』(1932년 판)가 근간이 된 것 같다. 세키노 타다시는 조선미술사의 체제를 낙랑군시대부터 시작해 그 이전의 조선에서의 미술적 활동을 전혀 인정하지 않고, 낙랑에서 문화적 활동이 시작되어 고구려, 백제, 가야, 신라에 영향을 주었던 것으로 설명하고 있다. 이러한 설명은 1932년에 편찬한 『조선사(朝鮮史)』와 같은 역사인식 아래 구

71) 국성하, 「일제 강점기 박물관의 교육적 의미 연구」, 125쪽.
72) 『博物館報』 1-1, 4~15쪽.
73) 「總督府博物館彙報」, 『博物館報』 4, 朝鮮總督府博物館, 1933. 3 ; 「朝鮮の博物館と陳列館」, 『朝鮮』, 1938年 6月, 94~96쪽.
74) 『博物館報』 1-1, 3쪽.

성되있다.[75)

한편 일본은 1932년부터 매년 10월에서 11월 초순 사이의 일주일 동안을 박물관 주간으로 정해 일반인들에게 박물관을 다시 환기시키고 사회교육 기능을 높이는 제도를 마련했다. 이 기간 동안은 관람료를 인하하고 직원이 전시 유물을 설명하는 행사를 준비했다.

특히 1938년 11월 1일부터 7일까지의 박물관 주간 동안 조선총독부박물관은 고대 일본과 조선 관계 자료 약 100점을 선별하여 '고대 내선관계 사료전'이라는 특별전을 기획했다. 이것은 조선총독인 미나미 지로(南次郞)의 생각을 구현한 것으로, 그는 일본과 조선의 2천 년 역사를 통해 볼 때 이미 천수백 년 전부터 일본의 선조와 조선 사람의 문화가 동일하여 우호관계에 있었다고 하면서 이것을 되살리도록 하는 전시를 지시했다.[76] 이에 따라 당시 전시 담당자인 사세 나오에(佐瀨直衛)는 라디오방송에서 '금년 박물관 주간에 내선일체의 옛일을 말한다'는 강연을 하기도 했다.[77] 1938년의 박물관 주간의 특별전시의 내용은 다음과 같다.

〈표 3〉 고대 내선관계 사료전(1938)[78]

시대	조선유물	일본유물
석기시대	착형(鑿形)석검, 석포정(石苞丁), 석촉(石鏃) 등	야요이(彌生)식 토기 등
금속병용시대	옹관(경상북도 김해, 동래) 동검, 동봉(銅鋒) 등	옹관북큐슈(九州)] 동검, 동봉(銅鋒) 등
삼국시대	관, 귀고리, 곡옥 등	관, 귀고리, 곡옥 등

75) 목수현, 「일제하 박물관의 형성과 그 의미」, 69쪽.
76) 佐瀨直衛, 「博物館週間に於ける特別展覽と內鮮一體の史實に就て」, 『朝鮮』 1938年 12月, 36~43쪽.
77) 『博物館研究』(11-11), 5쪽 ; 전경수, 「한국박물관의 식민주의적 경험과 민족주의 실천 및 세계주의적 전망」, 『한국인류학의 성과와 전망』, 673쪽.
78) 佐瀨直衛, 「博物館週間に於ける特別展覽と內鮮一體の史實に就て」, 36~43쪽.

이와 같이 '고대 내선관계 사료전'은 석기시대, 금속병용시대, 삼국시대의 시대 유물과 함께 불교예술에 대한 유물도 전시했다. 특히 불교예술에 대해서는 불교가 고구려에서 백제로, 백제에서 신라로 전해졌고, 일본에는 백제에서 전래되었으며, 불교의 전래와 동시에 백제에서 사공(寺工), 와공(瓦工), 조불공(造佛工) 등이 일본으로 건너왔다는 내용을 소개했다. 그리고 일본에서의 가람 배치와 불상의 얼굴, 의문(依紋)에서 유사점이 발견된다면서 기와도 동일한 시각에서 보았다. 아울러 조선의 보살반가상과 일본의 보살반가상도 전시되었다.[79]

좋은 전시는 안전하고 안정적이다. 그리고 보기 편하고 좋아야 하며 주의를 끌어야 한다. 아울러 가치가 있고, 주목할 만한 것으로 관람객의 의식과 사회적인 요구를 적극 반영해야 할 것이다. 대부분의 관람객들은 좋은 시간을 갖기 위해 박물관에 온다. 그들은 학교에 가는 기분으로 박물관을 찾지 않는다. 목적을 가지고 무엇인가 배우려고 박물관에 가는 경우는 거의 없다. 박물관은 고급문화를 대중적으로 즐기는 공간이 되어야 한다. 전시가 대중과의 소통을 도와야 한다.[80] 그러나 조선총독부박물관의 전시공간은 본질적으로 다른 기능과 성격을 갖고 있었다. 그것은 식민주의에 입각하여 만들어진 공간으로 왜곡된 역사를 통해 대국민 홍보를 위한 조성이었다.

조선총독부박물관은 전시 성격과 주요 유물의 내용이 조선물산공진회 때와 크게 달라지지 않았다. 단지, 전시장의 변화와 발굴에 따른 유물의 수집이 진행되면서 전시장 배열에 약간의 차이를 보이고 있을 뿐이었다.

---

5. 맺음말

조선총독부박물관은 조직·구성·유물·전시 등 박물관의 성격을 규정하는 전 영역에 걸쳐 1915년 설립 당초부터 1945년 일제가 패망할 때까지 식민지적 성격이 일관되게 드러나는 식민통치의 상징공간이었다. 그리고 여기에는 식민지 박물관으로 다음과 같은 성격을 띠고 있었다.

첫째, 1915년 설립 때부터 조선총독부박물관은 독립된 기관으로 존재하지 않은 조선총독부의 직할 조직에 지나지 않았다. 즉, 초창기부터 조선총독부박물관은 조선총독부 총무국에 소속되었고, 그 후 소속 부서가 바뀌기는 했으나, 조선총독부 직할 조직이라는 지위에는 변함이 없었다. 이에 따라 사무관이 주임으로서 업무를 총괄했다. 따라서 조선총독부가 손쉽게 통제하는 조직에 지나지 않았다.

둘째, 일반적으로 박물관은 직원인 학예원이 소장품과 관련하여 특정한 학술 분야에 대해 전문적인 지식을 갖고 있다. 아울러 이들은 소장품뿐만 아니라 대여물의 관리, 학술적인 해석에 책임을 진다. 조선총독부박물관의 경우 주요 직원이 일본인이었다. 이 점이 조선총독부박물관의 식민지적 성격을 규정하는 결정적인 요인이다. 오가와 케이이치, 노모리 켄, 사와 준이치 등은 조선총독부박물관 초기부터 근무하여 조선에서 많은 시간을 보냈다. 이와 함께 쿠로이다 카츠미, 오다 쇼고, 이마니시 류, 후지다 료사쿠 등은 조선총독부박물관의 직원으로 조선사편수회의 위원, 경성제국대학 교수 등을 지냈던 인물이다. 이들에 의해 조선총독부박물관은 박물관학적으로 볼 때 비록 선진적인 시스템을 갖고 있었으나, 일본적인 사고와 일본적인 방식으로 조직·운영되었던 식민지 통치를 위한 만들어진 공간이었다.

셋째, 조선총독부박물관은 설립 다음 해인 1916년부터 고적조사의 중심기관으로 발굴을 계획하고 진행하며, 그 결과를 보고서로 작성하여 역사 왜곡의 중심에 섰다. 즉, 조선총독부의 계획에 따라 조선총독부박물관은 집단적인 조사와 연구를 진행했다. 자연스럽게 이 조사 연구의 결과는 만들어지는 조선의 식민 문화를 설명하며, 식민지 역사의 산실인 조선총독부박물관의 전시실을 꾸미는데 적극 활용되었다.

넷째, 조선총독부박물관의 유물은 초기부터 조선 역사를 왜곡하는 물품이 중심을 차지했다. 즉, '시정 5년 공진회'의 인계물품이 그 중심에 있었다. 이 가운데 삼국시대 유물의 비중이 컸는데, 그 이유는 동화주의와 만들어지는 왜곡된 고대 조선의 모습을 위해 이런 유물이 절실했기 때문이었다. 이후 일제시대 전 기간 동안 삼국시대의 유물은 왜곡된 역사를 위해 그리고 식민지 조선의 왜곡된 모습을 설명하는데 중핵이 되었다.

조선총독부는 침략과 동화라는 이중적인 요소를 통해 조선을 지배하고자 했다. 특히 조선 민족의 동화를 위한 선전 도구로 조선총독부박물관을 만들었다. 이후 조선총독부박물관은 조선의 왜곡된 전통이 녹아 있는 식민지배의 상징공간으로 식민지성을 발현했다.

김인덕 ▌ 성균관대학교 동아시아역사연구소 연구교수

찾아보기

저자소개(원고게재순)

┃황민호┃
숭실대학교 사학과 교수

┃이규수┃
경원대학교 아시아문화연구소 연구교수

┃윤소영┃
독립기념관 독립운동사연구소 연구원

┃한규무┃
광주대학교 관광학과 교수

┃김신재┃
동국대학교 국사학과 교수

┃조성운┃
경기대학교 전통문화콘텐츠연구소 연구원

┃성주현┃
경기대학교 전통문화콘텐츠연구소 연구원

┃김인덕┃
성균관대학교 동아시아역사연구소 연구교수